管理研究方法：理论与实践

主 编 谢 琳

北京理工大学出版社
BEIJING INSTITUTE OF TECHNOLOGY PRESS

内 容 简 介

《管理研究方法：理论与实践》是一本面向工商管理类本科生的教材。本科教育是培养高素质人才的重要阶段，其中研究能力的培养至关重要。随着管理学科的不断发展，工商管理类本科生不仅需要掌握学科知识，还需要具备基本的学术研究能力和素养，这就要求本科生们学习和掌握基本的管理研究方法。

本书的主要内容包括管理研究基础、研究设计、数据分析与结果呈现等。首先，本书对管理研究方法进行了全面的概述，包括研究基础与原理、科学过程与研究设计等方面的内容。其次，本书详细讲解了如何进行研究设计，包括变量测量、数据收集等方面的内容。最后，本书介绍了数据分析与结果呈现，包括假设检验、t 检验与方差分析、相关分析与回归分析、受限因变量回归模型、中介效应分析、调节效应分析、因果推断、报告结果与讨论等方面的要点。在部分涉及实操的章节，本书还给出了实例展示。

版权专有　侵权必究

图书在版编目（CIP）数据

管理研究方法：理论与实践 / 谢琳主编. -- 北京：
北京理工大学出版社，2024.11.
ISBN 978-7-5763-4553-7

Ⅰ. C93-3

中国国家版本馆 CIP 数据核字第 20241DC809 号

责任编辑：王梦春　　　**文案编辑**：杜　枝
责任校对：刘亚男　　　**责任印制**：李志强

出版发行 / 北京理工大学出版社有限责任公司
社　　址 / 北京市丰台区四合庄路 6 号
邮　　编 / 100070
电　　话 / （010）68914026（教材售后服务热线）
　　　　　　 （010）63726648（课件资源服务热线）
网　　址 / http://www.bitpress.com.cn

版 印 次 / 2024 年 11 月第 1 版第 1 次印刷
印　　刷 / 涿州市新华印刷有限公司
开　　本 / 787 mm×1092 mm　1/16
印　　张 / 14.75
字　　数 / 343 千字
定　　价 / 85.00 元

图书出现印装质量问题，请拨打售后服务热线，负责调换

前言

研究与创新已成为大学本科生需要具备的重要能力。党的二十大报告指出："坚持科技是第一生产力、人才是第一资源、创新是第一动力,深入实施科教兴国战略",要"加强基础研究,突出原创,鼓励自由探索"。这些重要论述表明,国家高度重视科技创新和人才培养,尤其是基础研究的推动和创新能力的提升。为此,教育部自2021年起实施的《本科毕业论文(设计)抽检办法(试行)》进一步对学士学位论文的质量标准提高了要求,对本科毕业论文的选题意义、写作安排、逻辑构建、专业能力以及学术规范等方面进行"合格性"考察。这一措施旨在确保本科毕业论文的学术质量,提升学生的研究能力和学术水平。2023年,国家自然科学基金委员会设立青年学生基础研究项目,试点资助优秀本科生。青年学生基础研究项目旨在激发本科生的科研兴趣,提高他们的科研素养和创新能力,为国家未来的科技发展储备高素质人才。这些政策和措施的实施,体现了国家对教育和科技创新的高度重视,也表明我国在培养本科生科研能力方面将更加积极。

本书旨在为经济管理类本科生提供一本简单易用、实践性强的管理研究方法教材,帮助他们更好地掌握进行论文选题、研究方案设计、概念的测量与操作化、研究假设的建立、理论建构、资料收集与整理、定量数据分析等的基本理论与方法。本书希望通过系统的理论讲解和丰富的实操案例,使学生理解管理研究的原理和逻辑,熟悉管理研究的科学流程,为未来的研究工作打下坚实的基础。

本书的主要内容涵盖管理研究基础、研究设计、数据分析与结果呈现等多个方面。相较于其他类似的教材,本书具有以下几个显著特点和优势:

1. 实操性强。本书的读者主要是本科生,因此注重内容的实操性,本书为大多数知识点附上了具体的案例,并在大多数章节后附上了软件的具体操作步骤。这些实操案例和操作步骤不仅能帮助学生更好地理解理论知识,还能提高他们的实际操作能力,使其能够在真实的研究环境中应用所学知识。

2. 中国现代化实践案例。在编写过程中,本书特别注意将中国的现代化实践纳入案例分析。这一安排旨在增强学生对中国发展现实的理解和自豪感。例如,书中引用了中国企业在管理创新、市场拓展和国际化经营中的成功案例,帮助学生更好地将理论知识与中国的实际情况相结合，增强其分析问题和解决问题的能力。

3. 配备实验教学内容。为了帮助读者更好地理解和掌握管理研究方法的实际应用，本书配备了实验教学内容。通过实验教学，读者可以更加深入地了解管理研究方法的应用，掌握实际操作技能，提高自己的实践能力。例如，本书将安排学生使用统计软件 SPSS 进行数据分析，通过模拟实际的研究项目，让学生亲身体验研究过程中的各个环节，从而加深学生对管理研究方法的理解和掌握。

本书内容深入浅出，适合管理学科的初学者使用。本书每个章节都从基础知识讲起，再逐步深入，确保学生能够跟上学习进度并逐步掌握复杂的研究方法。此外，每章末尾的总结和习题能够帮助学生巩固所学知识、检验学习效果。

本书的内容与管理学、市场营销、财务管理、人力资源管理等相关课程紧密衔接。这些课程中都会涉及研究设计、数据分析等方面的知识和技能，而本书能够帮助学生更好地掌握这些知识和技能，为将来的学习和职业发展打下坚实的基础。

在教学条件方面，本书适合课堂教学、辅导教学和自学，可以与实践课程、毕业论文写作等结合使用。在教学过程中，需要配备相应的教学设备和软件，如统计软件 SPSS、数据分析工具等，以提高学生的实践能力。这些工具和设备不仅能够辅助教学，还能为学生提供实践平台，使其能够在实际操作中理解和掌握管理研究方法。

本书的编写离不开多位硕士研究生的辛勤付出和无私帮助。特别感谢黄文溢，他为本书的软件实操内容提供了生动易懂的案例，使复杂的操作变得简单明了。还要感谢张娟、王娟、陈淑银、吴秋媚、侯婧等同学在初稿写作过程中提供的宝贵帮助。此外，阙小颖和梁梦婷对初稿进行了细致的校对，确保了内容的准确性和清晰度。正是由于他们的共同努力和合作，本书才能顺利地呈现在读者面前。在此，我们向所有为本书付出辛勤劳动的研究生们表示诚挚的感谢，他们的专业知识、认真态度和奉献精神，是本书得以完成的重要保障。

目录

第1章 科学与科学研究···(001)
  1.1 科学研究的基本特征···(001)
  1.2 管理研究··(005)
第2章 科学研究过程··(009)
  2.1 实证研究的一般过程···(009)
  2.2 研究目的和研究问题···(012)
  2.3 研究假设与理论框架···(019)
  2.4 研究方法··(023)
  2.5 文献搜索与梳理··(024)
第3章 变量测量···(039)
  3.1 变量的定义与分类··(039)
  3.2 测量工具的选择··(041)
  3.3 测量误差··(045)
第4章 数据收集与录入··(049)
  4.1 数据收集方法··(049)
  4.2 样本与抽样策略··(053)
  4.3 数据收集的实施··(055)
  4.4 数据录入与初步处理···(057)
  4.5 利用 SPSS 进行初步数据处理·····································(059)
第5章 数据的基本统计指标···(082)
  5.1 总体和样本··(082)
  5.2 平均数··(083)
  5.3 变异性··(084)
  5.4 分布··(086)
  5.5 实例展示··(090)
第6章 假设检验···(097)
  6.1 零假设与研究假设··(097)

001

6.2　显著性 …………………………………………………………… (099)
　　6.3　假设检验 ………………………………………………………… (102)

第7章　t 检验与方差分析 ……………………………………………… (106)
　　7.1　t 检验 ……………………………………………………………… (106)
　　7.2　方差分析 ………………………………………………………… (113)
　　7.3　实例展示 ………………………………………………………… (118)

第8章　相关分析与回归分析 …………………………………………… (129)
　　8.1　相关分析 ………………………………………………………… (129)
　　8.2　一元线性回归 …………………………………………………… (135)
　　8.3　多元回归分析 …………………………………………………… (140)
　　8.4　实例展示 ………………………………………………………… (142)

第9章　受限因变量回归模型 …………………………………………… (152)
　　9.1　二元因变量模型 ………………………………………………… (152)
　　9.2　多元 Logit 模型 ………………………………………………… (155)
　　9.3　有序 Logit 模型 ………………………………………………… (156)
　　9.4　Tobit 模型 ……………………………………………………… (157)
　　9.5　实例展示 ………………………………………………………… (158)

第10章　中介效应分析 ………………………………………………… (168)
　　10.1　中介效应的基本概念和作用 …………………………………… (168)
　　10.2　中介效应的检验方法 …………………………………………… (170)
　　10.3　实例展示 ………………………………………………………… (172)

第11章　调节效应分析 ………………………………………………… (178)
　　11.1　调节变量的内涵 ………………………………………………… (178)
　　11.2　调节效应的检验方法 …………………………………………… (181)
　　11.3　调节效应的应用情境 …………………………………………… (182)
　　11.4　实例展示 ………………………………………………………… (187)
　　11.5　调节效应的探测方法 …………………………………………… (196)
　　11.6　调节效应的解释与应用 ………………………………………… (202)

第12章　因果推断 ……………………………………………………… (205)
　　12.1　因果推断的重要性 ……………………………………………… (205)
　　12.2　因果推断的理论基础 …………………………………………… (206)
　　12.3　因果推断方法：随机对照试验 ………………………………… (208)
　　12.4　非试验数据的因果推断 ………………………………………… (212)

第13章　报告结果与讨论 ……………………………………………… (222)
　　13.1　报告结果 ………………………………………………………… (222)
　　13.2　研究结论与讨论 ………………………………………………… (223)

参考文献 ………………………………………………………………… (226)

第1章 科学与科学研究

作为追求知识和真理的一种方式，科学研究建立在客观性、可实证性、可重复性和规范性等基本特征之上。这些特征共同构成了科学研究的核心，使其成为一种高度规范化且严格的知识探索过程。在管理学这一应用领域，采用科学思维进行研究不仅有助于揭示管理问题的复杂性，也促进了理论与实践的有效结合。

1.1 科学研究的基本特征

1.1.1 客观性

客观性是科学研究最根本的特征之一，它要求研究者在整个研究过程中，从提出问题、设计实验到数据分析和结果解释，都必须基于现有的证据和数据。科学方法应以事实为依据，回答"如何"和"为什么"，而不是去研究价值命题。虽然科学家有自己的价值观和主观偏好，但科学研究要求排除个人偏好对研究结果产生的影响。这种对客观证据的坚持，是为了达到科学研究的终极目标：发现准确、可靠且具有普遍适用性的真理。即便是价值偏好不同的科学家，对前任研究的重复性研究也应该得出相同的结果。科学研究的客观性不仅保证了研究成果的可信度，还保证了其可重复性，这是科学研究成果得以在全球范围内被广泛认可和应用的基础。

实现科学研究客观性的方法和工具多种多样，旨在从不同方面确保研究过程的严谨性。其中，严格的研究设计是实现科学研究客观性的基石。这包括定义清晰的假设、选择合适的研究方法和技术、确保实验条件的控制以及实施有效的实验操作，从而最大限度地减少外界因素的干扰。例如，双盲实验是一种重要的保证客观性的方法，它要求实验者和参与者都不知道谁接受了实验处理，以避免实验者偏差和参与者偏差对研究结果的影响。双盲实验被广泛用于临床试验，后来被社会科学研究所借鉴，以提升研究结果的准确性。

数据统计和分析是保障科学研究客观性的另一个重要方面。通过应用统计学原理和方法，研究者可以对收集到的数据进行系统分析，识别并检验变量之间的关系，以及评估结果的显著性。这种方法论的应用不仅提高了研究结果的可信度，也使得研究成果可以被其他研究者重复和验证。

科学界为了确保研究的客观性和可靠性，还建立了一套严格的学术道德规范和审查制度。这包括但不限于同行评审，它要求其他领域的专家对研究设计、方法和结果进行评估，以确保研究的质量和可信度。此外，科学研究还要求公开透明，鼓励研究者公布他们的研究方法、数据和结果，使其他研究者可以复制实验，验证研究结果。

总之，科学研究的客观性是通过一系列精心设计的方法和工具来实现的，这些方法和工具共同构建了一个严密的科学探索框架。这个框架不仅促进了科学知识的积累，也保障了这些知识的准确性、可靠性和普遍适用性。在科学的道路上，客观性是指引方向的灯塔，确保了科学研究能够不断向前发展，为人类社会的进步贡献力量。

案例 1-1

Banerjee 等人的随机控制实验

Banerjee[1]及其同事进行的实验研究能帮助我们理解科学研究的客观性，其中一个著名的例子是关于教育干预措施的研究。

在印度，Banerjee 团队设计了一个实验来测试额外教育支持（补习与计算机辅助学习）对学生学习成绩的影响。研究围绕的是一个简单的假设：通过提供辅助教学，可以提高学生的学习成绩。为了检验这一假设，他们在学校中随机选取了一组学生接受辅导，而另一组则没有。这种随机分配确保了除接受辅导的干预之外，两组学生在开始时是相似的，从而使研究者能够准确测量辅导对学习成绩的影响。

结果发现，接受辅导的学生在数学和阅读能力方面比对照组学生表现得更好。这个实验不仅展示了额外教育支持的直接效益，还证明了实验法在评估教育政策和干预措施方面的能力。通过这种方式，Banerjee 团队客观地评估了特定干预的效果，为政策制定提供了基于证据的建议。

Banerjee 的这项工作将随机控制实验的方法应用于经济学领域，从而提供可靠的证据来支持有效的政策干预。目前，相似的实验方法被广泛地应用于组织行为学、营销学、经济学等多个社会科学学科领域。

1.1.2 可实证性

随着科学与哲学的发展，人类认识世界的方式不断变化。在科学发展历史的早期，人们主要依靠主观的认识或不可见的神、灵魂来解释自然和社会现象。17世纪，科学革命席卷欧洲，人们对自然界的认识出现了巨大的飞跃，人们很快发现，单纯依靠哲学来解释客观世界是不可靠的。以英国哲学家弗朗西斯·培根（Francis Bacon）为代表的经验主义（Empiricism）者提出通过观察和经验来收集与验证科学知识。经验主义强调将感觉和实际经验作为知识获取的基础，而不是依赖纯粹的推理、逻辑或先验思想，并将获取的结果进行归纳和总结，进而建立科学理论或推断出一般规律，这为实证主义的观点奠定了基础。

19世纪，被誉为社会学之父的法国哲学家、社会学家奥古斯特·孔德（Auguste Comte）将"实证"一词引入社会研究，提出实证主义（Positivism）的概念，试图通过观察和实证研究的方法来了解社会现象。随着时间的推移，实证主义得到进一步发展，其中具有代表性的是由莫里斯·施利克(Moritz Schlick)、鲁道夫·卡尔纳普(Rudolf Carnap)等知名学者自发组织成立的维也纳学派(Vienna Circle)所提出的逻辑实证主义(Logical Positivism)观点。他们认为科学理论必须以经验事实为基础，主张逻辑推理和数学应用是科学的核心，并提出了著名的"证实原则"，他们认为科学知识必须是可经验证的，只有那些可以通过观察和实验进行验证的命题才是有意义的科学命题，无法验证的则是非科学的。由此，根据实证主义哲学思想的研究范式，科学研究往往需要基于特定的研究问题预先设立研究假设或命题，再通过实验或调查获取数据，最后在数理统计或逻辑分析的基础上得出研究结论。如果得到的数据与研究假设的预期一致，就认为假设是可接受的，否则就拒绝该研究假设。

在此基础上，卡尔·波普(Karl Popper)提出科学与非科学的区别不在于能否验证，而是能否证伪。证伪性的概念基于这样一个观点：科学知识是通过不断的假设检验和修正来积累的。一个理论如果无法被证伪，即没有任何可能的观察或实验结果能与之相矛盾，那么这个理论就不具备科学性。这是因为如果一个理论对于所有可能的情况都是正确的，那么我们就没有办法通过实验或观察来检验它。证伪性提供了一个明确的标准：一个理论必须能够被实证检验，并在面对与其预测不符的证据时被证明为错误。波普认为科学应该以反驳为导向，即寻找那些具有潜在被证伪性的理论，并通过实验和观察来尝试反驳它们，当一个理论经过一系列的反驳性实验仍然没有被排除时，我们可以暂时接受它，并将其视为更可靠的理论。根据波普的观点，在实证研究中，假设检验只能是一种证伪的过程，我们所获得的数据和结果只能证明变量间假设的因果联系没有被否认，但并不能证实其存在[2,3]。

让我们以经典的"所有天鹅都是白色的"这一假设为例。这个假设是可被证伪的，因为它允许我们通过观察找到反例来证明它是错误的。实际上，这个假设在发现黑天鹅之后就被证伪了。如果我们在澳大利亚观察到了黑色的天鹅，那么"所有天鹅都是白色的"就被证明是错误的。这个过程展示了证伪性的核心：通过实证方法(如观察和实验)来检验假设，并根据观察结果接受、修正或拒绝这个假设。

通过这种方式，证伪性作为科学探究的一个标准，鼓励科学家设计能够明确检验其理论的实验，并对理论进行必要的修正或拒绝，从而推动科学知识的发展。这种方法论强调的是对错误的容忍和对新证据的开放性，这对科学的进步至关重要。

在实证主义的视角下，科学知识的积累依赖于对现象的直接观察和实验验证。这种方法论反对纯粹的理论推理或者不基于经验的思辨，强调的是经验证据在科学探究中的中心地位。因此，可实证性要求科学理论和假设必须能够通过实际的经验活动——比如实验、观察和测量——来检验。

随着科学的复杂性和不确定性的认识的增加，实证主义受到了许多批判和挑战，但不可否认，实证主义的核心原则对科学研究具有重要的影响，实证主义的哲学思想为实证研究提供了一种科学的方法论，并深刻影响着组织管理的实证研究。

案例 1-2

可实证性

让我们用管理研究领域中的一个例子来说明可实证性的概念：假设我们想研究"员工

满意度是否能提高工作效率"。在这个研究中,"员工满意度"和"工作效率"都是可以通过实证方法来测量和观察的变量。

第一步,量化员工满意度。研究者可以设计调查问卷,通过一系列关于工作环境、薪酬满意度、工作压力等方面的问题,来量化员工的满意度。这些问卷的调查结果提供了可观察和可测量的数据:关于员工对其工作环境的满意程度。

第二步,测量工作效率。工作效率可以通过完成任务的速度、质量、错误率等指标来衡量。研究者可以收集这些数据,以获得关于员工工作效率的实证证据。

第三步,实证分析。有了这些数据后,研究者可以使用统计方法来分析员工满意度与工作效率之间的关系。例如,可以使用回归分析来确定员工满意度是否对工作效率有显著影响,以及这种影响的方向和强度。

通过这个过程,研究者能够提供实证证据来支持或反对原始假设——即高员工满意度是否与更高的工作效率相关。如果研究发现员工满意度与工作效率之间确实存在这样的正相关关系,并且这一发现能够在不同的情境和样本中被重复验证,那么这就为管理实践提供了宝贵的见解:改善员工的满意度可能是提高工作效率的一个有效途径。

1.1.3 可重复性

科学研究的重复性意味着其他研究者可以独立地使用相同的方法和数据进行检验。如果研究成果无法被独立的研究者重复,那么这个研究成果的科学意义就会受到质疑。可重复性是科学研究的基石,要求研究者清晰、准确地描述实验设计、实验步骤、数据收集和分析过程,使其他研究者能够复制实验并验证结果。这也是科学研究必须经过同行评审的原因之一,同行评审作为一种质量保证机制,可以确保研究成果的可靠性和有效性,防止不准确或误导性的结论传播。

可重复性的重要性在于它确保了科学研究成果的可信度和可复制性,促进了科学知识的积累和发展。如果一个研究成果是可重复验证的,它就可以被广泛使用和引用,扩展研究成果的应用范围。反之,如果一个研究成果无法被重复验证,研究者就需要对研究设计和实验过程进行重新评估,以确保结果的准确性和可信度。

可重复性的关键特征还包括:

(1) 可靠性。科学研究成果必须准确反映实验数据和事实,避免误导性或不正确的结论。

(2) 透明度。研究者必须清晰、准确地描述实验设计、步骤、数据收集和分析等细节,以便其他研究者能复制和验证研究成果。

(3) 公正性。研究者应客观处理数据和分析结果,避免主观偏见影响研究的准确性。

案例 1-3

心理学实验的重复

研究人员共同重复了 2008 年在三家顶级心理学期刊上发表的论文中报道的 100 个实验。重复的结果于 2015 年 8 月发表在 Science 上[4]。结果表明:36% 的重复具有统计学意义的结果;47% 的原始效应量处于复制效应量的 95% 置信区间内;39% 的效应被主观评价为复制了原始结果;如果假设原始结果没有偏差,则将原始结果和重复结果结合起来,

68%的结果具有统计学意义。

这一结果引发了广泛讨论，促使心理学和其他科学领域的研究者更加关注研究方法的透明度和可重复性。

这个案例说明了可重复性对于维护科学研究可靠性和积累科学知识的重要性。它强调了研究设计和实施过程中的透明度与公正性的必要性，以及在公布研究结果时提供足够信息的重要性，以保证其他研究者能够验证和复制研究成果。

1.1.4 规范性

科学研究的规范性是其基础特征之一，它指的是科学探究必须遵循一套既定的规则、标准和程序。这些规范确保了研究的系统性、可靠性和有效性，是科学知识积累和验证的基础。规范性的必要性在于它为科学研究提供了一个共同的框架，使来自不同背景的研究者能够在相同的基础上进行交流和理解。这一点在管理研究领域尤为重要，因为管理研究往往涉及复杂的社会经济现象，需要精确且标准化的方法来确保研究的准确性和可靠性。

首先，规范性保证了科学研究的可重复性和可验证性。科学研究必须能够被其他研究者独立复制和验证，这就要求研究方法、数据收集和分析过程必须遵循严格的规范。这些规范包括但不限于实验设计、样本选择、数据处理和统计分析的准则。只有遵循这些规范，其研究结果才能被广泛接受和信赖。

其次，规范性有助于保持科学研究的客观性。科学探究旨在客观地揭示自然和社会现象，这要求研究者在整个研究过程中排除或控制个人偏见和主观影响。规范化的研究方法提供了一种客观、标准化的操作手册，确保研究结果尽可能反映客观事实，而非研究者的主观愿望。

以"员工满意度对组织绩效的影响"这类研究为例。在这类研究中，研究者需要遵循严格的规范来设计研究，包括确立研究假设、选择合适的样本、采用标准化的问卷工具来测量员工满意度，以及应用统计方法来分析数据。这一过程同时需要遵循科学研究的通用规则，如确保研究的可重复性、确保数据的有效性和可靠性、使用公认的统计方法来处理数据等。

最后，规范性还有助于防止研究中的偏差和误差，提高研究的整体质量。规范性的要求促使研究者在设计研究时更加谨慎，使用更加严谨的方法来收集和分析数据，从而使研究结果更加可靠，为管理实践提供有力的证据支持。

规范性虽然可能让学术论文看起来像"八股文"，但实际上，这种标准化和规范化的过程不仅确保了研究结果的准确性和可信度，还使得研究结果可以被广泛地认可和应用。例如，通过标准化的研究方法，研究发现高员工满意度与高组织绩效之间存在正相关关系，且这一发现可以被其他研究者通过不同的样本或在不同的环境中重复验证。这种可验证性和普适性是科学研究积累知识、推动理论发展的基础。

1.2 管理研究

1.2.1 管理的艺术性与科学性

作为一门学科，管理学历来被视为艺术与科学的结合。在实践中，管理的艺术性体现在对人的理解、领导才能、决策直觉等方面，而其科学性则体现在应用系统的方法、理论和原则来解决组织问题上。

管理的艺术性主要体现在对个体差异的理解、情境适应性，以及个人直觉和经验的运用上。管理者需要具备洞察力，能够理解复杂的人际关系和组织文化，通过非正式的、定性的方法来激励和引导团队。这要求管理者不仅要具备技术技能，还要具备人际技能和概念技能，能够在不同情境中做出合适的决策。

管理的科学性，强调的是应用系统的分析、逻辑推理和经验数据来解决管理问题。这涉及利用管理理论、模型和量化方法来进行决策制定和问题解决。科学性要求管理研究基于实证数据进行，通过可靠和有效的研究方法来验证假设，以及通过统计分析来提出普遍适用的管理原则和策略。

1.2.2 管理的科学研究

1. 科学研究的必要性

尽管人们对于科学的理解各不相同，但有一项共识始终存在：科学是通过系统的观察、实验和推理来追求知识与真理的方法论。科学的基本范式——理论的构建、事实的确认和理论与事实的匹配——为管理研究提供了一个强大的工具。通过采用科学方法，管理研究不仅能够深化我们对管理的理解，还能提高我们解决实际问题和促进社会进步的能力。利用科学方法研究管理问题的现实必要性如下：

（1）应对复杂性和动态性。现代组织面临的环境越来越复杂多变。科学研究方法可以帮助管理者理解这种复杂性，并通过收集和分析数据，制定出更加有效的管理策略，提高组织的适应性和竞争力。

（2）提高决策质量。利用科学方法进行的管理研究可以为管理决策提供实证支持，降低决策过程中的不确定性和风险。通过量化分析，管理者可以评估不同决策方案的可能后果，从而做出更加合理的选择。

（3）促进管理理论发展。科学研究方法促使管理研究基于事实和证据，而不是单纯的推测或经验。这种基于证据的研究有助于发展和完善管理理论，为管理实践提供坚实的理论基础。

（4）增强管理实践的普遍性。通过科学研究方法得出的管理原则和策略往往具有较好的普遍性和适用性。这些基于研究的管理知识可以被广泛传播并应用于不同类型的组织和文化环境中。

科学的核心在于其对真理的追求。这种追求不是抽象的理想，而是通过严格的实验设计、数据收集和分析过程来实现的。这意味着在管理研究中我们不仅要理解组织内部的机制，还要预测其在不同条件下的行为。因此，科学研究的目标既包括解释现象，也包括预测未来的趋势。

科学方法的另一个关键特点是逻辑和证据的结合。逻辑提供了从假设到结论的框架，而证据则确保这一过程基于实际的观察和实验。在管理研究中，这要求研究者在提出理论时不仅要逻辑严密，还要确保其假设能够通过实证数据得到支持。

案例1-4

提高薪酬能否提升积极性和生产效率

假设一家公司决定提高员工的薪酬，希望通过这种方式提升员工的工作积极性和整体的生产效率。在这个假设情境中，我们可以利用科学的方法进行研究。

(1) 问题定义和文献回顾

首先，研究者明确地定义问题——涨薪是否真的能够提升员工的工作积极性？随后，通过文献回顾，探讨以往研究中激励理论和薪酬对工作积极性影响的理论基础与实证结果，为研究提供理论支撑。

(2) 假设提出

基于理论和已有的研究，研究者可能会提出假设，如"相比不涨薪的员工，获得薪酬提升的员工会展现出更高的工作积极性"。

(3) 研究设计和方法选择

研究者设计实验或调查，选择合适的研究方法(定量或定性)来检验假设。研究方法可能包括问卷调查、深度访谈或实地观察等。

(4) 数据收集和分析

通过科学的数据收集方法，如随机抽样或分层抽样，确保样本的代表性。然后，应用统计分析技术(如回归分析)来检验涨薪与工作积极性之间的关系。

(5) 结果解释和讨论

研究结果可能揭示，涨薪确实能提升员工的工作积极性，但这种影响可能受到员工个人特征和组织特征等因素的影响。研究者将讨论这些结果的含义，以及它们对管理实践的潜在启示。

(6) 批判性评估和未来研究方向

最后，研究者会批判性地评估研究的局限性，并建议未来的研究方向。例如，进一步研究不同类型的激励措施(如非金钱奖励)对工作积极性的影响。

2. 科学研究的局限性

尽管科学研究是追求知识和真理的有效途径，但它本身并不是完美无瑕的。科学研究过程固有的局限性，如观察的偏差和分析的不足，意味着科学的发现往往只能被视为一种对真相的临时接近。特别是在管理研究这样一个涉及高度复杂的组织和市场现象的领域中，这种局限性尤为突出。简单的理论模型往往难以完全捕捉到组织行为和市场动态的复杂性，这就导致科学研究的结论需要不断通过新的数据和分析进行验证与修正。

在这样的背景下，科学研究所倡导的质疑和怀疑精神变得至关重要。质疑和怀疑精神不仅是科学方法的一部分，更是推动知识进步的重要动力。这种精神要求研究者对现有知识和方法保持一种开放与批判的态度，鼓励他们不满足于现状，不断地寻求新的证据，探索未知，以获得对研究对象的更深入的理解。这种持续的探索和质疑过程，是科学进步的核心。

管理研究中，持续的探索和质疑尤为重要。组织和市场的复杂性，以及人类行为的不可预测性，要求管理理论不仅要能够解释过去和现在的现象，还要能够预测未来的趋势。因此，管理研究者必须不断地检验和更新他们的理论模型，以反映新的观察和数据。例如，在全球化、技术进步和市场波动等外部环境发生变化时，过去有效的管理策略可能不再适用，这就需要研究者重新评估并调整理论框架。

此外，管理研究的这种不断进化的过程，也促进了跨学科方法的应用。组织行为学、经济学、心理学、社会学等多个学科的理论和方法被引入管理研究中，为解决复杂的管理问题提供了更为丰富和多元的视角。这种跨学科的融合，进一步加深了我们对组织和市场现象的理解，增强了管理理论的适应性和应用性。

因此，尽管科学探究过程存在局限性，但正是这些局限性激发了科学研究的质疑和怀疑精神，推动了知识的不断进步和深化。在管理研究领域，质疑和怀疑精神尤为重要，因为它促使研究者不断寻找新的理解和解决方案，以应对组织和市场的复杂性与变化性。通过不断地验证和修正，使管理研究能够适应环境的变化，为管理实践提供有力的理论支持和实际指导。

当然，更重要的是，科学并不是关于知识的简单积累，它更关乎知识的创造和更新。在管理研究中，这意味着研究者要不断探索新的理论框架、研究方法和实践应用，以更全面地理解和影响组织行为。科学的价值并不在于解决"好坏"或"优劣"的问题，而在于提供一种方法，使我们能够更系统、更严谨地探究和理解复杂现象。

思考题

1. 在进行管理研究时，如何避免个人主观偏见对研究结果产生影响？
2. 为什么可重复性是科学研究的重要特征？在管理研究中，应如何设计实验来确保研究结果的可重复性？
3. 什么是科学研究的规范性？在管理研究中，如何遵循学术规范来进行研究？
4. 什么是管理的科学研究？如何在管理实践中应用科学研究方法？

第 2 章　科学研究过程

科学研究过程涉及对自然或社会现象进行系统性的、受控的、实证的和批判性的调查。这一过程可能以理论为起点，通过实验或观察来检验理论；也可能以观察或实验数据为起点，进而归纳出新的理论[5]。通常所说的科学研究，特别是在北美范式下，主要指的是实证研究。实证研究范式强调通过观察、实验和数据分析来验证假设与理论，以求得对现象的客观的、可验证的理解。

2.1　实证研究的一般过程

归纳和演绎是科学研究中的两种核心推理方法，它们在知识探索和理论构建中起着至关重要的作用。归纳推理允许研究者从观察到的具体现象中抽象出一般性的规律和理论，为解决问题提供一个起点。相对地，演绎推理则是从一般性的原理出发，推导出具体的结论和预测，以便进行实证检验和进一步的理论发展。

在科学实践中，归纳和演绎并不是孤立或对立的，而是相辅相成的。这种互补关系体现了科学研究的动态性，即理论与观察之间的不断相互作用。美国社会学家华莱士（Walter L. Wallace）在1971年提出的"科学环"模型，生动地描绘了这一过程。在"科学环"中，科学研究可以从观察事实入手，通过归纳推理形成理论（"科学环"的左边），也可以从已有理论出发，通过演绎推理对假设进行检验（"科学环"的右边）。

从观察事实着手的归纳导向研究，侧重于通过描述和理解所观察到的事实，形成经验概括并升华为理论。研究者在这一过程中可能会发现新的模式或规律，这些发现随后可以被用来做出关于未知现象的预测。这些预测或假设，接下来将通过新的观察或实验来验证。

演绎导向的研究则从理论出发，通过逻辑推导产生假设，并利用这些假设来指导新的观察或实验。这一过程不仅能够检验理论的有效性，也有助于理论的修正、完善或产生新的理论。在这一过程中，实证研究方法——包括数据收集、分析和综合——成为理论检验和发展的重要工具。

"科学环"如图 2-1 所示，其上半部分强调理论逻辑方法，即通过归纳和演绎的推理方式实现理论化的过程；循环的下半部分则专注于实证研究方法，即利用科学研究方法从事具体研究活动的过程。这个循环过程不仅体现了科学知识的累积和进步，也揭示了科学探究的迭代性质——理论和实践之间的不断对话与相互验证。

通过这种循环和迭代的过程，科学研究能够逐渐深化我们对自然和社会现象的理解。在管理研究领域，这种方法尤为重要。管理现象的复杂性和多变性要求研究者不断地在理论与实践之间往返，利用归纳和演绎的推理方法来探索更有效的管理策略与理论。无论是通过观察组织行为来形成新的管理理论，还是通过演绎推理来测试特定的管理假设，科学研究的这两种推理方法都是不可或缺的。

总之，归纳和演绎在科学研究中的互补作用，特别是在管理研究中的应用，体现了科学探究既是一个动态的过程，也是一个迭代的过程。通过不断地在理论和实践之间循环，科学研究推动了管理学科的知识积累和理论发展，为管理实践提供了坚实的理论基础和有效的解决方案。

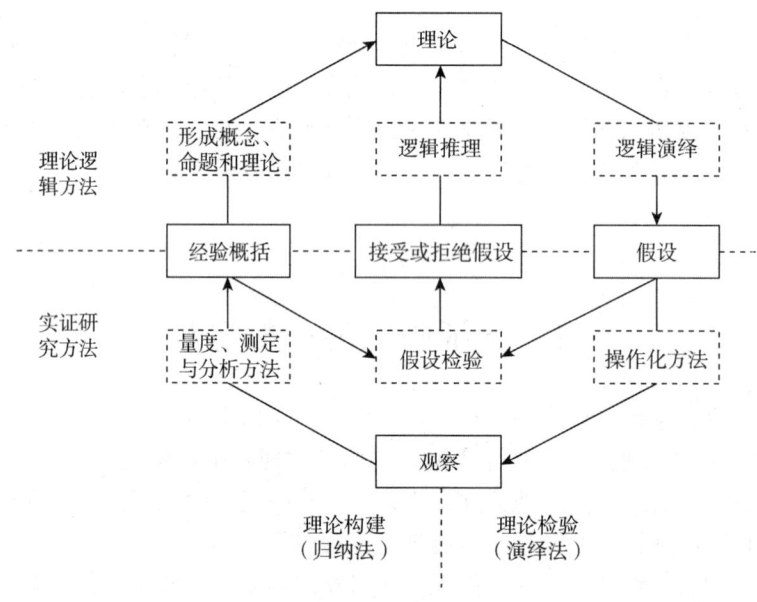

图 2-1　科学研究过程的"科学环"

资料来源：Wallace，1971

案例 2-1

归纳和演绎

1. 归纳案例：华为售后服务中心的顾客满意度

想象一下，华为决定研究提高售后服务中心顾客满意度的方法，他们在全国不同的门店收集数据，观察顾客的行为并收集反馈。研究人员发现，无论是在北京、上海还是广州，顾客对于快速服务、友好的员工态度以及舒适的坐席环境的满意度普遍较高。通过这些具体的观察，研究人员归纳出一条一般性规律：提高服务速度、增强员工的亲和力和改善坐席环境是提升售后服务中心顾客满意度的关键因素。这就是一个从具体的实例出发，归纳出一般性规律的过程,体现了归纳推理的特点。

2. 演绎案例:预测华为手机销售策略的效果

假设华为手机部门根据一般性原理"折扣促销可以提高产品销量"提出一个假设:在即将到来的"双十一"对其最畅销的产品实施10%的折扣,将会增加该产品的销量。华为手机销售部随后在选定的门店实施了这一折扣促销策略,并且仔细记录了促销期间的销量数据。通过比较促销前后的销量变化,华为手机可以检验他们的假设是否正确,即这一具体的折扣促销是否如预期那样提高了销量。这一过程,正是从一般性原理出发,推导出具体情况的预测并通过实证检验,体现了演绎推理的特点。

以上科学研究过程在具体的实践中体现为四个步骤:第一步是提出研究问题,第二步是进行文献回顾,第三步是找到理论并形成研究假设,第四步是进行实证研究。其中,实证研究是指通过对研究对象的调查、观察所获得的数据、资料(含二手数据资料)进行分析,从而检验变量之间的相互关系或得出其演变规律的研究方法[7]。实证研究的主要目标是通过探讨变量间的因果关系来解释现象,通常利用数据分析来检验一个或多个自变量与一个或多个因变量之间的关系,它也探讨一个变量是否或者如何影响另一变量[8]。参考现有研究的做法[5][9],我们利用图 2-2 的模型来表述实证研究的一般过程。在图 2-2 的模型中,研究的主要目标是探讨两个研究对象,即理论构念 X 与 Y 之间的关系,线(a)代表变量 X 与变量 Y 之间的逻辑关系,我们需要检验的研究假设是线(a)所代表的关系是否存在。但在实践中,一般无法直接观察和测量我们所关注的理论构念(X 与 Y),所以需要先通过操作化方法,即线(b_1)与线(b_2),将理论构念转化为可以直接观察和测量的变量,即变量 x 与 y。通过上述操作化过程,我们将理论构念的逻辑关系线(a)转化为可以进行实证观察的具体研究假设线(c)。最后,通过搜集和分析可获得的数据资料来检验变量 x 与 y 之间是否存在统计显著的关系,即线(d)。在这一过程中,无论是研究对象间理论关系的构建、理论构念到可观测变量的转化,还是数据的获取与分析、统计检验的规则,每一个环节都有严谨的操作流程,将在后续章节中详细介绍。

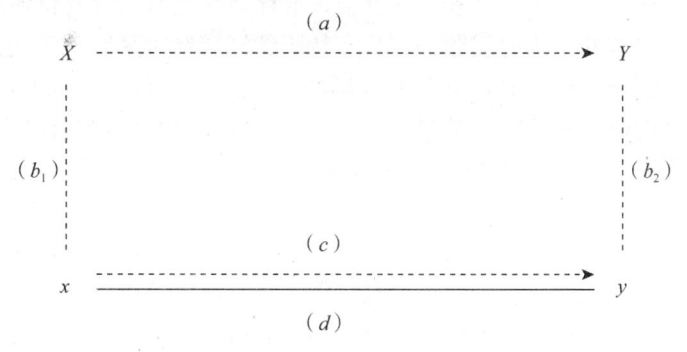

图 2-2 实证研究的一般过程

资料来源:Schwab,2004

案例 2-2

从构念到变量

在一项旨在探究"工作环境改善对员工生产效率的影响"的研究中,研究者首先面临的挑战是如何将抽象的理论构念——"工作环境改善"和"员工生产效率"——转化为可以直接观察和测量的变量。为了实现这一目标，他们决定将"工作环境改善"具体化为两个关键的实证指标：照明质量(变量x_1)和噪声水平(变量x_2)。同样，为了量化"员工生产效率"，研究者选择将完成任务的数量(变量y)作为衡量标准。

在进行了充分的文献回顾并建立了基于现有理论的研究假设后，研究者开始设计实证研究。他们在同一办公室环境中选取了两组员工：一组员工的工作区域经过特别改善，提高了照明质量并减少了噪声；另一组员工的工作环境保持不变，作为对照组。接下来，研究者在一段时间内收集两组员工完成任务的数量数据。

通过这种操作化过程，研究者能够将理论上的"工作环境改善"和"员工生产效率"的逻辑关系转化为具体的实证观察。最终，通过对收集到的数据进行分析，对改善照明质量和减少噪声水平(变量x_1和x_2)是否会导致员工完成任务数量的增加(变量y)进行检验，从而检验研究者的研究假设。

2.2　研究目的和研究问题

在《剑桥词典》中，研究被定义为"对某一主题的详细探究，特别是为了发现信息或达成理解"。科学研究的关键要素之一是明确研究目的和研究问题。研究目的指向研究者追求的最终目标或预期成果，而研究问题是研究者试图通过其研究来解决或回答的核心问题。明确的研究目的和研究问题对科学研究的设计与执行至关重要，因为它们为研究提供了方向和焦点，并指导着研究者的工作。

科学研究的研究目的通常源于对某一领域或现象的理解和知识需求。通过设定研究目的，研究者能够明确自己的研究动机和其研究的重要性，进而确定要探索的特定领域或问题。研究目的可能包括发展新理论、解决实际问题、改进现有实践或增加人类知识库等。这些目的应具有明确性、可实施性和科学性，以确保研究的有效性和价值。

紧密联系研究目的的是研究问题，它是在特定领域或针对某一现象提出的具体疑问或问题。研究问题可能是开放性的，或探求未知领域的答案，或对现有的理论、见解或假设进行检验。一个好的研究问题应具备明确性、可实施性和研究性，使研究者能通过收集和分析数据来寻求答案。研究问题的明确性与精确性对于保证研究的有效性和可信度至关重要。

本章将深入讨论研究目的和研究问题的重要性及其在科学研究中的角色。我们将指导如何明确并制定研究目的和研究问题，讨论它们在科学研究过程中的应用。通过深入理解研究目的和研究问题，我们可以更有效地设计和开展科学研究，从而推动知识的积累及学科的进步。

2.2.1　研究目的

科学研究的目的是通过收集和分析数据来解决特定问题或验证假设。研究目的的明确性对于科学研究的设计、实施和结果解释至关重要。一个明确的研究目的能够为整个研究过程提供方向与焦点，确保研究工作的科学性和实用性。明确研究目的的重要性体现在以下几个方面。

第一，指导研究设计。一个明确的研究目的能够指导研究设计的各个方面，包括研究范围的界定、研究对象和变量的选择、数据收集和分析方法的确定。明确的研究目的有助于避免研究过程中的模糊不清和范围过广，确保研究具有目标性和针对性。

第二，提升研究可信度。明确的研究目的有助于提升研究的可信度。当研究目标清晰、具体且可验证时，研究结果也更具有说服力。明确的研究目的能使研究产生具体、明确的结论和建议，进而提高其科学性和实用性。

第三，强调研究意义。明确表达的研究目的能够凸显研究的重要性和潜在贡献。它说明了研究为何重要，研究成果将如何丰富现有的知识体系，将为学术界、实践领域或社会带来哪些价值和影响，有助于连接新旧知识，推动学科的发展。

第四，增加研究效率。一个明确的研究目的可以提高研究过程的效率。它使研究者能够聚焦主要问题，有效分配时间和资源，避免不必要的工作和资源浪费。这样的高效率不仅加快了研究进程，也提高了研究的经济性和实践价值。

总之，明确的研究目的是科学研究成功的关键。它不仅是研究设计的基础，也是提高研究质量、可信度和实用性的重要因素。因此，研究者需要在研究开始阶段就明确研究目的，并将其贯穿于整个研究过程中，以确保研究能够有效地推进，并产生有价值的结果。通过深入理解研究目的和研究问题，我们可以更好地设计和执行科学研究，从而推动知识的积累和学科的进步。

案例 2-3

明确研究目的的意义

有一项关于远程工作对员工生产效率影响的研究。这一研究目的在于探讨远程工作模式是否提高了员工的生产效率，并分析哪些因素对生产效率的提升起到了决定性作用。明确的研究目的不仅指导了研究设计(例如，选择哪些效率指标作为评价标准、如何收集数据、需要哪些对照变量等)，也确定了研究的实际意义(为组织提供实施远程工作策略的依据)。

这项研究表明，通过对研究目的的明确表述，不仅有助于研究者进行理论上的探索，也能为实践中的问题解决提供指导。

2.2.2 研究问题

1. 研究问题的确定

提出问题在科学研究中扮演着至关重要的角色，它不仅能够指引研究的方向，还能够影响研究的结果。提出问题是任何科学研究过程的首要步骤，在选择研究问题时，需要综合考虑以下几个关键因素：

(1)对研究问题的兴趣。研究的动力来源于对问题的浓厚兴趣。只有当研究者对某个主题或现象感到好奇，并愿意对其进行深入思考时，他们才会有探索的动力。对研究课题持有持续而强烈的兴趣，是进行系统性理论创新和实际探索的前提。

(2)理论意义和实践意义。研究课题应具有重要的理论或实践意义。从理论角度来看，研究应注重理论观点的一致性及其对相关现象的解释能力和预测能力。理论假设需要能够经得起实验或实践的检验，并在检验过程中寻求新的发展机会和突破。而实践是检验真理的标准，因此，选定的研究课题应能够对实际问题提供解决方案或洞见。

(3) 思想基础和文献基础。坚实的思想基础是研究成功的关键，这通常通过广泛阅读相关领域的文献和独立思考建立。深入了解研究问题在国内外的研究历程、方法和成果，有助于避免重复前人的工作，并能够站在巨人的肩膀上更快地接近学术前沿。此外，文献也为研究提供了必要的逻辑基础和评价标准。

(4) 实验技术和可行性。进行科学研究还需要考虑实验的可行性，包括所需的技术条件、资源和能力。研究应在现有条件和资源允许的范围内进行，以确保实验设计的实际可实施性。

2. 研究问题的来源

研究问题可以源自多种场景：日常生活中的观察、工作中遇到的问题、个人经历的反思、对社会现象的探索，或是对文献的深入阅读、新闻报道的分析、历史或传奇故事的追溯。有时候，研究问题甚至来自与同事的非正式交谈、同学之间的讨论，或他人的提问。研究者可以通过多种方式识别出值得探究的问题，这些问题不仅能引起他们的兴趣，也具有重要的理论意义和实践价值。确立研究问题的过程本身就是一个创造性的思维活动，要求研究者具备开放的心态和批判的思考能力。

(1) 方法驱动。

研究问题在科学研究中具有至关重要的意义，其中一种特殊的提出研究问题的方式是由研究方法驱动。这种研究问题主要包含以下两种形式。

一是对现有研究方法的改进。这类研究问题源于对现有研究方法(包括数据收集和数据分析统计的方法)存在的缺陷的深入思考。例如，Phil Podsakoff 等通过识别、分析并提出应对策略来减少数据收集中的同源误差[10]；Jeff Edwards 详细讨论了在使用差异与非差异数据进行分析时存在的问题及其解决方案[11]；Edwards 和 Lambert 更为细致地探讨了调节中介模型和中介调节模型在研究设计与数据分析方法上的应用[12]。

二是应用新的研究方法探索管理现象。这种方式强调如何应用最新的研究方法去理解和解释管理现象。研究方法的"新"或"旧"、"基础"或"高级"不是重点，关键在于该方法对理解现象是否有所帮助。运用这种形式的研究中，研究者首先对某一研究方法产生兴趣，再基于该方法的特性选择适当的研究问题。

采用方法驱动寻找研究问题的优势在于：一方面，这种方式能够保证研究的新颖性和严谨性；另一方面，当新方法刚被提出时，应用该方法的研究论文会拥有较高的期待值，从而可能增加论文的发表概率。例如，自 2000 年以来，使用跨层次设计及多层线性模型分析方法的研究得到了广泛发表，就体现了这种趋势。

然而，这种方式也存在一些劣势：首先，难以固定个人的研究领域，随着"流行"方法的变化而频繁改变研究主题可能会导致学者身份的混淆；其次，需要持续关注和学习最新的研究方法，以保证使用的方法处于前沿状态，但这可能会导致过分专注于方法而忽视研究的初衷和核心。

案例 2-4

方法驱动：评估学习时间对学生考试成绩的影响

假设我们想研究不同学校的学习环境对学生考试成绩的影响。这里，我们有两个层面的数据：学生层面(层面 1)和学校层面(层面 2)。

学生层面的变量：每个学生的学习时间、参与课外活动的时间等；

学校层面的变量：学校的师资力量、学校设施的完善程度等。

在这个研究中，我们的目标是探索学生的考试成绩（因变量）如何受到他们个人学习习惯和他们所在学校环境的共同影响。

如果我们用传统的线性模型来分析，我们可能只能简单地将所有变量放在一起分析，而忽略了学生是嵌套在学校这个更大的社会单位中的事实。这样做的话，我们就无法准确地分析学校环境对学生考试成绩的整体影响。

这时，多层线性模型就派上了用场。这个模型允许我们同时考虑学生层面和学校层面的变量：

①在学生层面（层面1），我们分析学生的学习时间等个人因素如何影响他们的考试成绩；

②在学校层面（层面2），我们进一步分析，在考虑了学生个人因素的基础上，学校的师资力量和设施完善程度等学校环境因素如何影响学生的考试成绩。

通过多层分析，我们可以得出更加精细和深入的结论，比如可能发现即使学生个人投入相同的学习时间，不同学校学生的考试成绩也会有显著差异，这种差异可能就是由学校层面的因素造成的。

这个例子展示了多层线性模型如何帮助我们更准确地理解和分析复杂现象，特别是当数据具有层次结构时。通过这种方式，研究者可以同时考虑个体和集体层面的因素，从而获得更全面的研究视角。

(2) 现象驱动。

现象驱动研究方法，以其对特定现象的深刻兴趣和深度探索为核心，为科学研究提供了一种独特的视角。这种方法不仅仅是简单地收集数据和信息，还要求研究者深入现象本身，通过观察、思考和分析，探索和解释现象背后的原理与机制。这种深度的探究有助于揭示现象的本质，推动理论的创新和知识的积累。

研究者往往从对一个现象的浓厚兴趣开始他们的探索旅程，这种兴趣可能来源于日常生活中的观察、对某一社会问题的关注，或对某一科学难题的好奇。以这种兴趣为起点，研究者将投入大量时间进行深入的文献回顾，以了解该现象的历史背景、现状以及已有的研究成果和理论框架。在充分理解现象的基础上，研究者会通过观察、实验或其他形式的实证研究，收集与该现象相关的数据和信息，对该现象进行更为深入的分析和理解。

现象驱动研究方法的一个主要优势在于其能够促进研究问题的精准提出和深入探索。通过对一个现象的深度观察和思考，研究者能够识别出该现象中最核心、最有意义的问题，并围绕这些问题展开研究。这些问题往往具有很强的针对性和深度，不仅对理解特定现象有重要意义，也可能对整个学科领域的发展产生影响。此外，现象驱动研究方法还有助于揭示现象背后的原因和机制，为理论的发展和实践的改进提供有力的支持。

然而，这种研究方法也面临着一定的挑战和限制。首先，由于它要求对现象进行深入的观察和思考，因此研究过程往往非常漫长，需要研究者投入大量的精力和资源，甚至可能会受研究资源的限制难以进行。其次，现象驱动的研究方法在一定程度上可能受到研究者个人偏好和主观性的影响。研究者的兴趣、价值观以及他们对现象的理解都可能影响研究问题的选择和研究过程的设计，因此，保持研究的客观性和公正性是现象驱动研究中需要特别注意的问题。

案例 2-5

现象驱动——社交媒体对青少年自尊心的影响

研究者可能首先注意到一个普遍现象：青少年在社交媒体上花费大量时间，这可能影响他们的心理健康和自尊心。出于对这一现象的兴趣，研究者开始通过调查问卷、深度访谈等方式收集数据，深入探讨社交媒体使用频率、内容消费类型、互动模式等因素如何影响青少年的自尊心。通过对这一现象的深度观察和思考，研究者不仅能提出具有针对性的研究问题，还能揭示这一现象背后的复杂关系和心理机制，为如何健康使用社交媒体提供科学指导。

(3) 文献驱动。

文献驱动研究方法在科学探索中占据着重要位置。通过深入阅读已有文献，研究者能够发现某领域的近期研究热点或挖掘出值得深入研究的题目。这种方法的好处主要体现在以下几个方面。

第一，可以降低研究风险。研究风险在此处指的是课题是否能够得到学术界同行的认可以及论文发表的可能性。纯粹基于个人兴趣的研究课题，如果之前很少或没有被探讨过，其论文可能会面临较高的发表难度，无论个人认为其重要性如何。选择一个当前学术界正热烈讨论的问题进行研究，能够为课题提供一种天然的"合法性"，使研究者更容易加入学术对话中。

第二，可以提供理论基础和研究工具。从文献中发现的研究课题通常已有一定的理论基础，这有助于避免研究在理论指导方面有所缺失。许多研究论文缺乏充分的理论背景阐述和假设的逻辑推理，这使得假设的提出显得突兀。通过文献驱动研究方法发掘的研究问题，研究者可以借鉴前人的理论模型，对其进行适当的调整或补充，以构建自己研究的理论基础。

第三，有助于了解一般研究方法。通过阅读文献，研究者可以详细了解进行类似研究的常用方法，从而使自己的研究有明确的路径可循。例如，有关组织行为的研究常采用问卷法进行，这提供了一种避免同源误差和提高研究可靠性的方法论指导。

尽管基于文献的研究方法带来了以上好处，但它也存在一定的挑战。

一方面，创新性不足。完全依赖已有文献可能导致研究缺乏新意，有时新的研究课题可能仅仅是对现有框架的轻微调整，这虽然具有一定的"递增价值"，但可能缺乏足够的创造性。

另一方面，研究主题可能过时。研究方向可能会随着学术界兴趣的变化而不断调整，这不利于形成稳定的研究方向和个人学术身份，可能会使研究者成为学术界的"跟风者"。

总的来说，文献驱动的研究方法为研究者在确定研究方向和构建理论框架方面提供了宝贵的参考。然而，挑选研究题目时，研究者应当努力寻找平衡，结合个人兴趣和学术界的需求，既要确保研究的相关性和时效性，也要力求创新和个性化，以促进学科领域的持续发展和知识的创新。

> 案例2-6

社交媒体使用与青少年心理健康

假设一位研究者 A 对社交媒体产生的影响非常感兴趣。开始时，A 不确定自己的研究应该集中在什么方面，因为社交媒体产生的影响是一个非常广泛的主题，涉及社会学、心理学、教育学等多个学科领域。为了缩小研究范围并找到具体的研究方向，A 开始阅读有关社交媒体影响的最新文献。

在深入研究过程中，A 注意到一个重复出现的主题：青少年在社交媒体上花费大量时间，这可能会对他们的心理健康产生负面影响。尽管已有一些研究指出了社交媒体使用频率与青少年焦虑和抑郁水平之间的相关性，但 A 发现现有的关于社交媒体使用频率对青少年自尊感方面的影响的研究还不够深入。

因此，A 决定将自己的研究集中在探索社交媒体使用对青少年自尊感的影响上。已有文献中提到的不同研究方法，比如问卷调查和深度访谈，以及相关理论框架，为 A 提供了研究设计的指导，他决定使用调查问卷来收集青少年的社交媒体使用数据，并通过访谈了解他们的自尊感受。

通过阅读文献，A 不仅找到了一个有意义的研究主题，而且获得了理论基础和研究方法的指导。这一过程典型地展示了文献驱动研究主题的形成过程：从广泛阅读文献开始，识别出研究领域中的空白或不足，然后基于这些发现形成自己的研究问题。

这一案例说明了文献驱动研究主题的好处，包括确定研究方向的"合法性"、建立扎实的理论基础、学习适用的研究方法，也展示了如何通过深入文献回顾启发研究者提出有价值的研究问题。

(4) 灵感驱动。

大多数研究问题源自个人的观察和深思熟虑。对于具有洞察力的研究者而言，几乎任何现象都可能成为其探索的对象。一个人对特定问题的深入观察和思考往往与其对该问题的强烈兴趣或激情紧密相关。若研究者缺乏对某一议题持续的热情，就难以进行深刻的思考和观察，从而提出有洞察力的理论和假设，更不用说在该研究领域做出显著贡献了。

灵感驱动法的核心在于其认为任何现象都可以成为研究问题的源泉。通过对日常生活中现象的观察和思考，研究者能从看似不起眼的细节中挖掘出研究问题，进而激发对该问题深层次的探索和研究兴趣。这种个性化的观察和思考为研究问题提供了新颖的视角和切入点，激发了研究者对问题进行深入探索的兴趣。

灵感驱动的方法强调个人主观意识和研究兴趣的重要性。深入的观察和思考通常与个人对某个议题的浓厚兴趣和激情紧密相连。只有当研究者对一个问题保持长期的专注和热情时，才可能深入思考和观察该问题。这种持续的热情能够激发创造性思维和创新，使研究者能够提出有见地的理论和假设，并在其研究领域做出显著贡献。

然而，灵感驱动法也存在挑战和局限。由于它高度依赖于研究者的个人主观意识和兴趣，因此可能会受到个人主义和偏见的影响。此外，虽然个人的观察和思考具有独创性和创造性，但其结果的可重复性和普遍性仍需进一步的验证与支持。

案例2-7

灵感驱动——智能手机使用与青少年睡眠质量

作为一名研究者，A最近注意到他的弟弟经常使用智能手机直到深夜。而且他发现，弟弟第二天早上起床上学时总是显得很疲惫。这个观察引起了A的兴趣，他开始思考智能手机的使用是否会影响青少年的睡眠质量。

起初，A的这种好奇心仅仅是基于家庭观察的个人经验。但随着他开始深入阅读相关文献，他发现这个问题不仅仅局限于他的弟弟，而是一个普遍存在于青少年群体中的现象。尽管有一些研究已经探讨了电子设备使用与睡眠障碍之间的联系，但关于智能手机特定应用程序（如社交媒体、视频游戏）对睡眠模式的影响仍然缺乏深入研究。

这一发现激发了A进一步探索这一问题的决心。他构想了一个研究项目，旨在探讨不同类型的智能手机应用程序的使用对青少年睡眠质量的影响。他计划通过问卷调查和实验研究来收集数据，比如追踪青少年在晚上使用智能手机的时间、使用哪些应用程序以及他们的睡眠模式。

这个研究主题的灵感来自A对日常生活中一个简单现象的观察和思考。通过对这一现象的好奇心的驱动，A不仅提出了一个研究问题，还可能对培养青少年健康习惯和改善青少年睡眠质量的策略做出重要贡献。

2.2.3 研究问题的转化

将广泛的问题转化为可研究的具体课题是科学研究过程中的一个关键步骤。这一过程涉及将较大的问题逐步分解，直至涉及的概念可以准确定义、操作化和测量。此过程包括将研究问题转换为具体的研究变量，并确立变量之间的关系，以便通过实际数据进行验证。

第一步，研究问题的概念化。首先，研究问题需要进行概念化，即对研究问题进行清晰和精确的定义。这一步骤要求研究者充分理解研究问题的内涵、边界和重要性。通过概念化，研究者能够识别问题的关键组成部分和变量，并理解问题的理论背景。

第二步，研究课题的界定。接下来，研究者应从较宽泛的研究问题中细化出特定的研究课题。选定的研究课题应当是可以通过实证研究方法探索和分析的一个较为独立的主题或领域。在确定研究课题时，研究资源的可用性、时间约束以及研究者的兴趣和专业知识至关重要。

第三步，研究课题的具体化与限定。之后，需要进一步细化和具体化研究课题，明确研究的具体对象、范围和内容。这可以通过缩减研究对象的范围、指定研究的时间和空间限制、确定具体的研究变量或要素等方式实现。限定和具体化研究课题有助于集中研究资源，明确研究目标，提高研究的可操作性和针对性。

通过这一系列步骤，研究问题被转换成了具有明确定义的、具有可操作性的变量和可检验的假设的研究课题。这不仅有助于明确研究的方向和目标，还确保了研究的可行性和有效性。正确地概念化、界定和具体化研究课题是科学研究成功的基础，它要求研究者进行深入思考和周密规划，确保研究设计的科学性和实施的可行性。

案例2-8

如何将研究问题转化为可研究的课题

对于案例2-7中智能手机使用与青少年睡眠质量的问题，研究者A可以通过以下步骤将该研究问题转化为可研究的课题。

首先，将研究问题概念化。假设A在日常观察中注意到，随着智能手机的普及，青少年在睡前使用智能手机的时间越来越长，他开始好奇这是否会影响他们的睡眠质量。这个广泛的问题首先需要概念化——也就是说，A需要明确定义"智能手机使用"和"睡眠质量"的概念。在这一步，他确定"智能手机使用"包括浏览社交媒体、观看视频等活动，并决定通过晚上使用手机的时间长短来将其量化。同时，他将"睡眠质量"定义为入睡所需时间、睡眠持续时间、夜间醒来次数等指标。

然后，进行研究课题的界定。接下来，A需要从这个宽泛的问题中界定具体的研究课题。他决定专注于调查晚上在床上使用智能手机对青少年睡眠质量的影响。这个课题相对独立，可通过实证研究方法进行探索和分析。

最后，完成研究课题的限定和具体化。A将进一步限定和具体化研究课题。他选择将研究对象限定为15~18岁的高中生，并决定将研究时长确定为一个学期，以便观察工作日和周末的对比效果。此外，他确定了主要的研究变量：晚上使用智能手机的时间和睡眠质量的各个指标。为了检验这些变量之间的关系，A计划通过调查问卷来收集数据，问卷将包括有关晚上使用智能手机的习惯和睡眠质量的问题。

通过这一系列的步骤，A成功地将一个广泛的研究问题转化为了一个具体、可操作的研究课题。他明确了要研究的现象、界定了研究的范围和内容，并且设定了具体的变量和方法来检验这些变量之间的关系。这样的准备工作不仅使研究问题变得更加明确和集中，也为后续的研究设计和数据收集奠定了坚实的基础。通过深入探索这个课题，A期望能够为理解智能手机使用对青少年睡眠质量的影响这一问题提供有价值的见解，并为相关的教育和健康政策提供科学依据。

2.3 研究假设与理论框架

2.3.1 研究假设

在科学研究中，构建研究假设是一个至关重要的步骤，它为研究提供了方向和焦点。研究假设是基于观察、理论背景和先前研究的深入分析而形成的预测性声明，涉及两个或多个变量之间的关系[13]。这些假设不仅指导着研究设计和数据收集工作，还为研究提供了理论框架和思考路径。

举一个具体的例子，考虑一个假设研究场景为研究者关注于探究智能手机使用频率与青少年心理健康之间的关系。在这个例子中，研究者可能基于文献回顾和先前的实证研究发现，形成了一个研究假设：青少年使用智能手机的频率与心理健康问题的发生正相关。这个假设明确了智能手机使用频率(独立变量)和青少年心理健康问题(因变量)之间的关系。

研究假设的形成通常基于对相关领域的现有理论、研究成果和实证证据的分析与思考。在上述例子中，研究者可能会参考心理学理论，探讨技术依赖与心理健康的潜在联系，并考虑如何将这些变量进行量化和操作化。

研究假设是基于当前知识和理解构建的暂时性回答，它们需要在研究过程中通过实证检验来验证。根据研究结果，研究者可能需要对假设进行修订或调整，甚至可能发现新的研究问题或理论见解。这种动态的过程反映了科学研究的迭代本质，即不断基于新的证据和理解来深化和发展研究议题与理论框架。

因此，研究假设不仅是科学探索的起点，也是科研旅程中的重要里程碑。通过精心构建研究假设并对其进行系统的验证，研究者能够有效地探索复杂的现象，为科学知识的积累和进步做出贡献。

2.3.2 理论框架

在科学探索的旅程中，理论框架扮演着枢纽的角色，为研究者提供了解释现象、预测结果、理解复杂问题的基础结构。理论框架是构建在概念、变量以及它们之间关系的基础之上的，为科学研究指明了方向和目的。理论框架的关键要素及其在科学研究中的重要性如下。

1. 概念的定义和分类

在理论框架中，概念是对观察到的对象或现象的抽象化表示，它们是研究者试图解释或理解的基本元素。例如，研究智能手机使用对青少年心理健康的影响时，智能手机使用频率、青少年心理健康状况等都是该研究中的关键概念。这些概念能帮助研究者描述和分类研究领域中的核心特征与属性，构建研究的基础框架。

2. 变量的操作化

变量是理论框架中概念的量化表现，它们使概念可以被测量和研究。在前述例子中，研究者可能会将智能手机使用频率量化为每天使用时长，心理健康状况则可通过焦虑和抑郁的评分来衡量。变量分为独立变量和因变量，分别代表影响因素和结果，使研究者能够分析概念之间的相互作用和影响。

3. 命题与假设的形成

理论框架通过命题或假设明确概念间或变量间的关系，这些陈述是研究者基于理论和先前研究所做的预测。假设不仅提供了研究的具体方向，也是研究者希望通过实证检验来验证的陈述。在智能手机和心理健康的研究中，可以制定的一个假设是"每天使用智能手机超过三小时的青少年比使用时间少于一小时的青少年更有可能经历高水平的焦虑和抑郁"。

4. 理论模型的构建

理论框架常通过理论模型来具象化，模型可以是图形的、数学的或描述性的，用以展示概念之间的动态联系和作用机制。理论模型不仅使复杂的理论关系更容易理解，也为研究设计和数据分析提供了明确的指引。理论模型中的变量类型如图 2-3 所示。

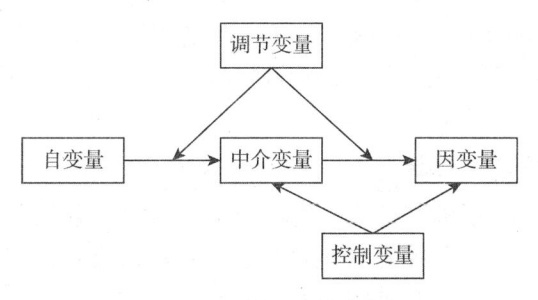

图 2-3　理论模型中的变量类型

理论框架为研究提供了坚实的地基，它指导研究设计，确保数据收集和分析工作能够系统地进行。此外，理论框架还有助于研究者明确研究目标，基于理论依据和背景提出问题，为研究结果的解释提供了理论支持。

在选择和构建理论框架时，研究者需综合考量相关领域的现有理论和研究成果，根据特定的研究问题和目的做出适当的选择与调整。随着研究的深入，研究者可能会对理论框架进行扩展、修改或整合，以适应研究的特定需求和复杂性。

因此，理论框架贯穿整个研究过程的核心，促进研究者深入理解研究领域，推动科学知识的进步和发展。通过精心构建的理论框架，研究者能够以更加系统和科学的方式探索世界，为人类的知识宝库贡献新的见解。

2.3.3　研究假设与理论框架的关系

理论框架与研究假设之间的互动犹如精心编织的双螺旋结构，相互依存，共同推动科学知识的发展。从理论的构建到新知识的创造，这一关系在研究的每一步中都扮演着至关重要的角色。以下详述了这一关系的各个层面，展现了它们在科学研究过程中的动态互动。

1. 理论框架：知识的基石

理论框架是科学研究的基础，为研究者提供了解释和理解现象的理论基础。它由一系列相关的概念、变量以及这些元素之间的关系构成，像是为研究者绘制了一张研究领域的详尽地图。理论框架指导研究者识别和定义关键的研究概念，构建变量，并预测这些变量之间可能存在的关系。

2. 研究假设：探索的罗盘

建立在理论框架之上，研究假设为研究者提供了明确的探索方向。这些假设是关于两个或多个变量间关系的明确预测，起着将理论转化为可检验命题的桥梁作用。研究假设指引着研究设计、数据收集以及分析过程，确保研究能够系统地探究预设的理论关系。

3. 相互促进：理论与假设的循环往复

理论框架与研究假设之间的关系不是静态的，而是一个动态循环的过程。研究假设的提出和检验通常会揭示理论框架中未被探索或研究不足的部分，促使研究者进一步细化和发展理论。这一过程可能导致新的假设的生成，进一步推动理论框架的演进和完善。

4. 实证检验：链接理论与现实

研究假设的实证检验是理论与现实连接的关键环节。通过对假设进行验证或反驳，研究者能够评估理论框架的适用性和准确性。有支持的假设为理论框架提供了实证证据，增强了其解释力和预测力；而未被支持的假设则挑战现有理论，激发研究者对理论框架的修正或重新构思。

5. 理论的进化：持续的对话

理论框架与研究假设之间的互动促使理论不断进化。研究假设的检验结果不仅影响理论框架的结构和内容，还可能引导研究者探索新的理论路径，拓宽科学知识的边界。这一过程类似于持续的学术对话，通过不断的提问、探索和回答，推动科学领域向前发展。

综上所述，理论框架与研究假设之间的密切关系构成了科学研究的核心动力。这种关系不仅为研究提供了方向和基础，也是科学知识进步和创新的主要驱动力。通过这种相互作用，研究者能够不断地挑战和扩展现有的知识体系，为理解复杂世界提供新的视角和更为深入的见解。

案例 2-9

理论框架的建立

我们以假设"社交媒体使用时间与青少年的社交焦虑程度正相关"为起点，演示如何基于这个假设构建一个理论框架。

1. 确立假设为起点

假设是：社交媒体使用时间与青少年的社交焦虑程度正相关。这个假设提示我们社交媒体的使用可能对青少年的心理健康有影响，特别是在社交焦虑方面。

2. 识别和定义关键概念

社交媒体使用时间：量化指标，即每天花费在社交媒体平台上的时间，可以通过调查问卷或应用追踪工具获得。

社交焦虑：个体在社交情境下感受到的焦虑和不适，可以通过标准化的心理健康量表来评估。

3. 探索理论背景

社会比较理论：人们倾向于与他人比较自己的能力和状态，频繁使用社交媒体可能加剧这种比较心理，导致焦虑感增加。

4. 构建理论框架

基于以上概念和理论背景，构建一个理论框架，描述社交媒体使用时间与社交焦虑之间的可能关系，并考虑社会比较和自我呈现如何作为中介变量影响这一关系。理论框架可以图形化表示，其中包括：

自变量：社交媒体使用时间。

因变量：社交焦虑程度。

中介变量：社会比较。

5. 形成新的假设

在理论框架的指导下，形成更具体的假设，例如：

假设1：社交媒体使用时间越长，青少年的社交焦虑程度越高。

假设2：社会比较在社交媒体使用时间和社交焦虑程度之间起中介作用。

6. 理论框架的实证检验

通过设计相应的研究方法，如问卷调查或实验研究，收集数据并分析结果，来检验上述假设。这些结果不仅有助于验证假设，也可以进一步发展和完善理论框架。

从一个简单假设出发，我们不仅构建了一个包含概念定义、理论背景和假设的理论框架，还为未来的研究提供了一个明确的研究路线图。这个过程展示了如何将观察到的现象系统化为科学研究，通过实证检验来探索、验证和发展理论。

2.4 研究方法

在科学研究中，选择合适的研究方法是实现研究目标、回答研究问题，并有效解释研究现象的关键。研究方法不仅反映了研究者对研究领域的深刻理解，也展现了研究者在方法论上的精细选择。在本节中，我们将详细阐述研究方法的选择及其与研究目标和问题的紧密关联。

首先，研究方法的选择受研究目标和研究问题的指导。研究目标定义了研究所希望达成的成果，如探索某个现象、描述特定事件的特性、建立或验证理论等。研究问题则更具体地指出了研究希望解答的问题。选定的研究方法需确保能够有效地寻求这些目标和问题的答案。例如，若研究目的在于探索个人经历的深层意义，定性方法便是首选；若研究目的是量化分析特定变量间的关系，则定量方法更为适用。

研究设计可以分为定量研究、定性研究和混合方法研究三种基本类型，每种研究设计都有其特定的应用场景和优势。

定量研究侧重于通过数值和统计方法来分析变量之间的关系，适合测试假设和估算变量之间的关系。这种方法通过收集可量化的数据并应用统计分析，提供了一种结构化且客观的研究路径，适用于那些需要测量、比较或测试变量之间关系的研究问题。

与此相反，定性研究侧重于理解人类行为、经历和社会现象的深层含义和复杂性。通过如访谈、观察和文本分析等非数值数据收集方法，定性研究揭示了现象背后的动机、观点和社会背景。这种设计适用于探索新的领域，或者当研究问题需要深入理解个人或群体的视角时。

混合方法研究设计结合了定量研究和定性研究的优势，通过同时采用这两种研究方法来增加研究的广度和深度。这种设计特别适用于研究问题较为复杂，既需要量化分析也需要深入理解的情况。混合方法能够提供更全面的视角，在通过定量数据验证广泛趋势的同时，用定性数据解释这些趋势背后的原因和上下文。

研究设计的选择不仅基于研究问题的性质，也受限于研究条件、资源和研究者的专业背景。定量方法要求较强的统计能力和对测量工具的掌握能力，而定性方法则需研究者具备深入的观察和分析技能。混合方法研究设计虽然能提供更为全面的分析，但其执行更为复杂，对研究者的要求也相应更高。

总的来说，研究方法的选择和研究设计的确定是一个复杂且至关重要的过程。通过仔细考虑研究目标和问题，以及各种研究设计的优势和局限，研究者可以选择最合适的方法来探索和解答研究中的关键问题。这不仅确保了研究的有效性和可靠性，也有助于深化我们对研究主题的理解。

2.5 文献搜索与梳理

全面的文献回顾具有多方面的作用：第一，帮助你评价研究问题是否已经得到回答；第二，帮助你寻找相关理论来解决困惑；第三，通过回顾文献可以指出更加准确的构念，从而帮你改进研究问题，甚至可能通过发现文献不足或察觉未经检验的命题，彻底改变研究问题，使之变得更加有趣和重要。

2.5.1 文献搜索途径

在科学研究中，有效地搜索和整理文献是构建研究框架和确立研究方向的关键步骤。为了高效地寻找和整理相关学术资料，研究者可以采用以下几种实用的文献搜索途径。

1. 图书馆目录和数据库搜索

图书馆的目录和各类专业学术数据库是寻找学术文献的重要渠道。这些资源包括但不限于 Web of Science、PubMed、IEEE Xplore、Scopus 和 Google 学术等。使用这些数据库时，研究者可以通过关键词、标题、作者名、出版年份等多种条件进行搜索，同时利用高级搜索功能进行精确检索。此外，许多数据库提供筛选和排序功能，能够使研究者根据研究需要快速找到相关度最高的文献。

2. 文献引用追踪

文献引用追踪是通过研究已知文献的引用来发现更多相关研究的方法。这种方法特别适用于发现最新的研究进展和拓展研究视野。学术数据库的"引用此文献"功能和专门的引文索引数据库，如 Web of Science 和 Scopus，是进行文献引用追踪的有力工具。通过这些工具，研究者可以轻松地追踪到一篇文献被后续研究引用的情况，从而发现新的研究趋势和相关文献。

3. 期刊文章和学术会议论文

同行评审的期刊文章和学术会议论文是学术交流的重要平台，它们通常代表着学术界的最新研究成果和学术讨论的前沿。研究者应定期浏览相关领域的重要学术期刊和会议论文集，以获取最新的研究信息和学术观点。

4. 学术网络和社交媒体

近年来，学术社交网络平台（如 ResearchGate 和 Academia.edu）已成为研究者分享研究成果、交流学术观点和建立专业联系的重要场所。研究者不仅可以在这些平台上找到论文的预印本和草稿，还能直接与其他研究者进行交流和讨论。

5. 专业协会和组织的资源

许多专业协会和学术组织会定期发布与其领域相关的学术期刊、会议论文集和技术报告。通过浏览这些资源，研究者可以了解特定学科领域的最新研究动态和行业趋势。

6. 书籍和专著

书籍和专著提供了对某一学科领域或具体主题的深入、系统的理论讨论和背景知识。研究者可以通过图书馆、在线书店或学术出版社的网站查找相关书籍和专著，这些资料往往能提供比期刊文章更为全面和深入的知识框架。

2.5.2 图书馆目录和数据库搜索方法

进行图书馆目录和数据库搜索是探索学术领域、收集文献资料的重要步骤。有效的搜索不仅能够节省时间，还能确保研究覆盖到最相关和最新的信息。以下步骤和技巧旨在引导研究者进行更高效的文献搜索。

1. 明确搜索目标

在开始搜索之前，最重要的是明确你想要找到的信息。这涉及你对研究主题的深入理解，以及能够识别出关键词和相关术语。设想一个情景，比如研究"全球变暖对农业生产的影响"，你需要定义如"全球变暖""农业生产""气候变化"等关键词，并考虑相关的地理区域、时间框架和具体的农作物类型。

2. 选择合适的资源

选择正确的数据库和图书馆目录对于找到高质量的文献至关重要。每个数据库都有其特定的覆盖范围和强项。例如，PubMed 专注于生命科学和生物医学领域，而 IEEE Xplore 覆盖电子工程和计算机科学相关的文献。探索这些资源时，要记住你的研究领域和需求，选择最适合你的数据库。

3. 精确使用搜索关键词

使用恰当的搜索关键词是获取相关搜索结果的关键。可以考虑使用同义词和相关术语以扩大搜索范围。布尔运算符"AND"可用于缩小搜索结果，而"OR"可用于扩展搜索结果。例如，搜索"气候变化 OR 全球变暖 AND 农业生产"，可以帮助你找到同时讨论气候变化和农业生产的文献。

4. 利用高级搜索功能

高级搜索功能是大多数数据库和图书馆目录中一个强大的工具，允许使用者根据特定条件进行细致的筛选。研究者可以根据文献类型、出版日期和研究领域等多个维度来定位所需的资料。这一过程有助于避免研究者被无关信息淹没，直接定位到最有价值的资源。

5. 评估搜索结果

当研究者面对一长串的搜索结果时，如何快速识别出最相关的几篇文献就显得尤为重要。这一步就像是在筛选珍珠，需要研究者细致地观察每一个项目的标题和摘要。这些简短的文字中包含着研究的精髓，能帮助研究者初步判断文献的价值和与自己所需信息的相关性。通过这样的评估，研究者可以高效地筛选出真正与研究主题相吻合的资料。

6. 获取全文文献

确定了一份看似有用的文献摘要后，下一步就是获取它的全文。如果直接的访问路径不可行，不要放弃。这时，图书馆的文献传递服务、与作者直接联系或开放获取资源等渠道就显得尤为重要。这一步骤可能需要一些耐心和额外的努力，但它确保了你能够深入阅读和全面理解所选文献的内容。

7. 引用追踪和相关文献探索

找到一篇核心文献后，通过检查其引用和被引用情况，研究者可以发现更多相关的研究。通过探索这篇文献的引用和被引用情况，研究者可以进一步拓宽研究视野。这一过程能帮助研究者发现与研究主题紧密相关的其他文献，有时甚至能够带领研究者进入一个全新的研究领域。这不仅是一个向外拓展的过程，也是深化理解和构建更全面研究网络的过程。

2.5.3 文献管理工具 NoteExpress 的介绍与操作

在文献搜索过程中，我们建议研究者同时整理文献清单，并运用如 NoteExpress、EndNote、Zotero 等引用管理工具对文献进行归档管理。这有助于维护文献的完整性和可追溯性，为后续的引用和写作提供便利。

NoteExpress 是一款常用的文献管理工具，它可以帮助研究人员组织、管理和引用文献资源。以下是对 NoteExpress 的简要介绍和 NoteExpress 的一般操作流程。

1. 下载和安装

使用者可以从 NoteExpress 官方网站下载适用于其操作系统的安装程序。安装完成后，启动 NoteExpress 软件，NoteExpress 的主程序界面如图 2-4 所示。

图 2-4 NoteExpress 的主程序界面

2. 创建文献库

使用 NoteExpress 时，需要创建一个新的文献库。单击新建数据库，选择数据库存放位置，或导入已有的文献库文件，并选择附件的保存位置以及附件保存方式即完成了一个文献库的创建，具体操作如图 2-5~图 2-7 所示。创建好文献库后，就可以开始导入和管理文献资源。

图 2-5　NoteExpress 创建文献库（1）

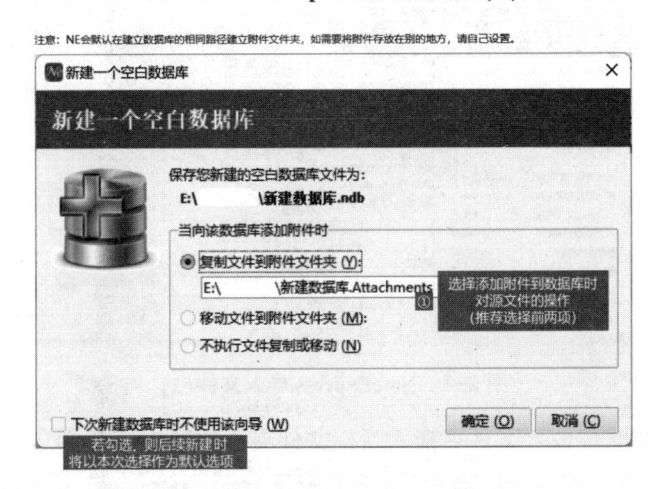

图 2-6　NoteExpress 创建文献库（2）

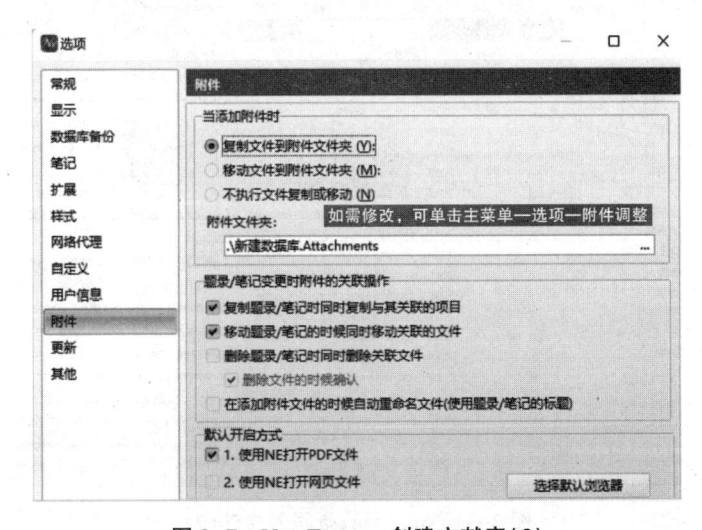

图 2-7　NoteExpress 创建文献库（3）

3. 导入文献

将文献资源导入 NoteExpress 中。我们可以通过多种方式导入文献，如手动输入文献信息、导入文献文件或通过在线数据库搜索文献并导入。NoteExpress 支持多种文献格式，如 PDF、Word 文档、EndNote 等。

4. 全文导入

将下载好的全文导入 NoteExpress 中进行管理，NoteExpress 支持任意格式的文件导入，导入的标题即为文件名。全文导入的具体操作步骤有两种。

（1）选择需要导入全文的文件夹目录，单击鼠标右键，选择【导入文件】，如图 2-8 所示。

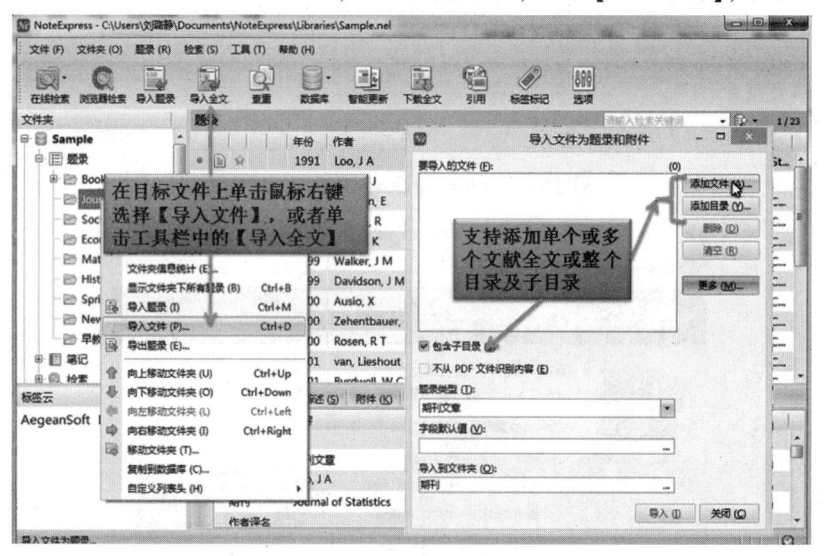

图 2-8　NoteExpress 导入文件（1）

（2）直接将全文文件或者文件夹拖入目标文件夹，如图 2-9 所示。

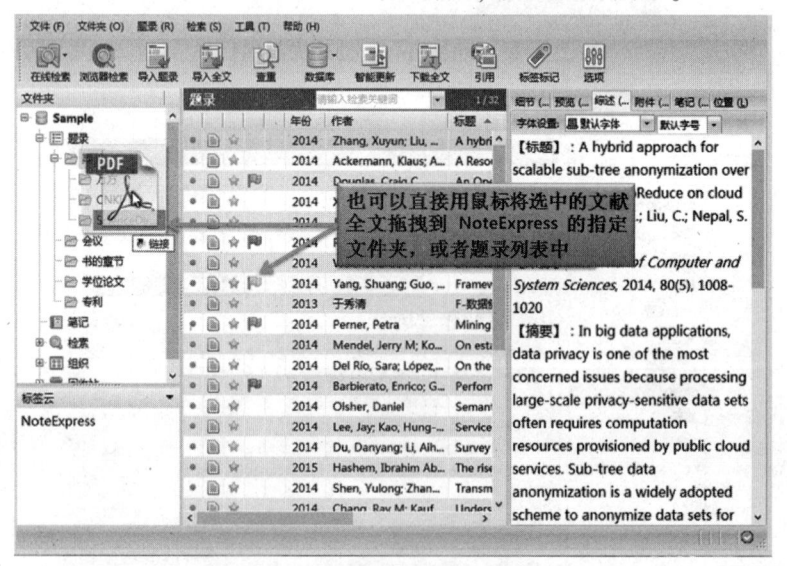

图 2-9　NoteExpress 导入文件（2）

5. 在线检索

无须登录数据库网站，可以直接以 NoteExpress 作为网关进行检索；NoteExpress 支持多线程下载方式，下载速度快。

NoteExpress 在线检索的具体操作如下。

(1) 选择需要检索的数据库，如图 2-10 所示。

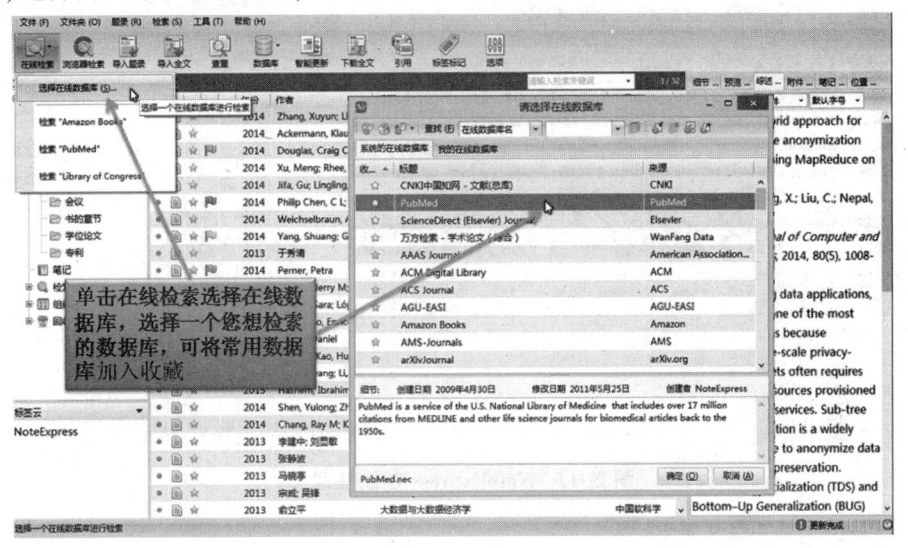

图 2-10　NoteExpress 在线检索(1)

(2) 输入检索词，取回检索结果后，勾选所需要的题录。可以使用批量获取功能，一次性将检索题录全部导入软件，保存到指定的位置，如图 2-11 和图 2-12 所示。

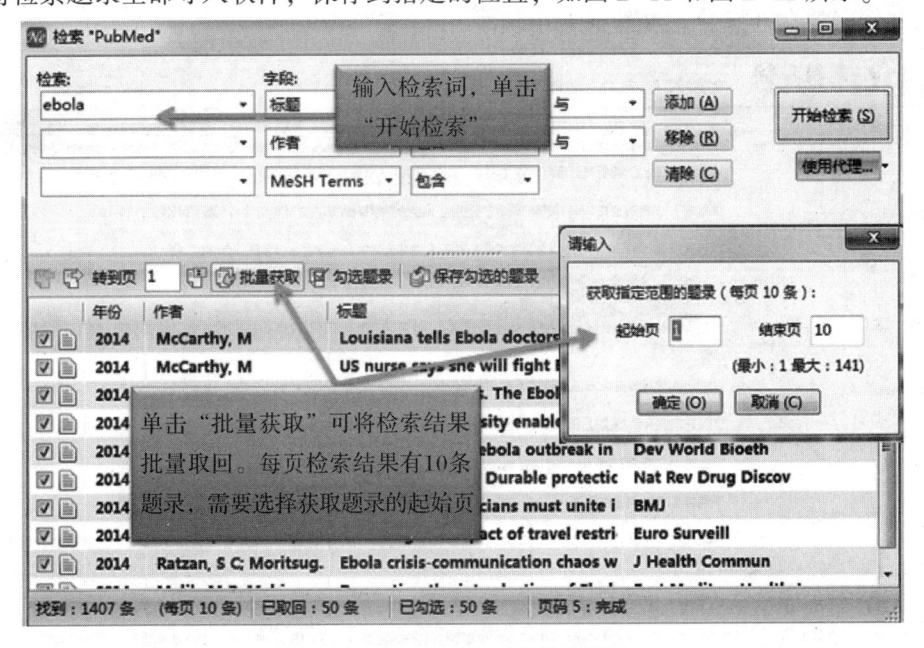

图 2-11　NoteExpress 在线检索(2)

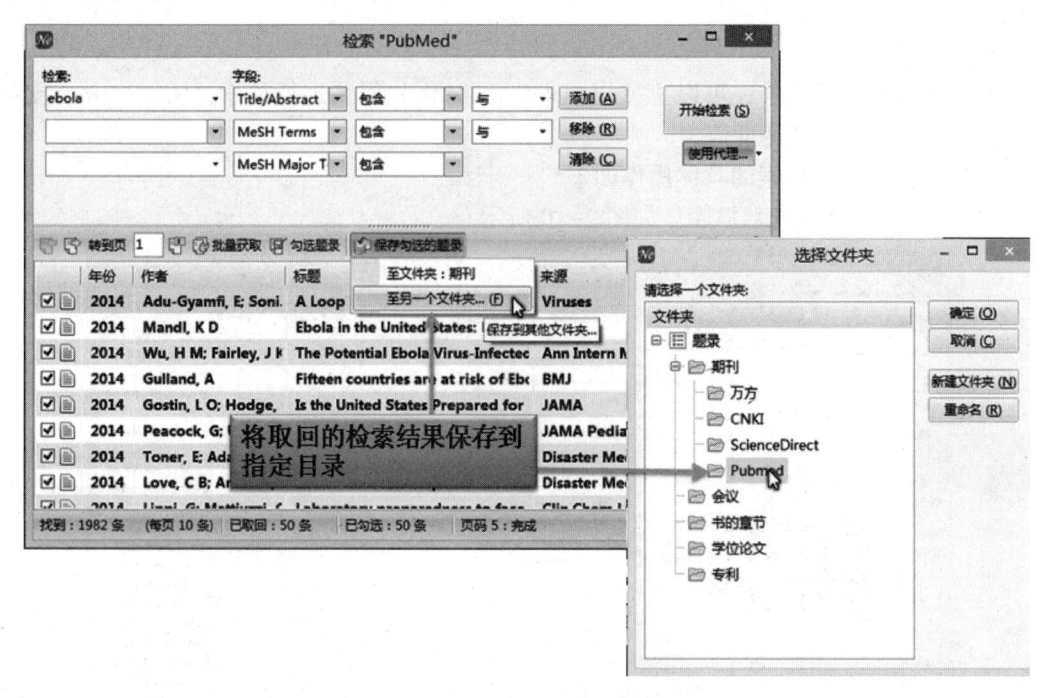

图 2-12 NoteExpress 在线检索(3)

(3)将获取题录导入软件。

格式化文件导入(即过滤器导入):格式化文件即从数据库页面将检索结果导出为固定格式文件,比如 Endnote 格式、RIS 格式等。具体操作步骤如下。

首先,在 CNKI 导入页面中选择一种导出格式,本例中选择导出为 NoteExpress 格式,将导出文件存放在电脑上,如图 2-13 所示。

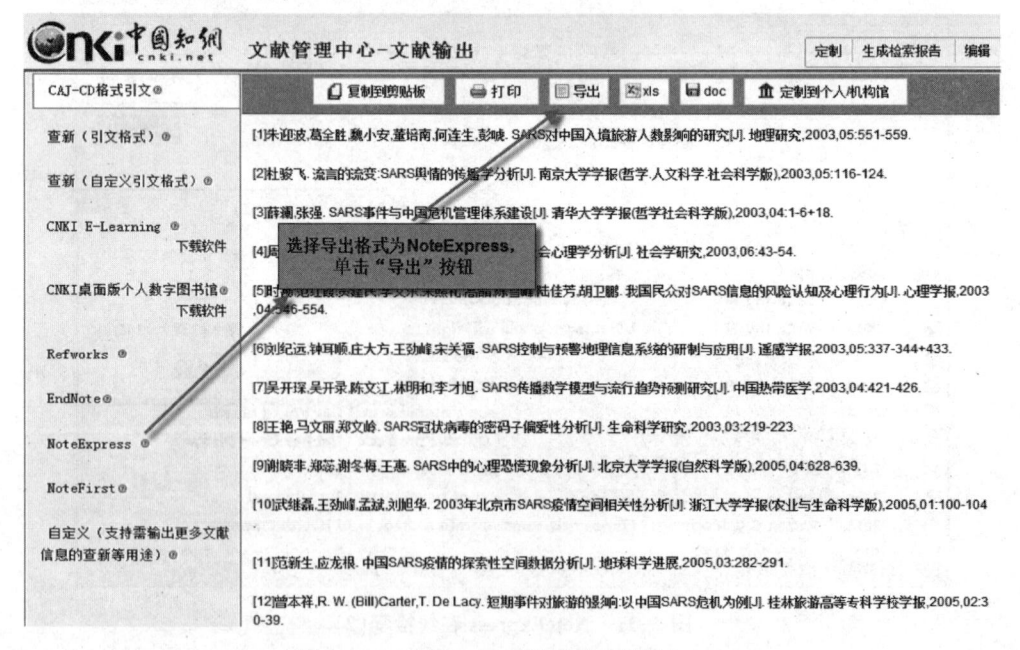

图 2-13 NoteExpress 格式化文件导入(1)

其次，单击"文件"下拉菜单，选择【导入题录】，如图 2-14 所示。

图 2-14　NoteExpress 格式化文件导入（2）

最后，选择过滤器，导入题录，如图 2-15 所示。

图 2-15　NoteExpress 格式化文件导入（3）

6. 手工录入

个别没有固定格式导出的题录或者由于其他原因需要手工编辑的题录，NoteExpress 也提供相关功能。手工录入是题录收集的补充收集方式，费时费力，差错率高，应尽可能使用网上检索以减少手工录入。需要手工录入时，可以先复制一个与录入题录内容较为接近的题录，然后通过修改这条新题录来减少手工录入的劳动强度。手工录入的操作步骤为：新建题录，编辑题录，保存，如图 2-16 和图 2-17 所示。

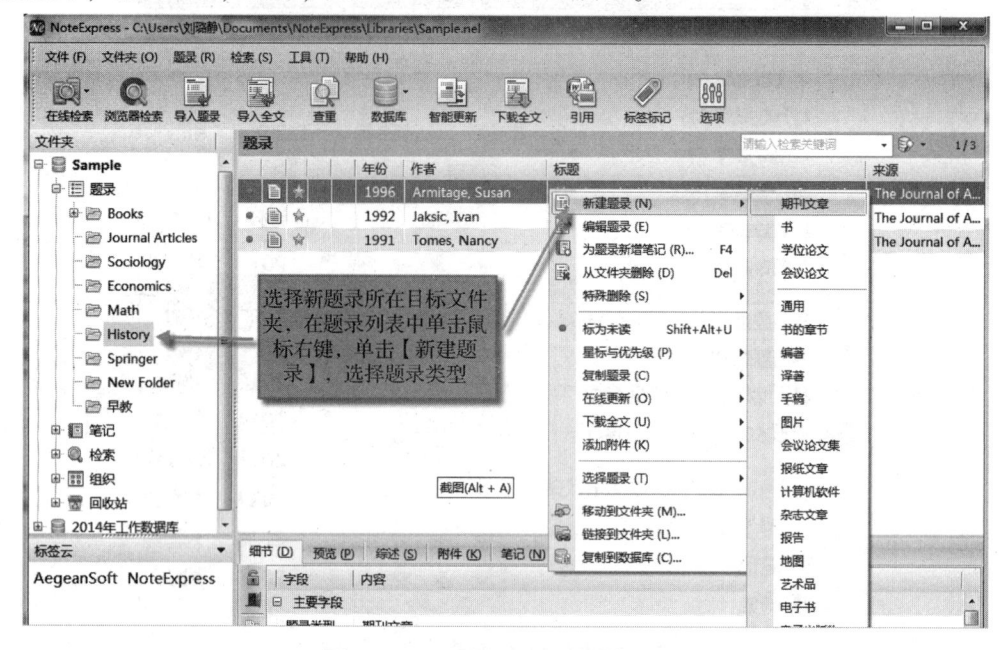

图 2-16　NoteExpress 手工录入（1）

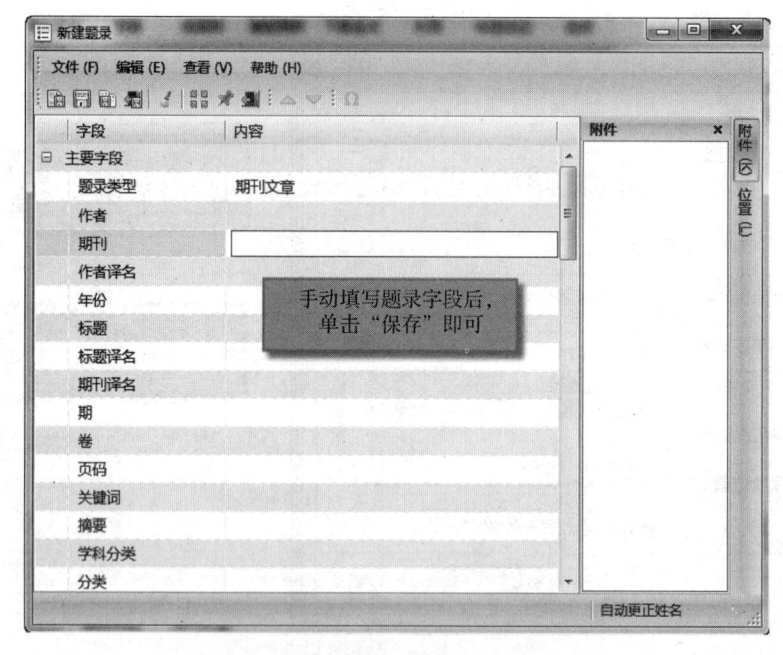

图 2-17　NoteExpress 手工录入（2）

7. 文献管理

NoteExpress 拥有强大的管理功能，可以分类管理电子文献题录和全文。NoteExpress 还拥有查找重复题录、虚拟文件夹、表头 DIY、附件管理、标签标记、本地检索、保存检索条件、组织、回收站、多数据库、数据备份等功能。

8. 分析

若收集的文献信息过多，或需要对某个研究者的文献信息进行整理，传统的统计方法可能费时又费力，这时，就可以选择使用 NoteExpress 来对文献信息进行统计分析。通过 NoteExpress，使用者可以方便快捷地对文献信息进行统计分析，从而快速了解某一领域的重要专家、研究机构、研究热点等。文献信息的分析结果可以导出为 txt 和 csv 等多种格式，方便使用者做出精准的报告。NoteExpress 2.0 以上版本可以对所有字段进行统计，包括作者、关键词、主题词等。

（1）启动分析功能。

启动 NoteExpress 的分析功能的方法有两种，如图 2-18 所示。

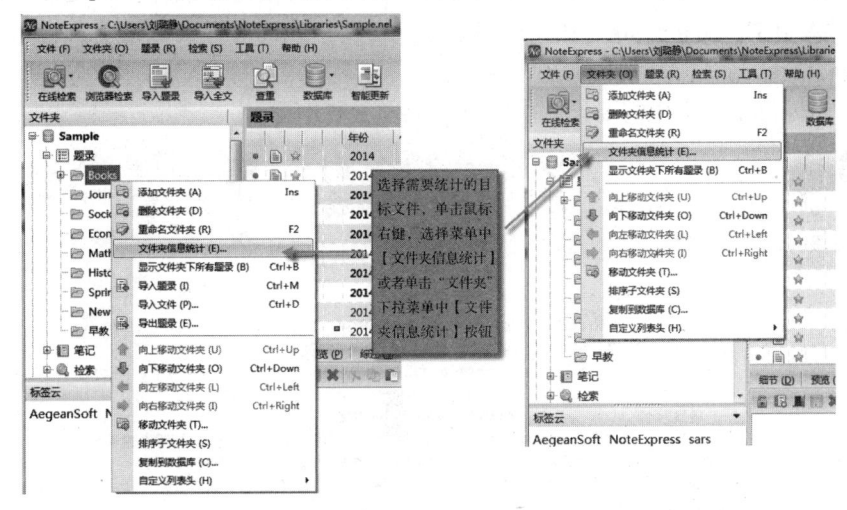

图 2-18 NoteExpress 分析（1）

（2）选择字段进行统计分析，分析结果可以另存为 txt 或者 csv 格式，如图 2-19 所示。

图 2-19 NoteExpress 分析（2）

9. 论文查重

NoteExpress 与万方数据合作引入论文查重功能，提供超过一亿篇对比资源，资源涵盖中国学术期刊数据库、中国学位论文全文数据库、中国学术会议论文数据库、中国学术网页数据库与中国专利文献数据库。单击 NoteExpress 软件工具栏上的【论文查重】，可以直达服务，如图 2-20 所示。

图 2-20　NoteExpress 论文查重

10. 写作

NoteExpress 支持 WPS 以及 MSOffice 借助 NoteExpress 的写作插件，方便使用者高效地在写作中插入引文，NoteExpress 还支持自动生成需要格式的参考文献索引，也可以一键切换到其他格式。

（1）将光标停留在文中需要插入引文处，如图 2-21 所示。

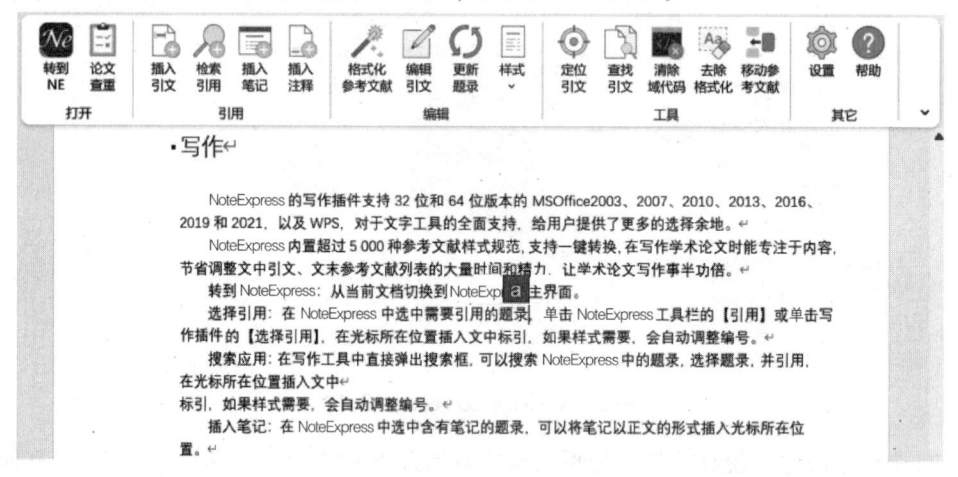

图 2-21　NoteExpress 写作（1）

（2）返回 NoteExpress 主程序，选择要插入的引文，如图 2-22 所示。

图 2-22　NoteExpress 写作（2）

(3) 单击 NoteExpress 主程序的【引用】或插件的【插入引文】,如图 2-23 所示。

图 2-23　NoteExpress 写作(3)

(4) 即可自动生成文中引文以及文末参考文献索引,效果如图 2-24 所示。

图 2-24　NoteExpress 写作(4)

(5) 如果需要切换到其他格式,单击【格式化】或【样式】,如图 2-25 所示。

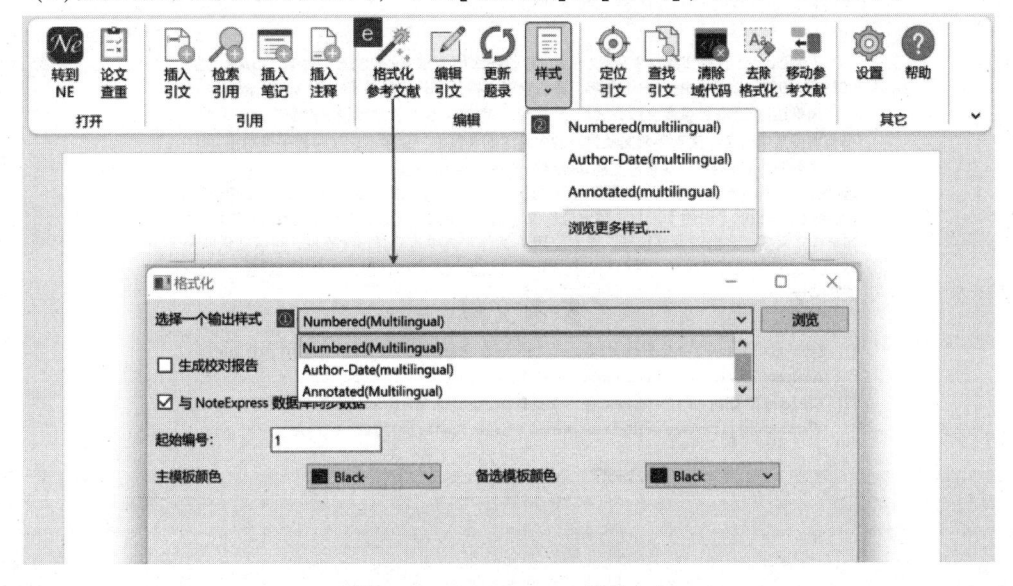

图 2-25　NoteExpress 写作(5)

(6) 选择所需要的样式，如图 2-26 所示。

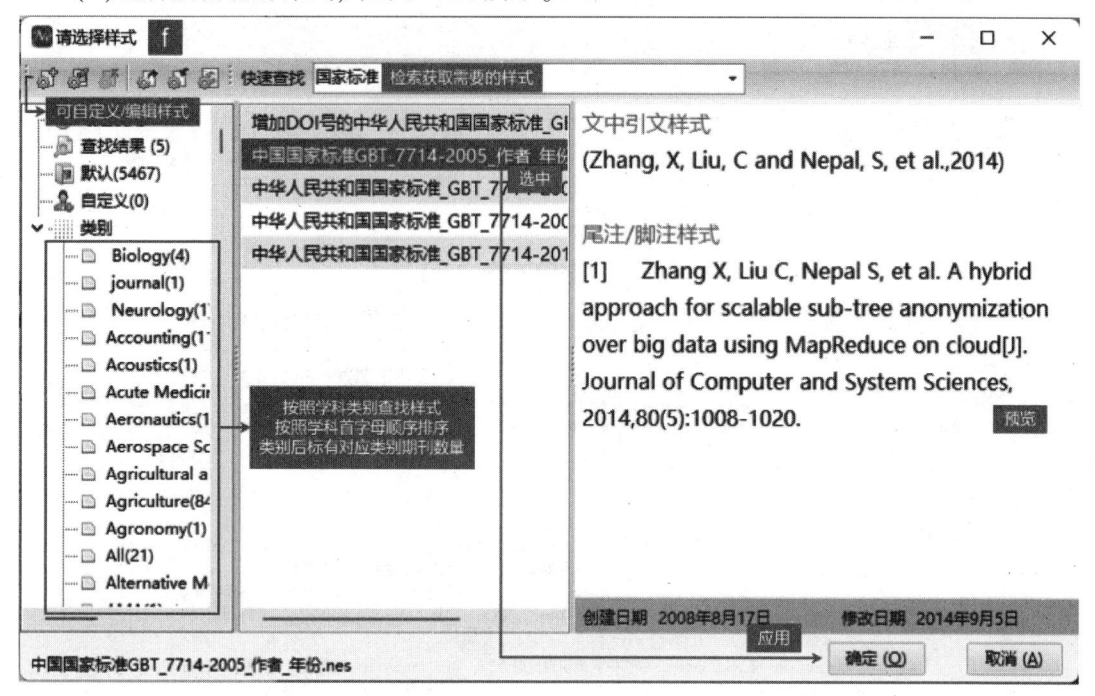

图 2-26　NoteExpress 写作 (6)

(7) 即可自动生成所选样式的文中引文以及参考文献索引，效果如图 2-27 所示。

图 2-27　NoteExpress 写作 (7)

(8) 对已引用的题录，如果有修改的需求，可以通过编辑引文进行编辑，如图 2-28 所示；编辑后的效果如图 2-29 所示。

图 2-28　NoteExpress 写作(8)

图 2-29　NoteExpress 写作(9)

NoteExpress 具有丰富的功能和自定义选项，使用者可以根据自己的需求进行设置和调整。在使用 NoteExpress 之前，建议登录 NoteExpress 官网阅读其官方文档或教程，以更全面地了解其功能和操作方法，以便更好地利用该工具来管理和引用文献资源。

思考题

1. 请描述实证研究的一般过程，并解释每个步骤的目的和重要性。
2. 什么是研究假设？如何在管理研究中提出一个有效的研究假设？
3. 选择一个管理问题，构建相应的理论框架，并解释各部分的关系。
4. 应该如何选择合适的研究方法来回答特定的研究问题？
5. 在管理研究中，常用的文献搜索途径有哪些？如何有效利用这些途径？

第 3 章　变量测量

作为科学研究的核心步骤，变量测量关系到如何准确地收集、分析数据，并据此得出可靠的结论。本章首先介绍变量的定义和分类，阐明变量在研究中的角色和重要性，并详细区分名义测量、定类测量、定距测量和定比测量这四种基本的测量等级，以及每种等级对应的不同类型的数据分析方法和统计技术。接下来，本章将探讨测量工具的选择，包括如何根据研究需求选取或设计适合的问卷、测试和观察模板等工具，以确保数据收集的有效性和准确性。最后，本章将讨论测量误差，包括它们的来源、类型以及如何通过精心的研究设计和执行减少这些误差对研究的影响。通过深入了解变量的测量，研究者可以提高研究的可靠性，为科学探索提供坚实的基础。

3.1　变量的定义与分类

3.1.1　变量的定义

变量可以定义为具有不同值的特征或属性，这些值能够在个体、群体或不同情境中发生变化，是具有可测性(Measurable)的概念和名词，其属性的幅度和强度变化程度可加以度量，如人口统计信息中的年龄、性别和职业，以及心理研究中的焦虑水平或满意度等，这些都是典型的变量。变量之所以重要，是因为它们使研究者能够量化和分析现象之间的关系，从而检验假设和理论。

度量的前提是能够观测，可度量性亦视作可观测性[14]。变量的可测性意味着研究者可以通过某种方式度量或评估其属性的变化或差异。例如，劳动生产率可以通过完成任务的数量和质量来度量，而工作满意度可以通过调查问卷来评估。这些变量的属性变化程度可以被观察并量化，提供了深入了解研究问题的途径。

然而，并非所有的概念都容易被度量。情绪状态，如悲伤、欢乐和幸福，虽然对个体有深刻影响，但它们的主观性质使得直接度量较为复杂。在这些情况下，研究者通常采用设计精巧的测量工具，如问卷和心理测试，来间接量化这些较为抽象的概念。

变量(Variables)和属性(Attributes)的概念密不可分，但属于两个层次：变量包含若干属性，而属性总是依附某个变量而言的。属性指客体的某种特性，例如，描述一个人的特性可用妇女、亚洲人、保守派、诚实的人、智慧者、农民等名词，这些名词都能代表人的一种属性。变量则是包括按逻辑归类的一组属性，例如，男性和女性都是属性，而性别(Sex, Gender)则是由这两种属性组成的变量。变量和属性的关系可以这样理解：例如，职业是个变量，由农民、教授、飞行员等属性组成[14]。换句话说，变量是一组有逻辑关系的属性的集合，它们在研究中被作为待分析和探究的元素。

案例 3-1

变量与属性

性别作为变量：性别(Gender)是一个常见的分类变量，包括男性和女性两个属性。在研究性别对职业选择的影响时，性别是自变量，而职业选择是因变量。

年龄作为变量：年龄可以是一个变量，它的不同数值(如18~24岁、25~34岁等)可以用来研究不同年龄段的消费习惯。这里，年龄的每个数值区间是属性，整体上构成年龄这一变量。

教育水平作为变量：教育水平是由小学、中学、高中、本科、硕士等多个教育阶段属性组成的变量。研究教育水平对收入水平的影响时，可以探索不同教育阶段(属性)对收入(另一变量)的具体影响。

3.1.2 因变量与自变量

变量可以从不同视角划分为不同类型，最常用的是从变量之间的相互作用划分，从这一角度，变量主要有自变量(Independent Variable)、因变量(Dependent Variable)和控制变量(Control Variable)。通过区分这些变量，研究者能够通过设计实验、观察研究或调查研究，准确地分析变量之间的相互作用和影响。

自变量是影响或决定因变量的变量，是因变量发生变化的前提或原因[5]。在变量分析中，自变量的属性值将不受其他变量影响而独立给定。研究者通常会操作或选择自变量的不同水平来观察其对因变量的影响。如工人教育程度和产品质量的关系为受教育程度越高，生产出的产品质量越高，在这一示例中，受教育程度是自变量。

因变量是由其他变量引起变化或决定的变量，它对自变量的变化做出响应，上述示例中的产品质量便是因变量。一个变量在某种情况下可作为自变量处理，而在另一种情况下可作为因变量处理。例如上面作为因变量的产品质量，在分析产品销售额时，它就可能成为自变量。一般说来，因变量即研究者企图解释或探索其属性变化原因的变量，而对于自变量本身，研究者通常不予以深究。

控制变量是研究中保持不变的变量，其目的是避免其他因素影响因变量，确保研究结果的准确性。通过控制这些变量，研究者能够更清楚地确定自变量和因变量之间的真实关系。自变量往往和控制变量同时存在并对因变量产生影响[14]。例如，在测试一种新药对血压(因变量)的效果时，年龄、性别、饮食和运动量(控制变量)可能会被控制，因为这些因素也可能影响血压，研究者通过控制这些变量，可以确保任何血压的变化都是由新药(自变量)引起的。

3.1.3 连续变量与离散变量

变量可分为连续变量和离散变量,每种类型都对数据的处理和分析有着深远的影响。在数据分析中,不同类型的变量需要进行准确的分类和尺度的确定。变量既然是可测的概念和名词,便须界定定义。定义必然要含有可识别的种差,这就要求辨明反映此种差的变量属性构成,以便进行度量和分析[7]。

连续变量是指在一定区间内可以取任何值的变量,这些值可以是无限且不可数的。例如,人的身高就是一个典型的连续变量,它可以从最矮到最高取任意值,如170.1 cm、170.12 cm等,其变化是无限细微的。又如,温度是一个典型的连续变量,因为它可以在一定范围内取无限多的数值,无论是气温、水温还是体温,我们都可以测量到非常精确的数值,如36.5°C、100.58°F等。

离散变量分为无序变量和有序变量[14]。其中,无序变量的不同属性之间没有顺序或等级之分,性别(男、女)、血型(A、B、AB、O)就是典型的例子,它们分类明确,但彼此之间并无高低或优劣之分。有序变量则是指变量的不同属性之间存在一个明确的顺序或等级,例如教育水平(小学、中学、大学)或顾客满意度(不满意、一般、满意、非常满意),这些分类虽然是离散的,但它们之间有明显的等级差异。

在管理研究领域中,变量的界定往往是一件颇费心思的事。例如职工参与度,"参与度"既是指参与管理的程度还是指参与企业各种活动的程度[14];"参与"既是指参与形式还是指意见表述;度量参与程度时既是统计工人参加各级管理会议的人数,还是工人提出管理建议的次数,或是总经理收到工人的来信或电话次数等,选取的度量指标不同,度量结果大不一样。

综上所述,清晰界定变量及其类型对于确保研究的准确性和有效性至关重要。研究者需通过深入的理论分析和实际操作定义,准确地测量和分析变量,以支持自己的研究假设和理论框架的构建。通过清晰的变量界定,研究者可以提出有意义的研究结果,推动学科领域的知识前进。

3.2 测量工具的选择

测量工具的选择对于科学研究的成功至关重要,因为测量工具直接影响着数据的质量和结果的可靠性[3]。准确且合适的测量工具可以确保数据的有效性,从而提供有力的支持来验证研究假设;错误或不恰当的测量工具,则可能会导致研究结论的误导或质疑。因此,选择适合研究目标和研究问题的正确测量工具是构建有效研究设计的基础。下面将从测量工具的类型、选择原则、选择方式和选择时需注意的问题等方面展开说明[5]。

3.2.1 测量工具的类型

根据测量的变量的类型和性质,测量工具可以分为四类:问卷、测试、观察和记录。

1. 问卷

问卷是最常用的数据收集工具之一,特别适用于测量个体的实践、信仰、态度、价值观、动机、自我概念、人格特质和心理健康等抽象概念。通过设计精细的问题，研究者可以收集到大量的定量数据并进行分析。例如，在社会科学研究中，问卷可以用来测量消费者对品牌的态度或员工的工作满意度。

2. 测试

测试通常用于测量个体的知识水平、技能、智力和组织能力等具体事实。测试可以是标准化的，如智力测试；或者是特定用于某项研究的自制测试，用于测量特定的能力或知识。例如，在教育研究中，测试可以用来评估学生在特定科目上的学习成果。

3. 观察

测试通常用于测量个体的知识水平、技能、智力和组织能力等具体事实。测试可以是标准化的，如智力测试，或者是特定于某项研究的自制测试，用于测量特定的能力或知识。例如，在教育研究中，测试可以用来评估学生在特定科目上的学习成果。

4. 记录

记录法涉及分析现有的文件、档案、统计数据、财务报表和研究数据等。这种方法允许研究者利用已经收集到的数据进行分析，这样既可以避免重复劳动，还可以提供历史或跨时期的比较。例如，在经济学研究中，研究者可以通过分析历史财务记录来研究经济趋势。

3.2.2 测量工具的选择原则

在科学研究中，选择恰当的测量工具是确保数据准确性和研究有效性的关键。选择测量工具时应考虑以下四个主要原则。

1. 有效性

有效性是指测量工具是否能够准确测量研究者意图测量的概念。一个有效的测量工具应该能够精确地反映研究变量的真实状态，且不涉及其他不相关的变量。

例如，在研究工作满意度时，如果使用一个问卷进行测量，该问卷应直接询问与工作满意度相关的问题，如对工作环境、薪酬、工作内容和同事关系的满意程度等，而不是询问与个人生活满意度相关的问题。这样，问卷才能有效地测量目标变量——工作满意度。

2. 可靠性

可靠性指的是测量工具在重复使用时能够产生一致结果的程度。一个可靠的测量工具应当在不同时间点或被不同研究者使用时，都能够得到相似的结果。

例如，进行一项调查大学生学习压力的研究时，如果同一组学生在不同时间（无重大事件干扰）使用同一问卷，两次调查结果应该非常接近；如果两次调查的结果差异很大，那么这个问卷的可靠性就值得怀疑。

3. 适用性

适用性是指测量工具是否适合研究的目标、问题和上下文。一个合适的工具不仅能够准确测量研究变量，而且能够适应研究对象的特性和研究环境的要求。

例如，在研究老年人的生活质量时，使用简单、易理解的语言和大字体的问卷比使用复杂术语和小字体的问卷更为适用。这是基于对老年人可能存在的视力问题和对复杂问题的理解能力的考虑，因此，简化的问卷能更有效地收集数据。

4. 实用性

实用性关乎测量工具的成本效益、易用性和时间效率。由于研究资源有限，因此选择的工具需要在可行性和效率上进行优化，以达成研究目标。

例如，在进行大规模人口健康调查时，可能会选择在线问卷而不是面对面访谈。尽管面对面访谈可能会提供更深入的数据，但在线问卷更节省成本和时间，且能覆盖更广泛的受访者。

总之，一个好的测量工具不仅能准确一致地收集数据，还能适应研究对象的特性和研究环境的要求，同时在资源使用上达到高效实用的效果。

3.2.3 测量工具的选择方式

在科学研究中，选择或开发恰当的测量工具对于确保数据的准确性和有效性至关重要。研究者可以采取以下几种方式来选择或开发测量工具，但需注意，每种方式都有其优势和局限性。

1. 直接选择已有的标准化测量工具

标准化测量工具经过了严格的试验和验证，能够提供可靠且有效的测量结果。这些工具通常适用于广泛的心理、社会和人文学科领域，如焦虑、抑郁或工作满意度等普遍性参数的测量。

优势：这些工具已经过广泛验证，它们能够提供相对标准和可比较的数据，极大地提高了研究的可信度。

局限性：标准化工具可能无法完全适应特定研究的需求，特别是当研究主题涉及非常特定的人群或文化背景时。

例如，假设一个研究团队想要测量大学生的学习动机，他们可能会选择使用成熟的学习动机测量问卷，该问卷已经在不同的文化和教育背景中进行过验证。

2. 修改和定制已有的测量工具

适当修改或定制现有的测量工具可以使其更符合特定研究需求。

优势：修改已有工具可以节省时间和成本，并借助原工具的基础提高新测量工具的适应性和可靠性。

局限性：任何修改都要谨慎进行，避免影响工具的可靠性和有效性。修改后的工具需要重新进行验证。

例如，如果一项研究专注于评估农村地区老年人的生活质量，研究者可能会对现有的生活质量问卷进行调整，使其包括对该人群更具体、更相关的项目。

3. 自主开发测量工具

对于特定的研究领域，可能不存在合适的现成工具，此时研究者需要自主开发测量工具。

优势：自主开发的工具能够精确符合研究的特定需求，提供更深入和个性化的洞察。

局限性：开发新工具是一个复杂且耗时的过程，还需要深入的专业知识来确保工具的可靠性和有效性。

例如，研究新兴技术对儿童心理发展的影响时可能需要开发新的调查问卷，因为现有的测量工具可能无法覆盖这一特定主题的所有维度。

在选择测量工具时，研究者需要综合考虑研究的目标、对象、可行性和资源。对于每种选择方式，都应进行彻底的评估，以确定其适用性和潜在的局限性。此外，无论选择哪种方式，都需要对所用的测量工具进行充分的测试和验证，确保其能够准确有效地收集数据。研究者的最终目标是找到或开发一个既能满足研究需求，又具有高度可靠性和有效性的测量工具，从而保障研究结果的质量和可信度。

3.2.4 测量工具选择时需注意的问题

精确的测量工具选择对于确保研究质量至关重要。然而，选择和使用这些工具时，研究者必须细心考量多个因素，以保障结果的可靠性和准确性。以下是在选择测量工具时需要特别注意的几个关键问题，每个问题都涉及可能对研究结果产生影响的不同方面。

1. 遵守测量工具的使用标准和规范

每种测量工具都有其特定的使用标准和规范，这些标准旨在确保数据收集时的一致性和可比较性。研究者必须仔细研究这些标准并严格遵守，以保证测量结果的可靠性。

例如，若研究者在进行心理健康测量时选用了贝克抑郁量表，就需要按照量表的标准化指南来执行，包括对参与者的指导、问卷的分发和结果的解读等，以确保结果的一致性和可信度。

2. 注意测量工具的限制和局限性

所有测量工具都有其固有的限制和局限性，这可能是由于设计、样本或实施过程中的偏差。研究者需要深入理解所选工具的这些限制，并在分析和解释结果时予以考虑。

例如，使用在线调查问卷时，研究者应注意到可能的自选择偏差，即愿意参与在线调查的个体可能在某些属性上与总体有所不同。这种偏差应在报告研究结果时明确指出并加以讨论。

3. 保证测量环境的合适性

测量环境的合适性直接影响到数据的准确性和可靠性。研究者需要确保测量环境不会对结果产生负面影响，比如通过减少环境干扰和保持测量条件一致性。

例如，在进行认知测试时，确保测试环境安静、光线适宜，避免外界干扰，可以帮助参与者更好地集中注意力，从而提高测量的准确性。

4. 针对测量对象的个体差异进行控制

个体差异是影响测量结果的一个重要因素。研究者需要识别这些差异并采取措施控制，以减少其对研究结果的潜在影响。

例如，在评估教育干预的效果时，控制参与学生的先前学习成绩差异是非常重要的，这能确保干预效果的评估不会因学生之间的能力差异而产生偏差。

总的来说，选择测量工具是一个复杂且细致的过程，要求研究者全面考虑工具的标准、局限性、测量环境以及测量对象的个体差异。仔细选择和使用测量工具，对提高研究的质量和可靠性、减少误导性结论产生等方面至关重要。通过深入理解和遵循这些原则，研究者可以有效地选择最合适的工具，以准确地测量和解析研究问题。

3.3 测量误差

3.3.1 误差来源

测量误差是指实际测量值与真实价值之间的差异,测量误差的大小取决于误差来源的多少、误差多少的程度和误差互相作用的大小等因素。误差来源主要有人为误差和自然误差两种,下面将分别进行说明[15]。

1. 人为误差

人为误差是科学研究中经常遇到的问题。在经济管理研究中,人为误差会直接影响研究的准确性和可靠性。人为误差主要包括测量者误差、测量工具误差和实验环境误差。

(1) 测量者误差。

测量者误差指的是由于测量者的主观性、技能不足、经验缺乏或对测量工具的误用导致的误差。

案例 3-2

市场调研中的偏见

在一项关于消费者行为的研究中,研究者需要收集消费者对于某个产品的看法。如果研究员对该产品持有偏见(例如,他们个人非常喜欢这个产品),他们可能在提问时无意中引导受访者,或者在解读开放性反馈时给予过于积极的解释,从而引入测量者偏差。

(2) 测量工具误差。

测量工具误差是指由于测量工具自身的缺陷、不准确或不适用于特定研究环境引起的误差。

案例 3-3

绩效评估工具的不适用性

假设一家公司使用一种标准化的绩效评估表来评估所有员工的工作表现。但是这种评估工具可能对某些岗位的员工来说并不适用,比如它可能过度强调量化指标而忽视了创新能力或团队合作能力。这种不匹配可能导致对特定员工能力的误判,引入测量工具误差。

(3) 实验环境误差。

实验环境误差是指由于实验环境条件的变化或不适宜导致的误差。

案例 3-4

在线调查的响应率问题

一项关于员工满意度的在线调查可能受到多种外部因素的影响,比如调查发布的时间、网络连接质量,甚至员工当时的心情等。这些因素可能影响调查的响应率和响应质量，引入环境误差。例如，如果在工作日的末尾发放调查问卷，疲惫的员工可能更不愿意参与或可能在匆忙中随意填写，这样的调查结果会影响数据的准确性。

2. 自然误差

自然误差在经济管理研究中经常出现，是由不可控的随机因素、测量对象本身特性以及测试条件的变化等引起的误差。这些误差对研究结果的准确性和可靠性有着直接的影响。自然误差包括以下三种。

(1) 随机误差。

随机误差是研究过程中无法避免的误差，它由诸多不可预测的随机因素引起，如市场波动、天气变化、个人的随机性行为等。这种误差的存在使得即使在完全相同的条件下重复实验，其结果也可能每次都有细微的差别。例如，在调查消费者购买行为时，即使在相同的市场环境下，不同个体可能因为个人偏好、情绪状态的随机波动，导致购买决策的随机变化，从而影响研究结果。

(2) 本质误差。

本质误差源自测量对象本身的固有特性。例如，企业文化是一种复杂的、多维度的概念，其内涵可能因企业的历史、领导风格和员工行为而有所不同，如果在对企业文化进行研究时试图用单一的量表来衡量所有企业文化，可能无法准确捕捉到每个企业文化的独特性，从而引入本质误差。

(3) 测试条件误差。

测试条件误差是由于实验环境或测试条件的变化而产生的误差。例如，在进行市场调查时，在不同时间段(如节假日与非节假日)、不同地点(如城市与乡村)进行调查，可能由于消费者的心态和购买力的差异，导致调查结果存在显著差异。这种由测试条件变化引起的误差，需要通过精心设计研究方案和选择合适的测试条件来尽量减少。

3.3.2 纠正测量误差

纠正测量误差是提高经济管理研究精确度和可靠性的关键步骤。这个过程要求研究者不仅要识别和分析误差来源，而且要采取有效措施进行误差补偿，并最终对误差的影响进行评价。纠正测量误差主要包括以下三个步骤。

1. 误差来源分析

在纠正测量误差前，需要对误差来源进行分析，找出误差的具体原因。只有找出误差来源才能有效地纠正误差。误差来源主要有人为因素和自然因素两个方面。在人为因素中，主要是因为使用的仪器设备和操作流程等的误差；自然因素中，则主要是环境和被测量对象造成的误差[16]。例如，在一项关于消费者行为的研究中，误差可能来源于调查问卷的设计偏差，或者来源于调查环境(如线上与线下调查环境)不同导致的响应偏差。

2. 误差补偿

误差补偿是确保数据准确性和研究结果可靠性的重要步骤。通过精心设计的补偿方法，研究者可以有效减少或消除数据收集和分析过程中的误差，提高研究的整体质量。误差补偿方法有以下三种。

(1) 基准校准。

基准校准是比较测量工具与已知标准之间的差异并进行调整的过程。例如，在进行企业员工满意度调查时，研究者可以利用国际标准化的满意度调查问卷作为基准，先在小范围内进行试调查，再根据试调查结果调整问卷设计，确保最终的调查工具能准确反映员工的真实满意度。

(2) 零位校正。

零位校正是将测量工具在测量前设置为零点以消除初始偏差的方法。例如，在分析销售数据时，研究者可能需要校正数据以排除季节性因素的影响，通过将非销售期间的销售额设为零，可以更准确地评估促销活动或市场变化对销售额的实际影响。

(3) 同步校正。

同步校正是指在不同条件或环境下同时收集数据，以减少单一条件可能导致的偏差。例如，在比较不同国家消费者对某新产品接受度的研究中，研究者可以采用相同的调查问卷和收集方法在多个国家同时进行调查。这样，通过对数据进行跨国家的同步校正，可以更准确地评估文化差异对消费者接受度的影响。

选择适当的误差补偿方法取决于研究的具体需求、数据类型和可用资源。研究者应充分了解各种补偿方法的优势和局限性，再结合实际研究场景进行选择。

案例 3-5

如何进行测量误差校正

在一项研究企业社会责任(CSR)对品牌形象影响的研究中，研究者通过零位校正和基准校准相结合的方法来减少调查问卷的偏差。首先，将拟定的调查问卷与行业内 CSR 表现出色的企业的标准调查问卷进行比较(基准校准)，调整自己的问卷设计；然后，在调查开始前，对参与者进行预调查，将对 CSR 概念理解度低的参与者的回答视为"零"，以提高调查的准确度(零位校正)。

3. 误差评价

误差评价是对测量过程中产生的误差进行细致的分析和评估，其目的是确保研究数据的准确性和可靠性。

(1) 重复测量。

当预期误差较小时，可以通过多次重复测量同一变量来评估误差的稳定性。重复测量有助于识别随机误差，并通过平均多次测量结果来减少误差的影响。例如，在消费者行为研究中，研究者可能多次调查同一群体的购买意向，以确保得到的数据不是由偶然因素导致的。

(2) 统计分析。

在误差较大的情况下，需要借助统计学方法来评估误差。常用的统计工具包括标准差、方差分析(ANOVA)、置信区间等，它们可以量化误差的大小，并评估数据集的整体可靠性。例如，一个研究团队在分析不同营销策略对销售额影响的研究中，可能使用方差分析来确定不同策略间是否存在显著差异，同时评估这些差异可能造成的误差范围。

(3) 系统误差的识别。

除了随机误差，系统误差也是影响测量准确性的重要因素。系统误差的识别通常需要比较测量结果与已知的标准或基准。例如，在企业绩效评估研究中，研究者可能将企业的财务数据与行业平均水平进行对比，通过分析偏离度来评估可能存在的系统误差。

案例 3-6

误差评价

在一项关于员工满意度对企业绩效影响的研究中,研究者采取了多种误差评价方法以确保数据的准确性。首先,对同一批员工在不同时间点进行满意度调查,并进行重复测量,以减少随机误差的影响。其次,使用统计分析方法,如标准差和方差分析,来评估数据的一致性和可靠性。最后,将调查结果与行业标准进行对比,识别并调整系统误差,确保研究结果的有效性和可信度。

思考题

1. 为什么定义和识别变量是研究设计的关键步骤?
2. 什么是连续变量和离散变量?请分别举例说明在管理研究中常见的连续变量和离散变量。
3. 在管理研究中,如何选择适合的测量工具?
4. 什么是测量误差?请解释测量误差的来源,并讨论其在管理研究中的影响。

第 4 章　数据收集与录入

4.1　数据收集方法

在进行数据分析和研究的时候，确定数据收集方法是至关重要的。数据收集方法一般包括观察、访谈、问卷、实验和二手数据等[17]。

4.1.1　观察法

观察法是收集数据的一种方式，主要是通过直接观察被研究对象的行为和活动获得数据与信息。观察法可以应用于不同领域和问题，如社会学、心理学、市场调查和医学等领域，在这些领域中，观察法可以帮助研究者获取一些无法通过问卷或访谈获得的信息[18]。

观察法可以分为参与式与非参与式，在参与式观察中，研究者将作为研究场景的一部分；在非参与式观察中，研究者则远离实际互动。从另一个角度进行划分，观察法还可以分为显性与隐性，在显性观察下，参与者知晓自己在被观察，这可能影响其行为；在隐性观察下，参与者不知道自己正在被观察。

观察法的实施步骤包括：

(1) 计划制订。明确观察目的、对象、场景和时间。

(2) 观察指南准备。制定详细的观察指南，包括观察项目和记录方法。

(3) 现场观察与记录。在预定的环境中进行观察，实时记录或事后填写观察记录。

(4) 数据分析。对收集到的观察数据进行整理、分类和分析，提炼出有价值的信息。

观察法的优点主要有：一方面，观察法能直接记录行为发生的情境，减少信息的二次加工和解释偏差；另一方面，观察法适用于各种情境，能够捕捉到实时的、未经加工的行为数据。但是观察法也有其缺点，如主观性影响，即观察者的主观性可能影响观察结果的客观性和准确性；而且，高质量的观察研究需要大量的时间和精力进行现场观察与记录，时间成本较大；此外，未经参与者同意的观察可能涉及隐私和伦理问题。

案例 4-1

观察法的应用

研究者希望分析不同时间段内，咖啡店顾客的选择偏好和消费行为。为此，研究者决定采用非参与式、显性观察法。经咖啡店经营者同意，研究者在店内安置观察点进行数据收集。观察指南包含顾客入店时间、停留时间、选择的座位类型（窗边、室内、靠门等）、点单内容及交互行为等。

在一周的观察期内，研究者记录了不同时间段（早晨、午后、晚上）顾客的行为模式。研究者发现，早晨时段的顾客多为单独来店，选择快速饮品外带；午后时段的顾客倾向于选择靠窗座位，会进行社交或工作，消费时间较长；晚上时段的顾客则以小型群体为主，选择室内座位。

4.1.2 访谈法

访谈法是一种通过直接对话获取信息的数据收集方法。访谈可以是结构化的、半结构化的或非结构化的，具体依据访谈过程中问题的固定程度而定。结构化访谈有固定的问卷和问题列表；半结构化访谈则具有一定的灵活性，允许研究者根据访谈进展添加或修改问题；非结构化访谈则更加开放，更多依赖于访谈者的引导和参与者的自由表达。

1. 访谈法的类型

(1) 个别访谈。与单一参与者进行，适合深入探讨个体经验。

(2) 集体访谈。如焦点小组访谈，与多名参与者同时进行，便于获取群体观点。

(3) 专家访谈。针对特定领域的专家进行，适合获取专业知识或见解。

2. 访谈法的实施步骤

(1) 准备。确定访谈目的，设计访谈指南，选择参与者。

(2) 实施。进行预约，营造良好的访谈环境，按照访谈指南开展访谈。

(3) 记录。通过笔记、录音或录像等方式记录访谈内容。

(4) 分析。整理访谈资料，进行内容分析或主题分析，提炼信息。

3. 访谈法的优点

(1) 深度与细节。深度与细节意味着研究者可以通过访谈获得关于人的感受、态度、经历、行为和意见的深入信息。

(2) 灵活性。灵活性允许研究者根据访谈进展调整和深入探讨特定主题。

(3) 适应性。适应性指的是访谈法适合探索新的或复杂的研究领域，尤其是当预先的信息较少时。

4. 访谈法的缺点

(1) 时间与资源消耗。访谈过程耗时，且需要专业的访谈技能和数据分析能力。

(2) 主观性。访谈者和参与者的主观性可能影响数据的客观性。

(3) 难以量化。访谈所得数据多为定性数据，不利于进行统计分析。

案例 4-2

访谈法的应用

研究者为了分析不同企业文化对员工满意度的影响，采用半结构化访谈法进行调查。研究者选取了来自不同行业的规模不同的十家公司作为研究对象，从每家公司选择了 5 位员工进行访谈，包括基层员工、中层管理者和高层领导。访谈内容围绕企业文化的体现、员工的感受和意见、企业文化与员工满意度之间的联系等方面展开。

通过访谈，研究者发现，具有开放沟通、鼓励创新和重视员工发展的企业文化的公司，其员工满意度普遍较高；而那些层次森严、缺乏激励和忽视员工个人价值的公司，员工满意度相对较低。这些深入的见解和信息为研究者提供了宝贵的数据，能帮助其构建理论模型，并设计进一步的研究以进行实证检验。

4.1.3 问卷法

问卷调查是一种使用广泛的数据收集方法，特别适用于大规模研究。它通过设计一系列的问题来收集参与者的信息、意见或态度。问卷可以是纸质的或电子的，包括多种题型，如选择题、是非题和开放性问题等。

问卷调查一般包括预测试、数据收集、数据处理和分析等步骤。其中，预测试指的是在小范围内测试问卷，以确保问题清晰、合理；数据收集则是通过邮件、在线平台或面对面发放问卷。数据收集回来后，研究者需要对其进行整理、编码，然后进行统计分析。

量表是问卷调查中一种重要的工具，用于测量和评估个体在某一或多个维度上的属性或特质。它们通常包括一系列相关问题（项），这些问题共同构成一个用于测量单一概念（如满意度、焦虑、领导力等）的工具。作为一种常用的量表设计，李克特量表经常用于评估受访者对某一声明的赞同或不赞同程度，如态度或满意度研究。

在通过量表设计问卷时，一般遵循以下程序。

(1) 清晰定义研究问题。研究问题应明确，量表的选用应与研究问题紧密相关。

(2) 选择或开发适当的量表。使用现有的、经过验证的量表或根据需要开发新的量表。

(3) 确保量表的可靠性和有效性。可靠性指量表的一致性，有效性指量表测量的准确性。

案例 4-3

使用量表测量大学生的学习动机

一项研究旨在探索大学生的焦虑及其与学术成绩之间的关系。研究者选用标准化的焦虑量表，如贝克焦虑量表（BAI）[19]或斯皮尔伯格焦虑量表（STAI）[20]，以评估学生的焦虑水平。量表包括多个项目，用于反映身体症状、认知症状等。此外，研究者要求参与者提供最近一学期的平均成绩或 GPA 作为学术成绩的指标；研究者还统计了参与者的人口统计信息，包括年龄、性别、专业、年级等。

研究者通过在线调查工具发放问卷给大学生，收集到了 500 份有效问卷。数据分析显示，大学生的焦虑程度与其学术成绩呈负相关，但这种负相关还受其他情境变量的影响。

4.1.4 实验法

实验法通过操控变量来测试特定假设，通常在控制的环境中进行。实验设计包括确定实验组和对照组、随机分配参与者和实施干预；数据收集过程涉及测量实验干预前后的变化，以评估干预的效果。实验法适用于探索变量之间的因果关系。

无论选择哪种数据收集方法，研究者都需开发相应的调查工具（如问卷、访谈大纲、观察模板）。完成工具开发后，必须进行预测试，评估其有效性和可靠性，并进行必要的调整。数据收集过程需要详细规划，包括确定数据收集的时间安排、参与者招募、数据收集的具体步骤和参与者的交互方式。研究者需确保实验过程中遵循伦理标准，尊重参与者的权利和隐私。通过精心设计和实施上述数据收集方法，研究者可以确保收集到高质量的数据，为研究问题提供准确和可靠的答案。

4.1.5 二手数据

在学术研究和决策分析中，通过二手数据获取所需研究信息是一种有效且经济的方法。二手数据，指的是已经存在的数据，这些数据原本可能是为了某些其他目的而被收集和记录下来的。使用这类数据，研究者可以避免重复劳动，减少昂贵的数据收集过程，还能扩大研究的时间跨度和地理覆盖范围。在使用二手数据进行研究时，研究者应遵循以下步骤以确保数据的有效性和研究的可靠性。

（1）明确研究问题。首先要明确研究的目标和问题，这有助于研究者识别需要哪些类型的数据。

（2）数据搜索与筛选。基于研究问题，识别并访问可能含有所需数据的数据库或资源。此过程可能需要多个数据源的综合使用。

（3）评估数据质量。评估所获数据的原始性、准确性、时效性和相关性；考虑数据是否完整，是否存在偏差，以及收集该数据使用的方法和收集该数据的原始目的。

（4）数据整理和预处理。二手数据往往需要进行清洗和格式化，以适应研究的具体需求。这一过程可能包括数据的标准化、缺失值处理和数据转换等。

（5）数据分析。根据研究设计，运用统计学方法和分析工具对数据进行分析，以回答研究问题。

（6）验证和解释。分析结果需要在理论和实践的背景下进行解释，同时也需要验证其有效性和可靠性。

二手数据的来源极为广泛，包括公共机构发布的统计数据、历史文档、学术期刊中的研究数据、企业和行业报告、新闻归档、政府报告、非政府组织发布的数据等。在经济和管理领域，这些数据往往来自以下几类机构。

（1）政府和公共机构。例如国家统计局、中央银行、各种政府部门和国际组织（如世界银行、国际货币基金组织）发布的经济数据、人口统计数据和行业分析报告。

（2）专业数据服务机构。例如 Bloomberg、万德（Wind）、国泰安（CSMAR）、知网（CNKI）等，这些平台提供广泛的金融市场数据、企业财务数据和经济指标。

（3）行业协会和专业机构。这些机构常常发布行业报告、市场分析和趋势预测，为研究特定行业变化提供便利。例如，中国工商业联合会进行的私营企业调查，提供了中国私营企业的发展状况、经营环境等数据。

(4)学术研究数据库。如JSTOR、PubMed等,这些平台提供各种领域的历史文献和研究成果的存档,可用于历史比较研究或系统评述。

(5)学术研究机构。例如北京大学中国社会科学调查中心,该机构主持的北京大学中国家庭追踪调查(China Family Panel Studies,CFPS)旨在通过跟踪收集个体、家庭、社区三个层次的数据,反映中国社会、经济、人口、教育和健康的变迁,为学术研究和公共政策分析提供数据基础。其他常见的学术机构主持的项目有浙江大学中国家庭调查(CFP)、西南财经大学中国家庭金融调查(CHFS)、北京大学国家发展研究院中国健康与养老追踪调查(CHARLS)等,这些项目均提供了充足的数据。

4.2 样本与抽样策略

在科学研究中,数据来源的选择直接影响研究结果的可靠性和有效性。精确的样本描述和明确的抽样策略是确保数据质量和研究准确性的基础。

4.2.1 样本来源及其大小确定

样本来源指定了研究将从哪里开始进行以及如何选取研究对象。样本来源的确定通常基于研究问题的性质和研究目标。例如,若研究旨在探索特定地区中学生的学习习惯,则其样本来源可能是该地区的中学;如果要研究特定疾病的流行趋势,则样本可能来自医院记录或公共卫生数据库。选择合适的样本来源是确保数据相关性和研究结果普适性的关键。

样本大小的确定应基于统计力度分析或先前研究的参考。充足的样本能够提供足够的统计力度,有利于检测研究变量之间的实际关系。样本大小的确定常涉及复杂的统计计算,包括期望的效应大小、错误类型Ⅰ和Ⅱ的风险等。

样本量(Sample Size)是指进行调查或实验时所选择的样本数目。样本量的大小直接影响样本结果的准确性和可靠性,因此在设计抽样方案时应该合理确定样本量。

通常情况下,样本量的大小取决于以下几个因素。

(1)总体大小(Population Size)。总体大小直接影响到样本量的大小。一般情况下,总体越大,所需的样本量也越大。

(2)抽样误差的大小(Margin of Error)。抽样误差的大小是确定样本量大小的主要前提条件之一。当抽样误差要求较小时,所需的样本量也会相应增大;如果要求更高的置信度和精度,也需要增加样本容量。

(3)方差的大小(Variance)。方差是指总体的数据分散程度,方差越大,所需的样本量越大。

(4)置信度(Confidence Level)。是指对样本结果的置信度,置信度越高,所需要的样本量越大。

(5)样本分布的可靠性。在分析数据分布时,样本量需要足够大,以确保分析结果具有可靠性和精度。

4.2.2 抽样策略

抽样策略决定了如何从样本来源中选取样本。

每种抽样策略都有其优势和局限，研究者应根据研究目的和可用资源选择最合适的策略。

数据抽样设计是指在整个数据集合中选取一部分子集以代表整个数据集合的过程。在这个过程中，采用的抽样方法是决定数据分析的重要性质之一。下面详细介绍一些常用的抽样方法[14]。

（1）简单随机抽样（Simple Random Sampling, SRS）。简单随机抽样是指从总体中等概率地随机选取样本。这种抽样方法不需要考虑自变量和因变量之间的关系，是最基本的抽样方法，也是最公平的抽样方法。

（2）系统抽样（Systematic Sampling）。系统抽样是指从所有数据中每隔一定数据量选取一个数据，所选的第一项数据需要随机开始，然后每隔一定的距离选取一定数量的数据。这种抽样方法适用于总体呈现周期性变化的情况。

（3）分层抽样（Stratified Sampling）。分层抽样是指将样本总体分为若干层，根据不同层样本的特点分别进行随机抽样，以获得代表层间差异的样本。这种抽样方法可以减小误差和变异。

（4）分类抽样（Cluster Sampling）。分类抽样是指将样本总体分为若干分类，从所有分类中随机抽取若干分类，然后对所选分类中的所有单位进行抽样。这种抽样方法可以减少调查时间和成本。

（5）整群抽样（Multistage Sampling）。整群抽样是在分类抽样的基础上进一步分层抽样，将大类缩小到小类，小类再进行抽样，直到选取到对研究目标有代表性的样本。

（6）方便抽样（Convenience Sampling）。方便抽样是一种非随机抽样方法，是在研究人员的方便范围内选取研究对象，容易产生偏差，不推荐使用。

4.2.3 抽样误差和偏差

数据抽样设计中，抽样误差（Sampling Error）和偏差（Bias）是两个重要的概念，它们在数据收集和分析中起着决定性作用，对研究结论的精度和准确性有重要影响[15]。

抽样误差是指由于样本数量的限制，所选择的样本不能完全代表总体的特征所导致的误差。当样本数量很小时，抽样误差就会变大。抽样误差的大小可以通过计算标准误差（Standard Error）来进行评估。标准误差是指样本平均值（或总体）与实际总体平均值（或总体）之间的差异。如果样本的代表性非常好，则样本统计量与总体参数的估计之间的标准误差会较小[21]。

偏差是指由于抽样方法的选择和操作者的主观因素，样本中得到的数据与总体真实属性相差的程度。偏差会影响到样本的代表性，使样本结果不具有普适性和可推广性。常见的偏差包括选择偏差、测量偏差和报告偏差。

选择偏差是指样本选取方式不当，导致部分总体不能被选中。例如，使用方便抽样方法会导致样本的代表性不足，数据结果偏差。

测量偏差是指由于测量工具或观测者的影响，导致数据结果的偏差。例如，在医学研究中，不同的研究者或用不同的测量工具进行测量时，可能会引起不同的测量偏差。

报告偏差是指由于研究者的不诚实或不准确报告结果而导致数据偏差的情况。例如，在一些社会学研究中，被调查对象可能隐瞒某些敏感的信息或数据，无意或有意地影响数据结果。

4.3 数据收集的实施

4.3.1 选择数据收集的方法

在选择数据收集方法时，需要考虑以下几个方面[15]。

(1)调查对象的特征。调查对象的特征包括其数量、分布、文化程度、社会地位、性别等，这些特征直接影响数据收集方法的选择。

(2)研究目的和问题。研究目的和问题是选择数据收集方法的重要指导方针。例如，如果研究的问题是心理健康方面的，则可以采用问卷调查的方式收集数据。

(3)资源和时间的限制。资源和时间的限制是选择数据收集方法时需要考虑的因素之一，研究者要考虑数据收集所需的资源和时间是否足够。

在实际应用中，研究者应根据研究问题和目的、调查对象的特征、研究过程的需求等综合因素，选择适当的数据收集方法来收集数据。

4.3.2 数据收集培训和时间表制定

数据收集培训和时间表制定是进行数据收集的重要准备工作。在收集数据之前，需要对数据收集人员进行专业的培训，以保证数据收集的准确性、规范性和高效性。同时，应该制定明确的数据收集时间表，以保证在规定时间内采集到足够的数据，并保证数据的准确性。下面是一些具体的步骤[7]。

(1)培训数据收集人员。为了让数据收集人员了解调查的目的、内容和流程，以及掌握数据收集方法和工具的操作，需要对他们进行专业的培训。

(2)准备培训材料。为了有效地进行数据收集人员的培训，需要准备相应的培训材料，包括调查问卷、操作手册、流程图和实例等。

(3)制订数据收集时间表。在制定数据收集时间表时，需要考虑数据收集的具体要求和特点，以及被调查者的特征和数量等因素，确保在规定时间内采集到足够的数据。

(4)规定数据收集操作规程。为了确保数据收集过程的规范性和标准化，需要规定数据收集的操作规程，包括实地调查、问卷发放和反馈等环节。

(5)制订数据收集风险管理计划。为了避免数据收集过程中出现的各种风险和问题，需要制订风险管理计划，包括数据质量控制、数据安全管理和现场风险管控等措施。

4.3.3 测量实施和参与者邀请

测量实施和参与者邀请是进行研究与调查的重要步骤。在实施测量前，需要邀请被选定的参与者参与研究或调查，以收集足够的数据。以下是一些具体的步骤[7]。

(1)选定研究或调查对象。在进行测量实施和参与者邀请前，需要先确定研究或调查的对象和范围。在选定研究或调查对象时，需要考虑研究或调查的目的和研究或调查对象的特点、数量和分布等因素。

（2）设计调查问卷或测量工具。设定合适的调查问卷或测量工具是进行实施和邀请的关键。在设计调查问卷或测量工具时，需要考虑研究或调查的目的、内容和对象，以保证数据的准确性和可信性。

（3）制订参与者邀请计划。在实施测量和邀请参与者前，需要制订参与者邀请计划，计划要包括确定参与者的数量和比例，选择合适的邀请方式和时间等。

（4）实施测量或调查。在实施测量时，需要确保调查或测量工具的准确性和完整性，同时通过有效的沟通和交流来保证参与者的积极性与合作性。

（5）提醒参与者完成调查并返回测量工具。在测量或调查完成后，需要及时提醒参与者完成调查并及时返还测量工具，以便进行数据的分析和处理。

4.3.4 参与者调查回收提醒

参与者调查回收提醒是为了尽可能地提高调查问卷的回收率和数据的准确性而进行的一种提醒工作。以下是一些具体的步骤。

（1）制订调查问卷的回收计划。在制订调查问卷的回收计划时，需要确定合适的回收时间和回收方式。例如，可以通过邮寄、电子邮件、短信、电话等方式提醒参与者回收问卷，并在一定期限内进行收集。

（2）向参与者发送调查回收提醒。在制订回收计划后，需要及时向参与者发送调查回收提醒，提醒参与者尽快回收问卷。在提醒中，需要说明回收的目的、截止日期和回收方式等信息，以便参与者更加清楚地了解回收的具体情况。

（3）跟进已发送的参与者调查回收提醒。在发出参与者调查回收提醒后，需要对收到回复和未回复的参与者进行跟进。对于已回复的参与者，可以进行数据整理和分析；对于未回复的参与者，可以通过再次提醒或其他方式来促使其尽快回收问卷。

（4）量化回收效果和数据准确性。在回收到足够的调查问卷后，需要对回收效果和数据准确性进行量化分析。例如，可以计算回收率和数据质量等指标，并对收集到的数据进行清洗和验证，以保证数据的准确性和可信度。

4.3.5 伦理审查和参与者保护

在北美的研究范式下，在进行任何形式的研究时，都需要伦理审查和参与者保护，尤其是涉及人类参与者的研究。在中国，伦理审查也日益被重视起来，很多研究机构都建立了伦理委员会。伦理考量是至关重要的，确保参与者的权利和福祉不仅是遵循法律和规范的要求，也是研究过程中维护诚信和责任的体现。

1. CITI 培训

在进行伦理审查之前，一般需要完成 CITI（Collaborative Institutional Training Initiative）培训。CITI 培训是一项专为研究者、学者，以及参与研究项目的人员设计的在线伦理和责任培训程序。这个培训的主要目的是为相关人员提供有关人类参与研究伦理、动物护理和使用、生物安全以及研究中的数据管理等方面的教育。通过 CITI 培训，参与者能够更好地理解并遵循在研究活动中必须遵守的伦理准则和规范。相关人员可登录 https：//about.citiprogram.org/进行 CITI 培训。

2. 伦理审查

研究项目需遵循伦理标准，以确保参与者的权利得到尊重和保护。这包括但不限于：①保证参与者的自愿性，即参与者有权在充分了解研究内容后自愿决定是否参加研究；②确保无害原则，即研究不会给参与者带来身心伤害；③确保公平性，即研究参与者的选择和待遇公正无偏颇。研究者应在早期阶段将研究设计方案提交给伦理委员会审查，以评估研究方案是否符合伦理标准。

3. 同意程序

获取参与者的知情同意是进行研究的前提。知情同意过程包括向参与者提供详细的研究信息，如研究目的、预期的好处与可能的风险、参与者的权利以及保密措施等。同意表格应包含前述的所有信息，并明确指出参与者的同意是自愿的，他们有权在任何时候撤回参与。同意表还应提供研究团队的联系信息，以便参与者有疑问时可以咨询。对于特定群体（如未成年人或易受伤害的群体），还需要获得法定监护人的同意。

4. 数据保密性

保护数据和参与者隐私是研究中的一个重要伦理责任。研究者需采取适当的措施，如使用匿名或化名、限制数据访问、加密电子数据等方式，确保收集到的数据不会泄露参与者的身份。参与者的所有敏感信息都应被妥善处理，且只有授权的研究团队成员才能访问。研究完成后，研究团队应根据伦理委员会的指导原则安全地存储或销毁数据。

4.4 数据录入与初步处理

4.4.1 数据录入

数据录入是指将纸质问卷或电子调查中获得的数据，手工或自动地输入计算机数据库或统计软件中，以便进行进一步的数据分析和处理[22]。录入数据的具体步骤如下。

(1) 准备数据录入工具。需要准备专业的数据录入软件或统计软件，如 Excel、SPSS 等，来进行数据录入。

(2) 标准化纸质问卷。对于纸质问卷，需要对问卷进行标准化操作，包括清洗、扫描、OCR 等，以便数据可以被录入计算机中进行处理。

(3) 设定数据录入规则。设定数据录入规则，包括数据类型、字母大小写、数据区间等，以保证输入的数据准确无误。

(4) 数据手动录入和验证。对于手工录入方式，需要将数据逐条、逐项地录入，并进行验证，确保录入的数据与原始问卷的数据一致。

(5) 数据自动录入和验证。对于自动录入方式，需要通过电子扫描或 OCR 等技术将纸质问卷转换为电子数据，并进行自动录入和验证。

(6) 数据导入统计软件中。将录入好的数据导入统计软件中进行进一步分析和处理。

(7) 清洗数据。对输入的数据进行清洗，包括剔除无效记录、填补缺失值、处理极端值、统一数据格式等操作，以保证数据的准确性。

(8) 数据分析和结果展示。对处理过的数据进行分析，并通过图表、表格等形式进行结果展示，以便对调查结果进行解读、分析和报告。

综上所述，数据录入是非常重要的调查数据处理环节，研究者需要认真制定录入规则，保证数据的准确、完整和可靠，以便进行后续的分析和报告。

4.4.2 数据质量控制：信度检验

信度(Reliability)指的是测量工具在重复使用时结果的一致性或稳定性。具有高信度的工具可以确保在相似条件下产生可重复且一致的结果，从而在多次测量间显示出高度的可靠性。当同一测量工具多次应用于同一样本中，如果结果几乎相同，那么我们可以认为该测量工具具有较高的信度；反之，如果结果存在明显差异，则说明该工具信度较低。测量工具的信度有多种方法可以计算，如重测信度(Test-Retest Reliability)、内部一致性信度(Internal Consistency Reliability)等。

1. 重测信度(Test-Retest Reliability)

该方法涉及在两个不同时间点使用相同的测量工具对同一样本进行测试。通过比较两次测试的结果，评估测量的稳定性。如果两次测量结果高度一致，则认为测量具有高信度。这种方法特别适合评估那些预期在短时间内不会改变的特征或状态的研究。

2. 内部一致性信度(Internal Consistency Reliability)

内部一致性信度通过Cronbach's α系数来评估，该系数用于评估测量问卷或测试中各个项目之间的平均相关性。α系数的值介于0到1之间，其中较高的值(通常大于0.7)表示较好的内部一致性。这种方法适用于包含多个测量相同概念的项的问卷。

3. 分割半信度(Split-Half Reliability)

在该方法中，将测量工具的项目随机分为两半，然后计算这两半的得分相关性。此后，通常使用斯皮尔曼—布朗公式对分割半的结果进行调整，以估计整个测试的信度。分割半信度是评估问卷或测试整体一致性的有效方式。

信度的高低直接影响研究结果的解释力和研究的有效性。只有当测量工具足够可靠时，研究者才能确信观察到的变化是由于实验操纵而非测量误差。因此，在研究开始前评估信度是至关重要的步骤。

信度的评估不仅能帮助研究者了解测量工具的一致性，还可以指导后续的研究设计，如是否需要修改问卷或测量方法来提高测量的可靠性。此外，公布信度数据也可以增加研究报告的透明度，让其他研究者对研究结果的质量有更深入的了解。

4.4.3 数据质量控制：效度检验

效度(Validity)是指测量工具所测量的内容是否真实，是否能代表该内容。效度的高低决定了研究结果的可信度和实际应用的准确性。一个具有高效度的测量工具可以确保研究结果真实反映研究目标，而不是由于测量错误而产生误导。测量效度面临的主要挑战是如何确保测量工具真正地测量了预定的概念而不是其他潜在的变量。此外，一个常见的问题是，在不同的文化和语境下，同一测量工具可能无法有效地测量相同的概念。测量工具的效度有多种计算方法，常用的包括内容效度、同步效度、预测效度等。

1. 内容效度(Content Validity)

内容效度指的是测量工具包含的内容是否全面覆盖了研究主题的所有相关方面。它用于确保使用的工具能够充分和代表性地反映被测量的概念,通常通过专家审查问卷或测量工具来评估其内容的全面性和适当性。

2. 同步效度(Concurrent Validity)

同步效度通过将测量工具的结果与同时期的其他已验证的标准测量结果进行比较来评估。如果两种工具的结果高度相关,则该工具被认为具有良好的同步效度。

3. 预测效度(Predictive Validity)

预测效度是指测量工具预测未来结果或行为的能力。这通过测量工具的结果与未来某个时间点的结果之间的相关性来评定。例如,一个职业兴趣测试的预测效度可以通过参与者在相关领域的后续表现来验证。

在实际应用中,需要同时考虑测量工具的信度和效度,以保证测量工具的质量。如果测量工具具有良好的信度和效度,那么我们就可以相信该工具能够准确地评估所要使用的内容。如果工具存在信度或效度问题,则需要通过修订工具、重新设计样本,或改进其应用过程等方式来提高其信度和效度。

4.5 利用 SPSS 进行初步数据处理

4.5.1 SPSS 简介

SPSS(Statistical Package for the Social Sciences)是由 IBM 公司开发提供的一种广泛应用于社会科学、医学、商业等领域的全面统计分析软件,其强大的数据分析能力和简便的操作使其成为数据分析工作中的常用工具。SPSS 的主要特点如下。

1. 强大的数据分析功能

SPSS 提供了丰富的统计分析方法,适用于各种数据分析任务。它支持描述性统计、因子分析、聚类分析和回归分析等常用数据分析方法。此外,SPSS 还支持高级分析,如时间序列分析、生存分析和路径分析等,能满足不同研究领域的需求。

2. 简易的操作界面

SPSS 以其用户友好的图形化界面而著称。用户无须编写复杂的代码即可完成大部分数据分析任务。通过拖拽、点选等简单操作,用户可以轻松进行数据录入、数据清洗和数据分析等操作。SPSS 的界面设计直观,操作流程简洁,即使是统计学新手也能快速上手,完成复杂的数据分析任务。

3. 易于处理大型数据集

SPSS 具备处理大型数据集的能力,能够支持多达数十万条记录的数据集。通过数据压缩和缓存功能,SPSS 实现了对大型数据的快速处理和分析。对于涉及大规模数据的研究,如市场调查、人口普查等,SPSS 能够高效地进行数据处理,确保分析结果的准确性和可靠性。

4. 支持多种格式的数据

SPSS 能够处理多种格式的数据文件，包括常见的 .dbf、.xls、.csv、.sav 和 .txt 等。无论数据来源于数据库、电子表格，还是文本文件，SPSS 都能方便地导入并进行处理。这种多格式支持确保了 SPSS 在数据收集和分析过程中的灵活性，能够满足研究者使用不同数据源和数据类型的需求。此外，SPSS 还支持与其他统计软件（如 SAS、Stata 等）的数据互操作，这进一步增强了其数据处理的灵活性和兼容性。

4.5.2 数据录入的结构

"数据录入的结构"是指在数据分析过程中，需要清晰地组织和区分数据集的类型，以便选择适当的描述、探索和分析方法。在统计学中，数据主要分为两类：截面数据和面板数据。了解这些数据类型及其结构，对于有效地进行数据处理和分析至关重要。

1. 截面数据

截面数据是指在某一时点或某一时间段内，对多个个体进行观察和记录的数据。观测到的每个数据代表一个个体在特定时点的状态或特征。截面数据广泛应用于各种调查研究、市场分析和横截面分析中。例如，某一年的人口普查数据，就是典型的截面数据。

在 SPSS 中，截面数据通常以单一的数据表格形式呈现。每一行代表一个观测个体（如个人、公司或地区），每一列代表不同的变量（如年龄、收入或教育水平）。数据录入时，只需确保每个观测个体的信息完整记录在一行内，即可进行描述性统计、回归分析等基本统计分析。

截面数据的录入与查看的基本步骤如下。

(1) 打开 SPSS，在数据编辑模式下直接录入数据。

(2) 每一行代表一个观测个体，每一列代表一个变量。

(3) 通过"查看"菜单下的"数据查看器"选项，检查数据的完整性和准确性。

2. 面板数据

面板数据是对同一组个体在多个时点或时间段内进行重复观测和记录的数据。它结合了横截面数据和时间序列数据的特点，能够捕捉个体变化和时间动态。面板数据在经济学、社会科学、医学研究等领域有重要应用。例如，追踪某些公司的年度财务数据或个体的健康状况变化就是面板数据的典型应用。

在 SPSS 中，面板数据的结构更为复杂。通常需要两个索引变量来标识个体和时间点。例如，一个变量用于标识不同的个体（如公司 ID 或个人 ID），另一个变量用于标识时间点（如年份或季度）。面板数据的每一行表示某个个体在特定时间点的观测值，多个变量记录该时间点的各种特征。

面板数据的录入与查看的基本步骤如下。

(1) 在 SPSS 数据编辑模式下录入数据，确保每个观测个体和观测时间点都有完整的记录。

(2) 通过"数据"菜单下的"转变数据"选项，将数据转换为适合面板数据格式的形式。

(3) 建立索引变量，分别用于标识个体和时间点。可以通过"数据"菜单下的"定义变量类型"选项来设置索引变量。

3. SPSS 软件基本界面介绍

本文主要从 SPSS 软件最常用的数据编辑窗口、数据视图、变量视图和结果输出窗口对 SPSS 软件进行介绍。

（1）数据编辑窗口。

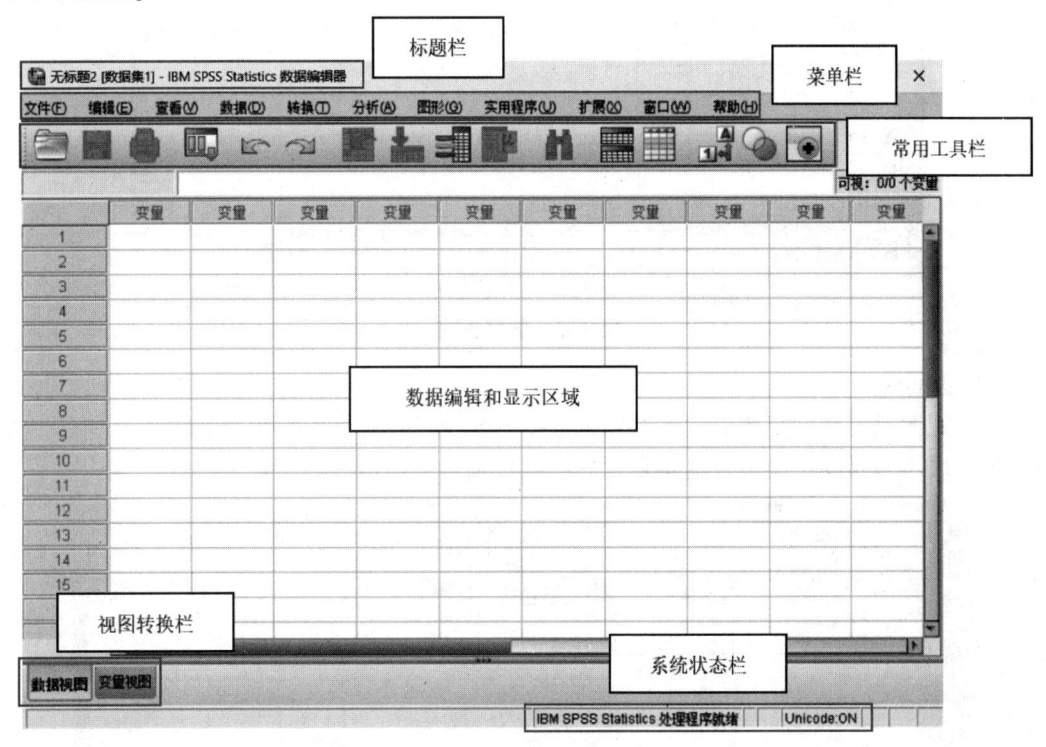

SPSS 启动后，屏幕会显示数据编辑窗口，数据编辑窗口是 SPSS 的主程序窗口，主要用于定义 SPSS 数据的结构、录入编辑以及管理待分析的数据，SPSS 的数据编辑界面，如图 4-1 所示。

图 4-1　数据编辑窗口

标题栏：用于定义文件/数据处理的标题内容。

菜单栏：重要的功能按钮，列出了 SPSS 常用的数据编辑、加工以及分析等功能，是数据分析的核心。

常用工具栏：SPSS 会将一些常用功能以图形按钮的形式组织在工具栏中，用户可以直接单击工具栏上的某个按钮实现其对应的功能，所有图形按钮的功能都能在窗口主菜单中找到。

数据编辑和显示区域：可对单元格内的内容进行输入和编辑，是数据编辑和文件录入的显示区域。

视图转换栏：可以通过该功能在数据和变量之间进行自由切换。"数据视图"用于显示数据的内容，"变量视图"用于显示数据的结构。

系统状态栏：显示数据处理的状态。

（2）数据视图。

数据视图是指可以直观看到需要处理的数据的视图，如图4-2所示。在数据视图下，用户可以看到每个单元格中的数据并对单元格的数据进行编辑。

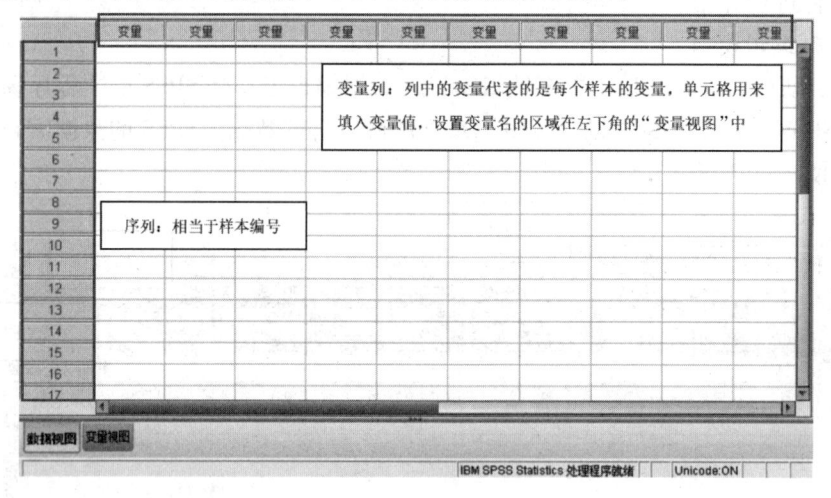

图4-2 数据视图

（3）变量视图。

变量视图是对数据视图中的各个变量数据的属性进行定义的视图，如图4-3所示。变量数据的属性包括变量类型、变量宽度、小数位数、变量值标签、缺失值等。

图4-3 变量视图

名称：用于设置变量的名称。

类型：用于设置变量的类型。如身高变量为数字，则将该列变量的格式设置为数字；如性别变量为汉字，则将该列变量的格式设置为字符串。

宽度：宽度指的是变量的长度，如数字100的宽度是3，100.1的宽度是5(小数点也算)，一个字母占一个宽度，一个中文占两个宽度。

小数位数：指的是小数点后跟几个数字，如设置小数位数为0，则100显示为100；若设置为1，则100显示为100.0，需要注意的是，从其他地方粘贴数据到SPSS中时，若未提前设置小数点数，则会把数据小数点自动忽略(不显示小数点)。

标签：标签是对变量名的解释，如变量名为PGDP，即标签可以设置为"地区人均生产总值"来解释变量所代表的含义。

值：值可以对数字或文字的含义进行赋值，适用于处理分类变量，如性别变量。在数据分析时，如不能直接处理字符串，就可以通过变量值赋值的方式将其编码成数字形式。其中，值指的是变量值，标签填入的则是你想将其赋值为什么，如当值填"男"，标签填"1"时，就是将"男"赋值为"1"，用户可通过返回数据视图中单击常用工具栏中的"值标签"查看标签是否转换成功。

缺失：进入缺失对话框可以设置缺失值是什么，以便让SPSS可以识别出变量中的缺失值。

列：指的是列的宽度。

对齐：用于设置单元格里的数据是左对齐、右对齐或是居中。

测量：测量里包括标度、有序和名义三个内容，标度适合定量变量，有序适合有序分类变量，名义适合无序分类变量。

角色：角色中的输入代表变量作为输入，是自变量(预测变量)；目标代表是因变量(输出变量)；两者代表数据具有输入和输出两种属性；分区是将数据划分为单独的训练集等；拆分是指不会将变量进行自动拆分。

(4)结果输出窗口。

结果输出窗口，是对数据执行后的结果、表格、图形、报告和出错提示等的存放，可直接进行复制并粘贴到Excel或Word文档中，结果保存的格式为＊＊＊.spv。结果输出界面如图4-4所示。

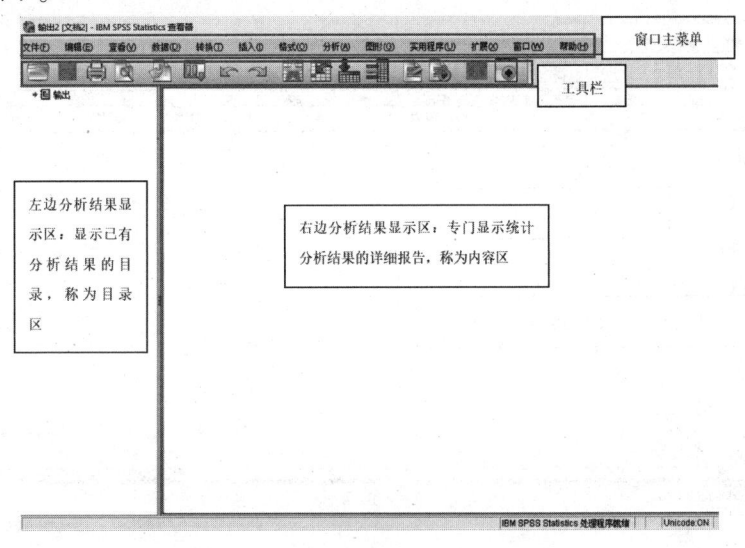

图4-4　结果输出窗口

4. 在 SPSS 中数据录入操作

下面以在 SPSS 中录入一个小组成员的身高数据为例，具体演示变量设置及数据录入的步骤，该小组所有成员的身高数据如表 4-1 所示。

表 4-1 某小组所有成员的身高数据

学生编号	1	2	3	4	5	6	7	8	9	10
身高/cm	153	165	176	167.5	188	165	155	158	182.5	179

在 SPSS 中录入数据的操作步骤如图 4-5~图 4-8 所示。

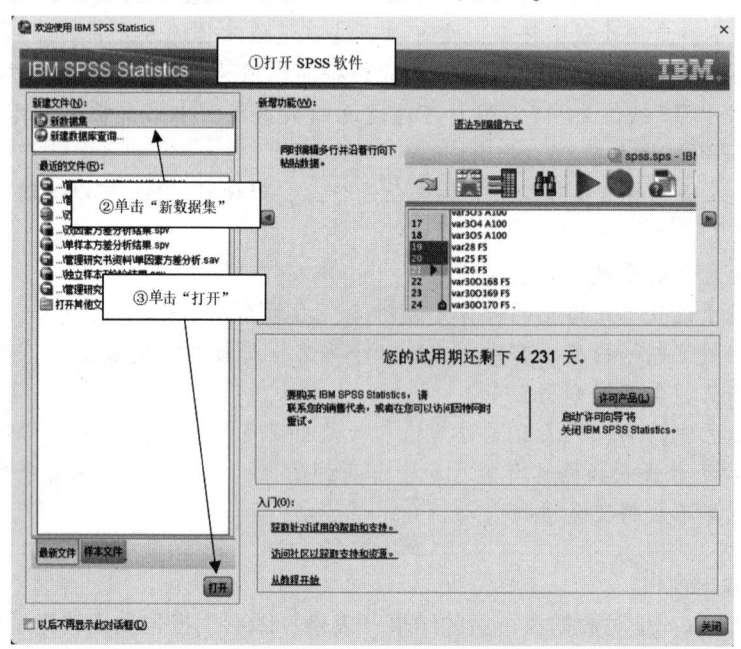

图 4-5 SPSS 页面

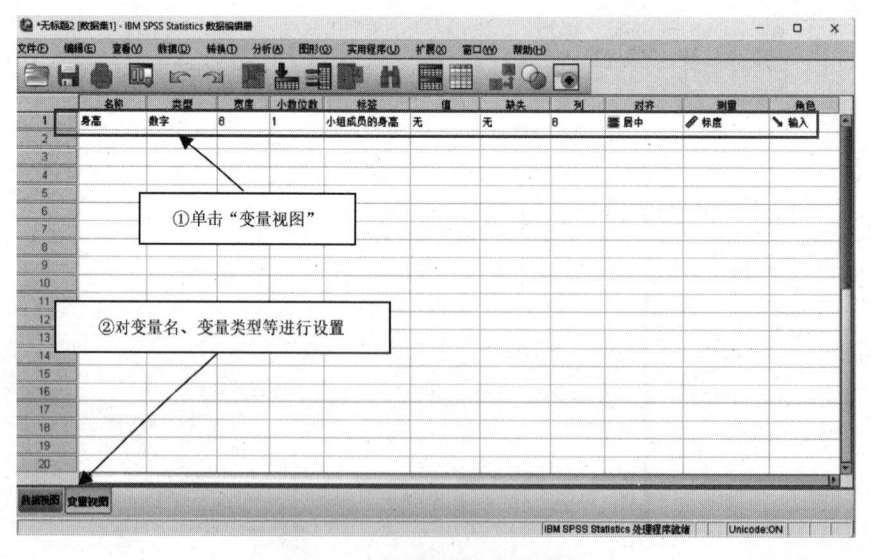

图 4-6 变量视图中设置变量

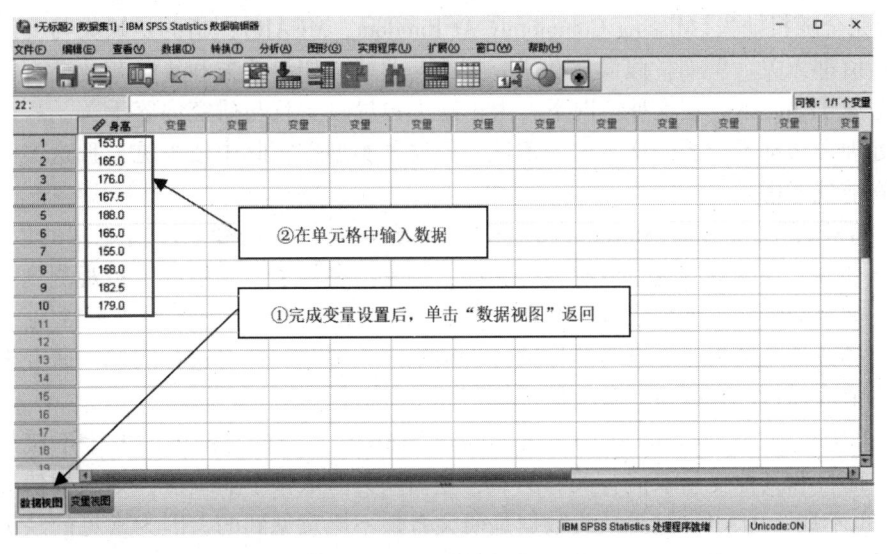

图 4-7　数据视图中输入数据

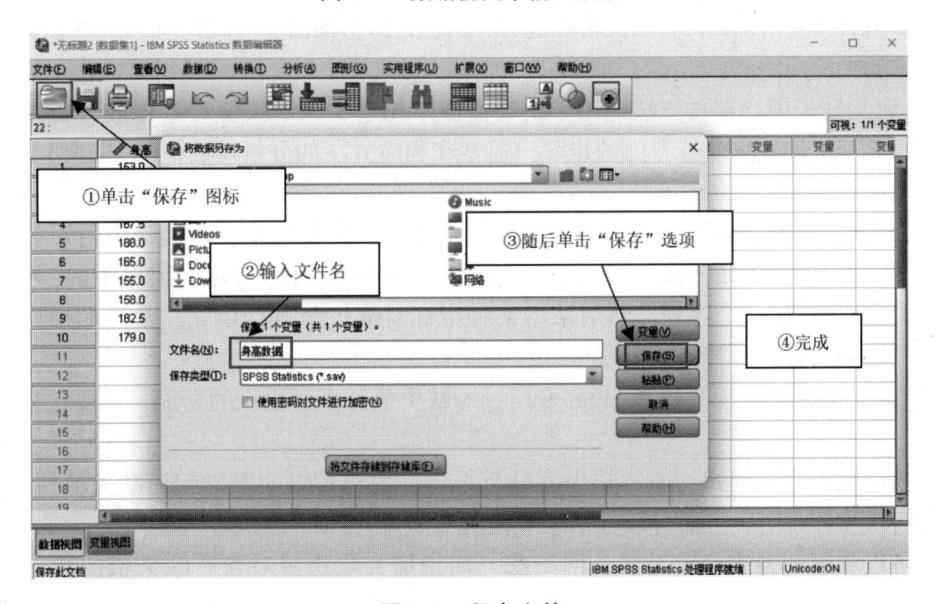

图 4-8　保存文件

4.5.3　缺失值与极端值的处理

1. 缺失值

缺失值是指数据中某个变量的观测值不存在或无法获得。在数据收集过程中，数据录入错误、受访人拒绝回答、问卷设计缺陷等原因往往会导致缺失值的出现，缺失值通常用空值、极端值或特殊符号的形式表示。在数据分析中，缺失值可能会对分析结果产生重要影响，如影响数据的分布、回归分析等，以致影响数据分析的可靠性和准确性。因此，在进行数据分析时，研究者需要对缺失值进行合理的处理，在数据收集过程中也应尽量避免或减少缺失值的产生。

缺失值主要包括以下三种类型。

（1）完全随机缺失（Missing Completely At Random，MCAR），指的是缺失与变量本身和其他变量值都无关。例如，假设你在研究年龄与业绩，如果缺失和年龄或业绩都无关，则该缺失值属于 MCAR。在这种情况下，由于缺失数量较少且与研究内容无关，所以无论采取哪种处理方法都不会影响样本的无偏性，但这种类型在实际中较少见，且这类问题应在进行调查前就考虑到。

（2）随机缺失（Missing At Random，MAR），指的是缺失与变量本身之间的取值无关，但与其他部分已观测到的变量值有关。例如，仍是上述例子，年龄都已被观测到，但业绩有缺失，如果业绩缺失值仅依赖于年龄，那缺失值属于 MAR。这类情况较常见。这种情况不仅会导致信息缺失，更有可能导致分析结论产生偏差，针对这一问题，研究者可以删除该缺失值或通过已知变量对缺失值进行估计。

（3）非随机缺失（Missing At Non-Random，MANR），指的是缺失的发生不仅与变量本身有关，而且和其他变量取值有关。例如，业绩缺失值依赖于业绩值，则缺失值既不属于 MACR，也不属于 MAR。这类缺失数据是研究者最不愿意见到的，因为常见的缺失值处理方法对此情况无法进行有效处理，只能尽量避免。

SPSS 软件主要对前面两种缺失情况进行分析。针对不同情况的缺失值，SPSS 软件给出了三种处理方法。

（1）删除缺失值。这种方法适用于缺失值样本比较少、缺失值对数据的分析结果影响不大的情形。这种方法没有专门的步骤，通常在相应方法的分析对话框中的"选项"子对话框中进行设置。

（2）替换缺失值。这种方法适用于数据量较小、缺失值较少、替换缺失值对整体数据分布不会造成太大影响的情形，针对这一情形，我们可以利用"转换"菜单中的"替换缺失值"将所有记录看成一个序列，然后采用某种指标对缺失值进行填充，常见的指标为用均值、中位数、众数进行替换。

（3）缺失值分析过程。这是 SPSS 专门针对缺失值分析而提供的功能，主要包括以下三个方面：

1）描述缺失值的模式。通过缺失值分析报告，用户可以明确地知道缺失值所在位置、所占比例以及分布情况，还可以推断缺失值的类型等。

2）可以利用列表法、成对法、回归法、期望最大化法等对含有缺失值的数据估计均值、标准差、相关性等。

3）利用回归法或期望最大化法对缺失值进行填充（插补）。

需要注意的是，缺失数据可能是分类或定量数据，但 SPSS 只能为定量变量估计统计数据和插补缺失值。

下面将对如何在 SPSS 软件中实现缺失值处理的操作过程进行详细说明。

①识别和确认数据中的缺失值。

a. 分析步骤。

步骤一：导入数据集"缺失值处理 .sav"。

步骤二：选择"分析"→"描述统计"→"频率"。

步骤三：选择要分析的变量，将其选入"变量"中。
步骤四：选择"统计"，勾选要选择的选项。
步骤五：单击"确定"执行命令。

b. 步骤图示。

利用 SPSS 进行缺失值处理的步骤如图 4-9 和图 4-10 所示。

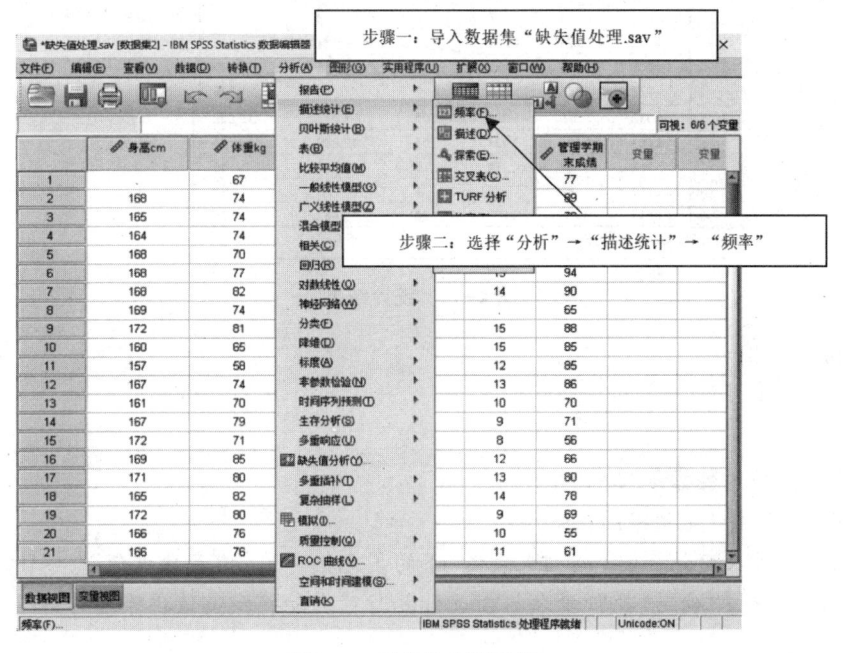

图 4-9　缺失值识别步骤 1

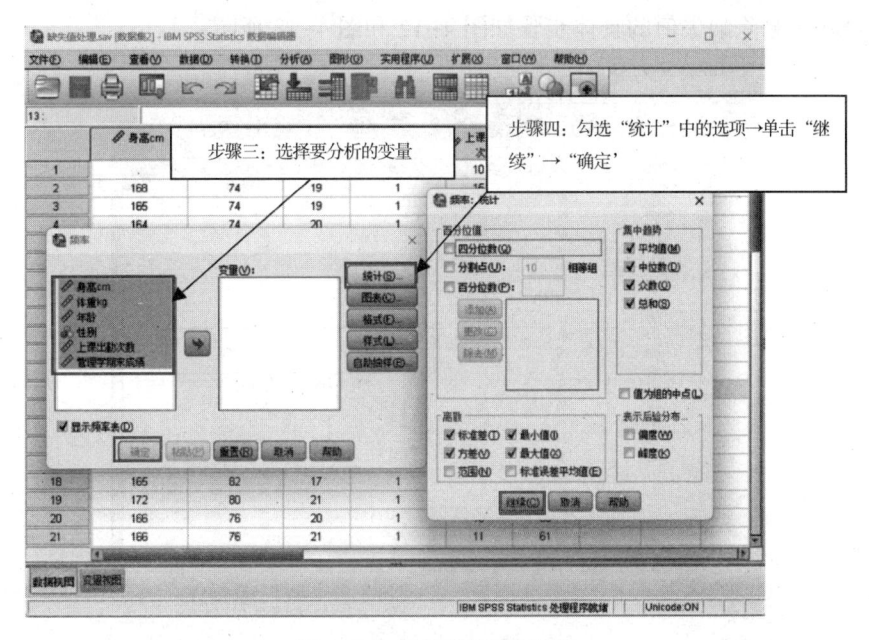

图 4-10　缺失值识别步骤 2

c. 结果输出及解释。

由图 4-11 可知，身高变量含有 2 个缺失值，上课出勤次数变量含有 6 个缺失值。还可知每个变量的均值、中位数、标准差等统计量的情况。缺失值的识别还可在缺失值分析过程中实现，由于文章篇幅有限，不再详细介绍。

统计

		身高cm	体重kg	年龄	性别	上课出勤次数	管理学期末成绩
个案数	有效	53	55	55	55	49	55
	缺失	2	0	0	0	6	0
平均值		166.92	73.24	20.05	.51	10.04	72.65
中位数		167.00	74.00	20.00	1.00	11.00	75.00
众数		172	74	19ª	1	14	78
标准 偏差		4.332	7.376	1.880	.505	4.242	12.639
方差		18.763	54.406	3.534	.255	17.998	159.734
最小值		156	58	16	0	0	45
最大值		175	85	25	1	15	95
总和		8847	4028	1103	28	492	3985

a. 存在多个众数。显示了最小的值

统计结果：包括缺失值个数、平均数、中位数等

图 4-11　统计结果

② 删除缺失值。

a. 分析步骤。

> 步骤一：导入数据集"缺失值处理.sav"。
> 步骤二：选择"变量视图"。
> 步骤三：进入变量视图→单击"缺失"下的单元格→选择"无缺失值"。
> 步骤四：单击"确定"执行命令，由此计算时可自动将缺失值排除在外。

b. 步骤图示。

利用 SPSS 删除缺失值的具体步骤如图 4-12 和图 4-13 所示。

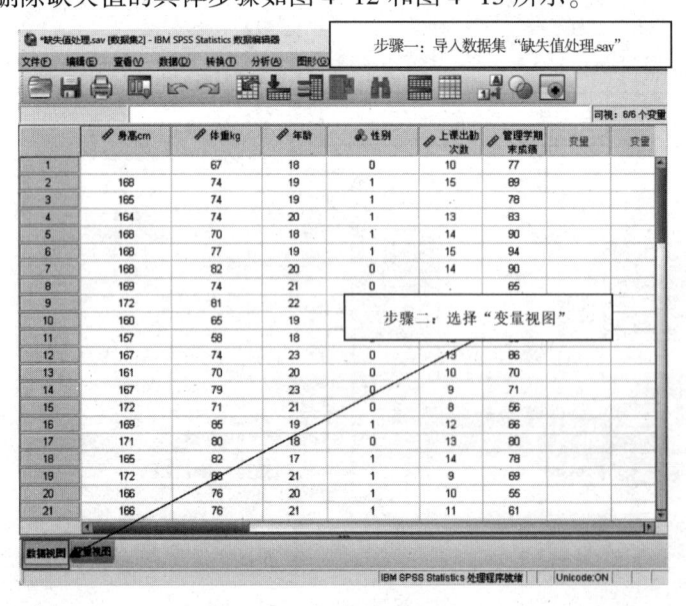

图 4-12　选择"变量视图"

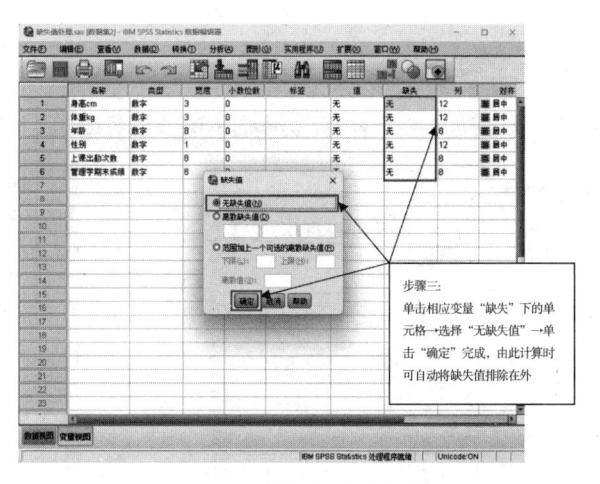

图 4-13　删除缺失值设置

> 注：
> ・离散型缺失值(D)：若是缺失值可以将具体数值填入，如填入"99"，则计算时会自动排除所有"99"的数值。
> ・范围加上一个可选的离散缺失值(R)：当缺失值在一个范围时，填入具体的数值，如下限填入"50"，上限填入"55"，则计算时会自动排除所有"50~55"的数值。

③替换缺失值(均值替换)。

a. 分析步骤。

> 步骤一：导入数据集"缺失值处理.sav"。
> 步骤二：选择"转换"→"替换缺失值"。
> 步骤三：选择要替换的变量→选择数据处理方式(以均值替换为例)。
> 步骤四：单击"确定"执行命令，对缺失值进行替换。

b. 步骤图示。

利用 SPSS 替换缺失值的具体步骤如图 4-14 和图 4-15 所示。

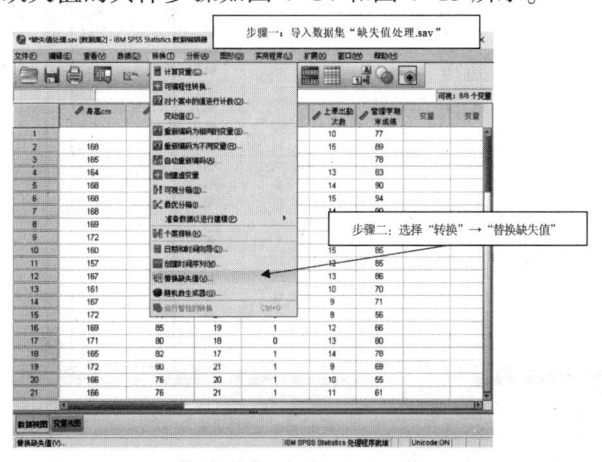

图 4-14　替换缺失值

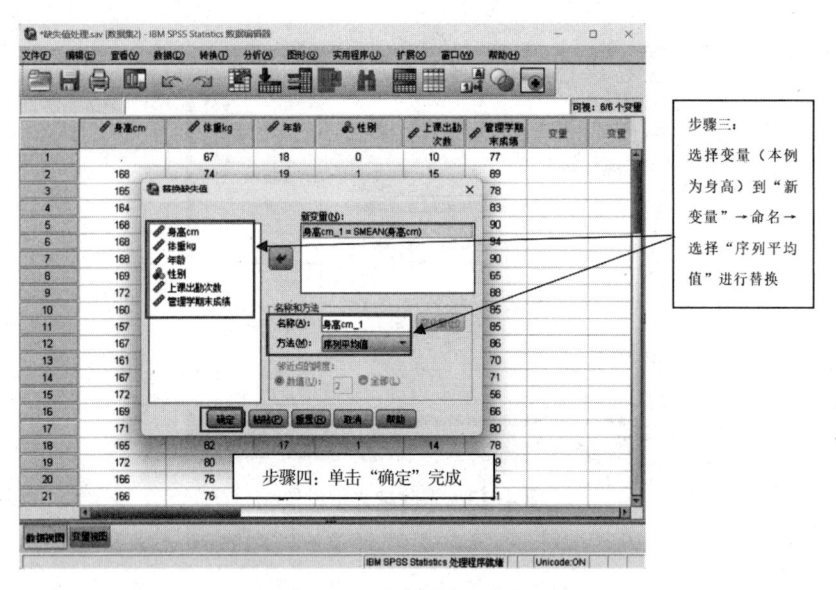

图 4-15　均值替换缺失值设置

c. 结果输出及解释。

结果变量如图 4-16 所示，替换后的变量如图 4-17 所示。

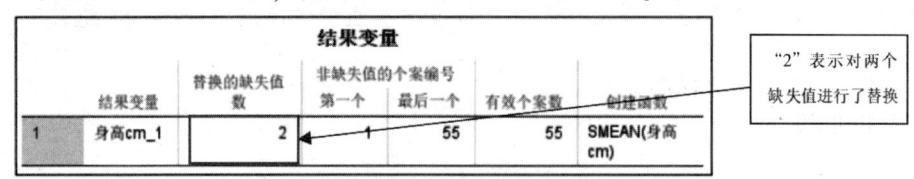

图 4-16　结果变量

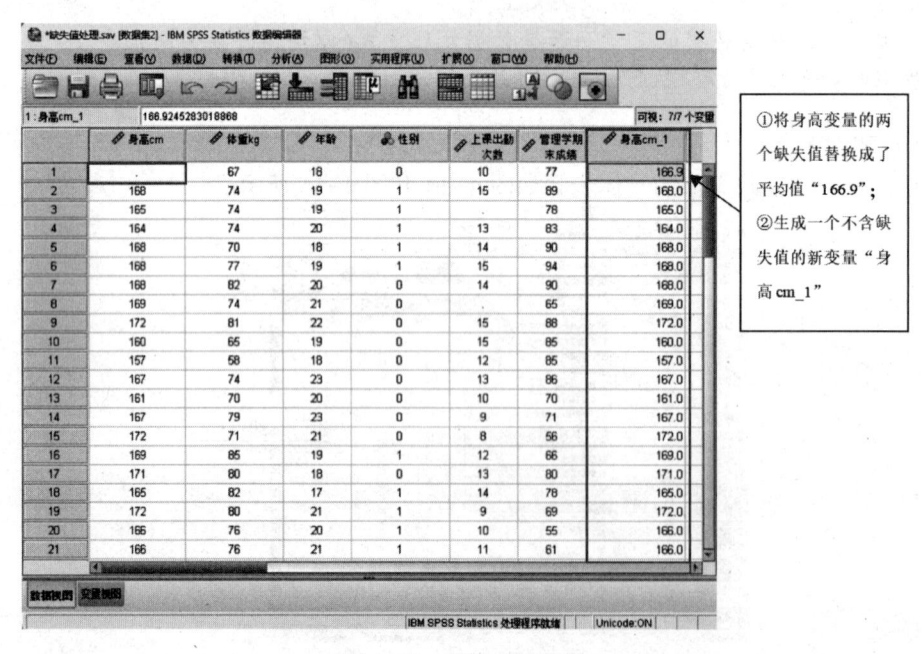

图 4-17　替换后的变量

④利用回归法进行复杂填补。

回归法指的是以存在缺失值的变量作为因变量，以其他全部或部分变量作为自变量，用无缺失的数据拟合回归方程，以方程的预测值作为该记录缺失值的初步估计值，再以全部数据拟合回归方程，进行迭代，直到两次方程预测值基本一致，并以此时的预测值作为缺失值的估计值。

假设本研究的目的是分析年龄、出勤次数对管理学期末考试成绩的影响情况，那这里的数据缺失可能对分析结果有较大影响，我们将利用回归法对完整数据进行估计。

a. 分析步骤。

步骤一：导入数据集"缺失值处理.sav"。
步骤二：选择"分析"→"缺失值分析"。
步骤三：选择变量(年龄、出勤次数、管理学期末成绩)→选择估算方式(回归)。
步骤四：选择"变量"选项进行勾选。
步骤五：选择"回归(N)"→勾选"残差(R)"→勾选"保存完成的数据文件"。
步骤六：单击"确定"执行命令，得到回归后的新数据集。

b. 步骤图示。

利用 SPSS 进行复杂填补的具体步骤如图 4-18~图 4-21 所示。

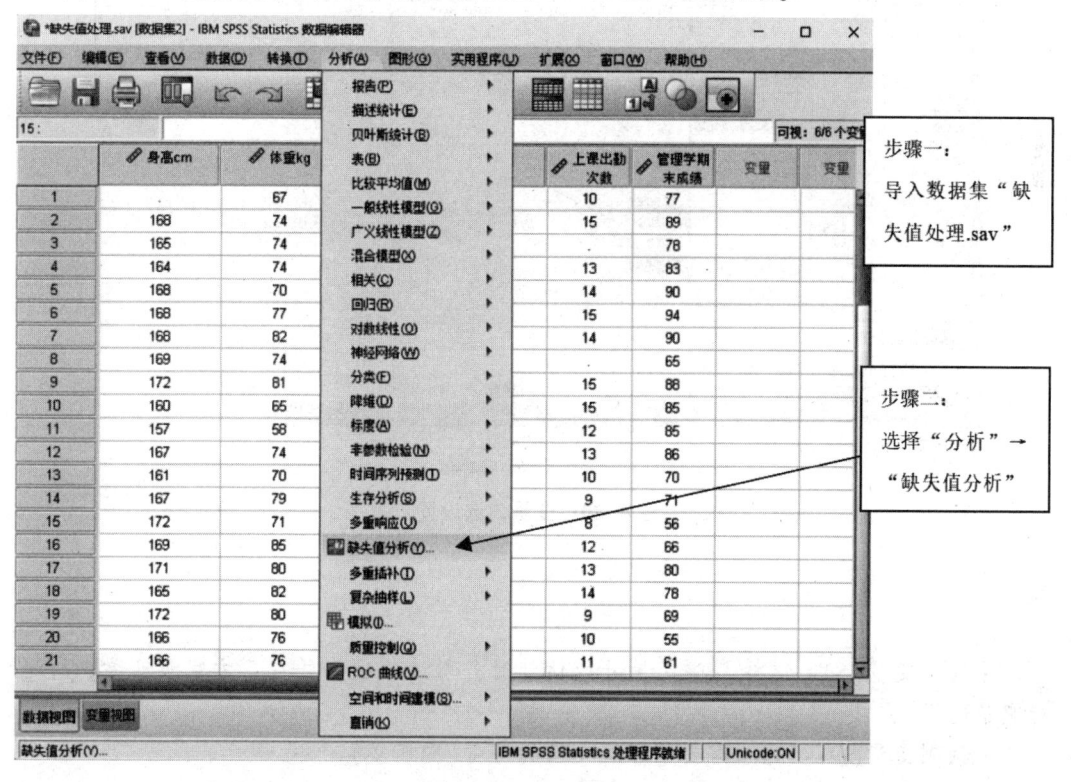

图 4-18 缺失值分析

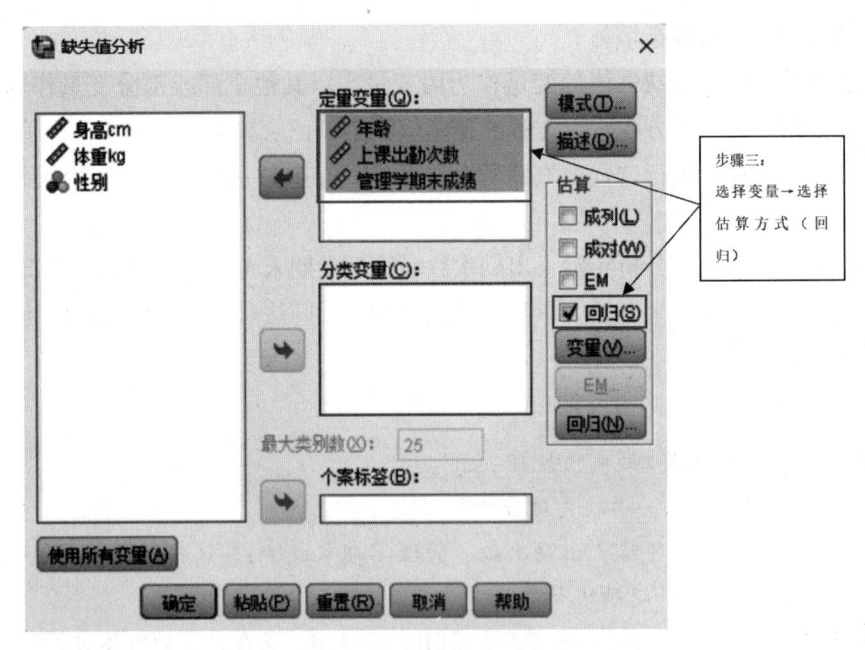

图 4-19　选择回归法进行缺失值填补

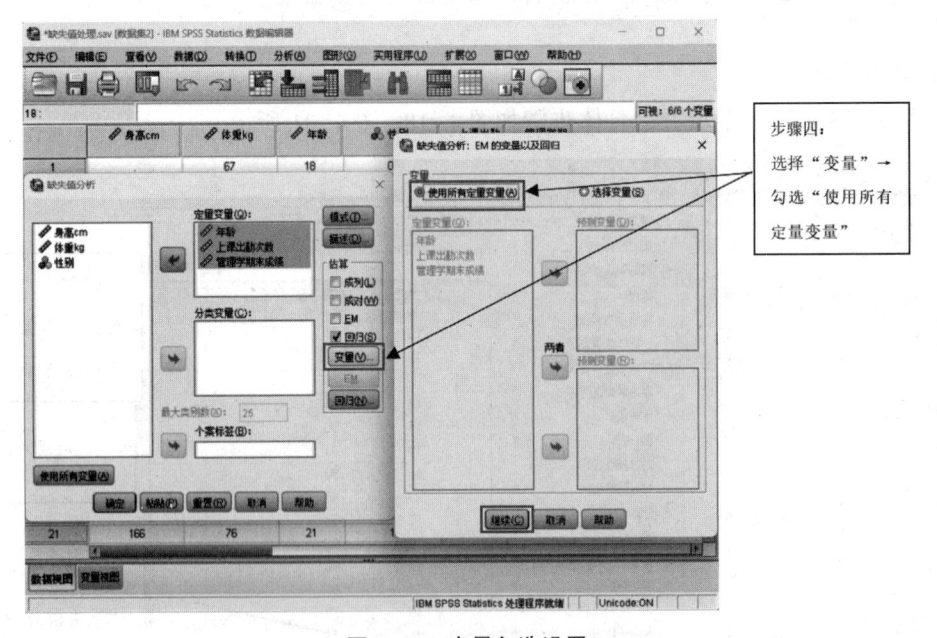

图 4-20　变量勾选设置

注：
· 选择变量(S)：选择某些变量进行估计时，勾选此项，并在下方定量变量(Q)进行变量选择。
· 预测变量(D)：选入需要估计缺失值的变量(因变量)。
· 预测变量(R)：选入用于再回归算法中估计缺失值的变量(自变量)。

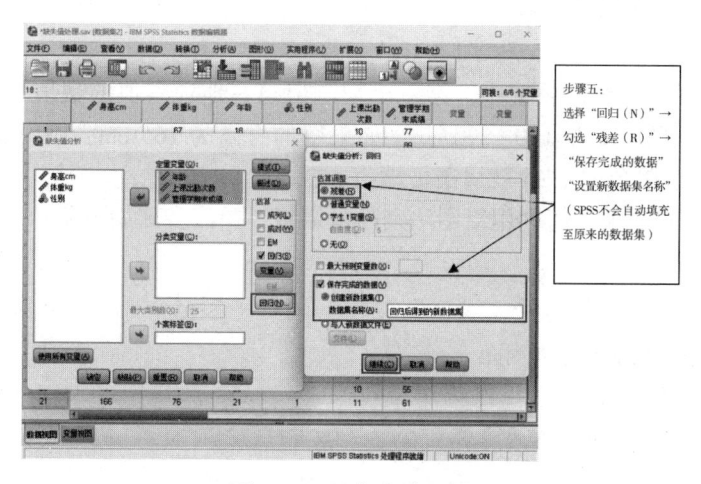

图 4-21　回归勾选设置

> 注：
> · 估算调整：设定如何为原始估计值添加随机扰动。
> · 残差(R)：多元线性回归分析，可选择此项。
> · 普通变量(N)：正态分布，可选择此项。
> · 学生 t 变量(S)：不服从正态分布，可选择此项。
> · 无(O)：不添加随机误差项，直接用方程估计值替换缺失值。
> · 最大预测变量数(X)：限制方程中自变量的数量，假若设为 0，即相当于用变量均值(加上残差)替换缺失值。

c. 结果输出。

填补后的新数据集如图 4-22 所示。

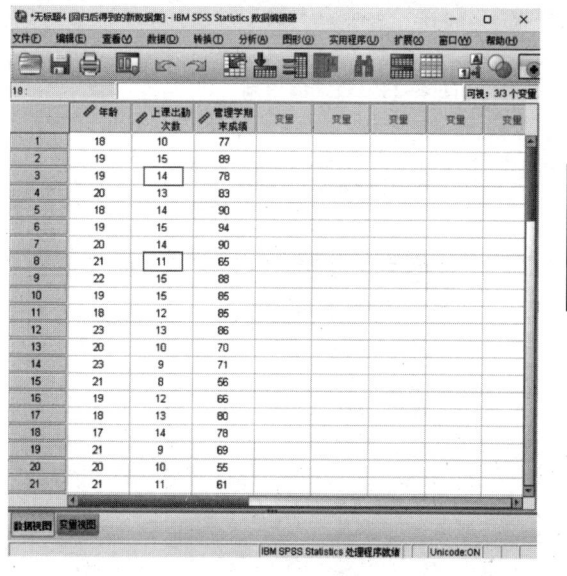

图 4-22　填补后的新数据集

2. 极端值

极端值是指在一组统计数据中，某一个观测值与其他观察值的数值呈现很大的差异。例如，一般成年人的身高在 150～190 cm，如果甲的身高为 165 cm，则属于正常值，而乙的身高为 210 cm，那么 210 cm 就属于极端值。

下面介绍在 SPSS 中如何利用箱图法判断极端值，操作步骤如下所示。

a. 分析步骤。

> 步骤一：导入数据集"极端值.sav"。
> 步骤二：选择"分析"→"描述统计"→"探索"。
> 步骤三：选择变量(本例为身高)。
> 步骤四：单击"图(T)"勾选选项。
> 步骤五：单击"确定"执行命令，得到箱图结果。

b. 步骤图示。

利用 SPSS 判断极端值的具体步骤如图 4-23～图 4-25 所示。

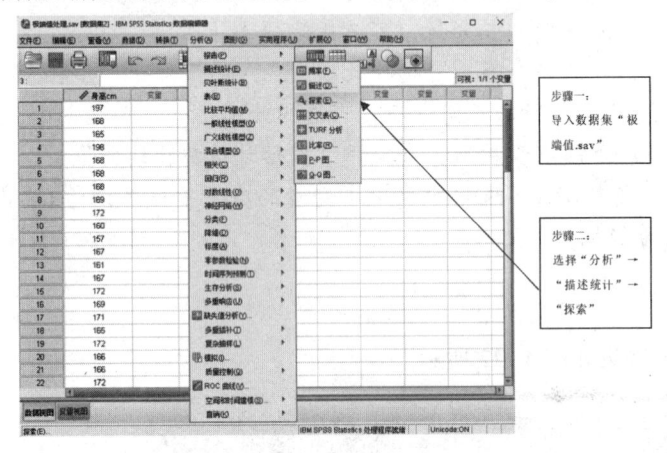

图 4-23 极端值识别

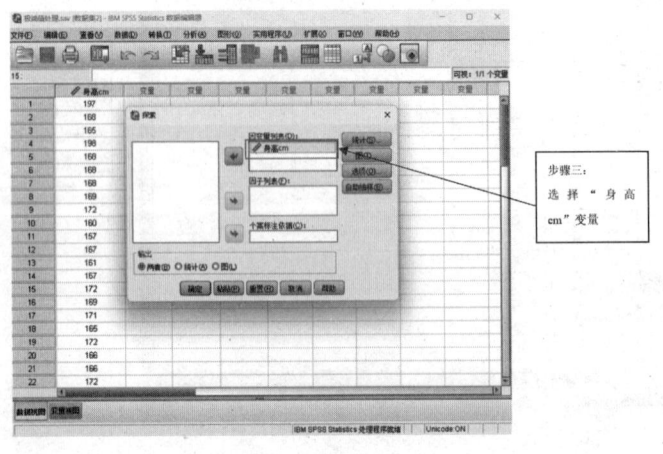

图 4-24 选择变量

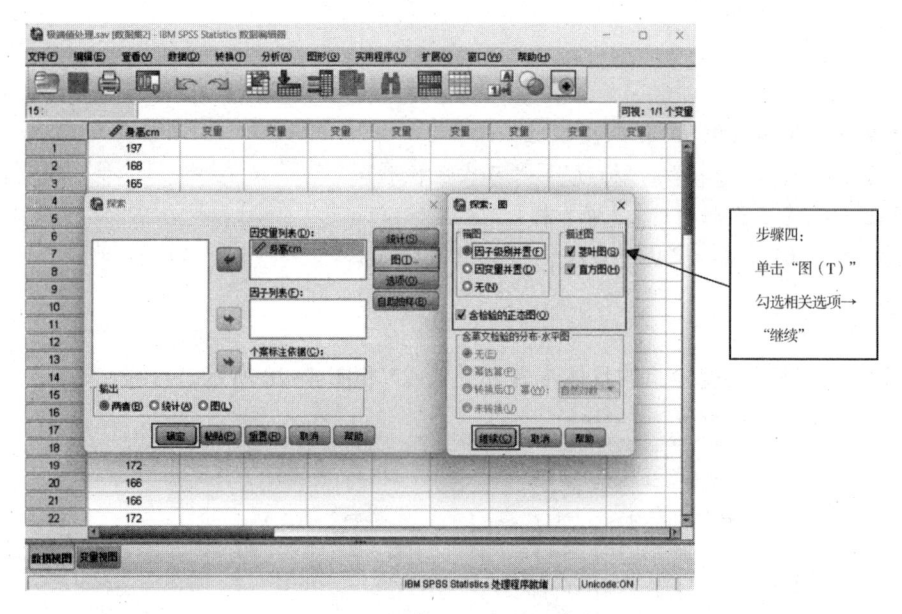

图 4-25　勾选"图(T)"相关选项

c. 结果输出及解释。

如图 4-26 所示，Q_1 为 25(1/4)分位数，Q_3 为 75(3/4)分位数，箱子两端延伸出去的线分别为最大值($Q_3+1.5IQ_R$)和最小值($Q_1-1.5IQ_R$)，$IQ_R=Q_3-Q_1$，当数据超过两端延伸出去的线时，它就为极端值。

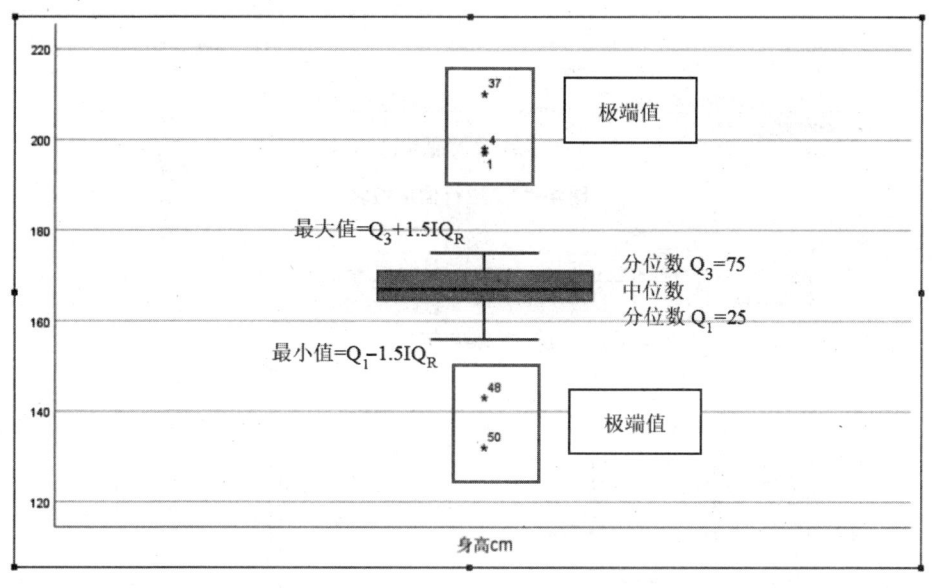

图 4-26　箱图

4.5.4　信度检验

"信效度检验.sav"数据文件给出了某调查问卷的测量数据。该调查问卷共有 17 道题目，均为 5 分量表，高分代表同意题目代表的观点，该问卷共测量了 440 人。我们尝试用目前最常用的克隆巴赫系数法来考察此问卷的信度，在 SPSS 软件中具体操作步骤如下。

a. 分析步骤。

步骤一：导入数据集"信效度检验.sav"。
步骤二：选择"分析"→"标度"→"可靠性检验"。
步骤三：将量表题项选入"项"中。
步骤四：单击"确定"执行命令，得到结果。

b. 步骤图示。

利用SPSS进行信度检验的具体步骤如图4-27和图4-28所示。

图4-27 进行信度检验

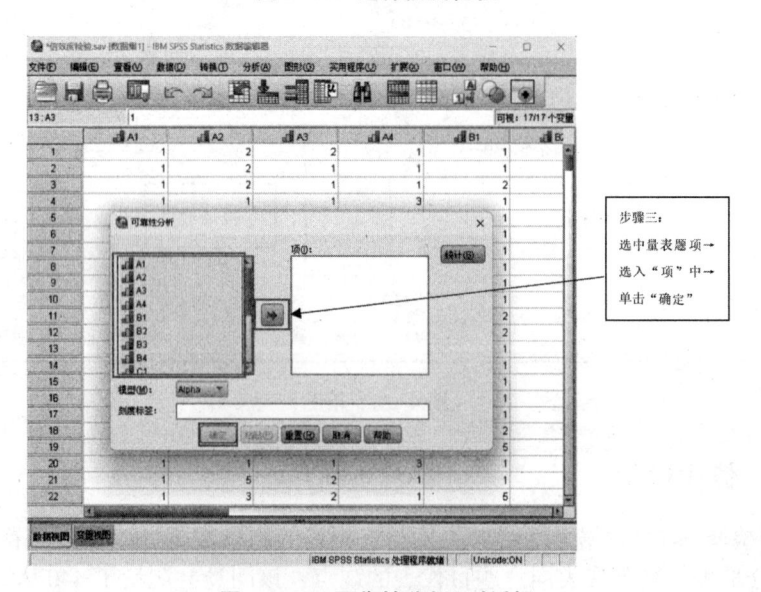

图4-28 "可靠性分析"对话框

c. 结果输出及解释。
输出结构如图 4-29 所示。

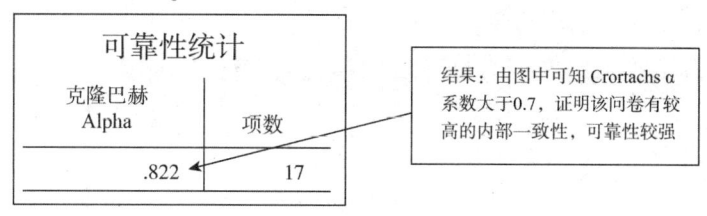

可靠性统计	
克隆巴赫 Alpha	项数
.822	17

结果：由图中可知 Crortachs α 系数大于0.7，证明该问卷有较高的内部一致性，可靠性较强

图 4-29　分析结果输出

4.5.5　效度检验

我们同样用"信效度检验.sav"数据集进行效度检验。SPSS 软件中的效度分析为探索性因子分析，具体操作步骤如下。

a. 分析步骤。

步骤一：导入数据集"信效度检验.sav"。
步骤二：选择"分析"→"降维"→"因子"。
步骤三：将量表题项选入"变量"中。
步骤四：在"描述"对话框中勾选设置。
步骤五：在"旋转"对话框中勾选并进行参数设置。
步骤六：在"选项"对话框中勾选并进行参数设置。
步骤七：单击"确定"执行命令，得到结果。

b. 步骤图示。
利用 SPSS 进行效度检验的具体步骤如图 4-30~图 4-34 所示。

图 4-30　进行效度检验

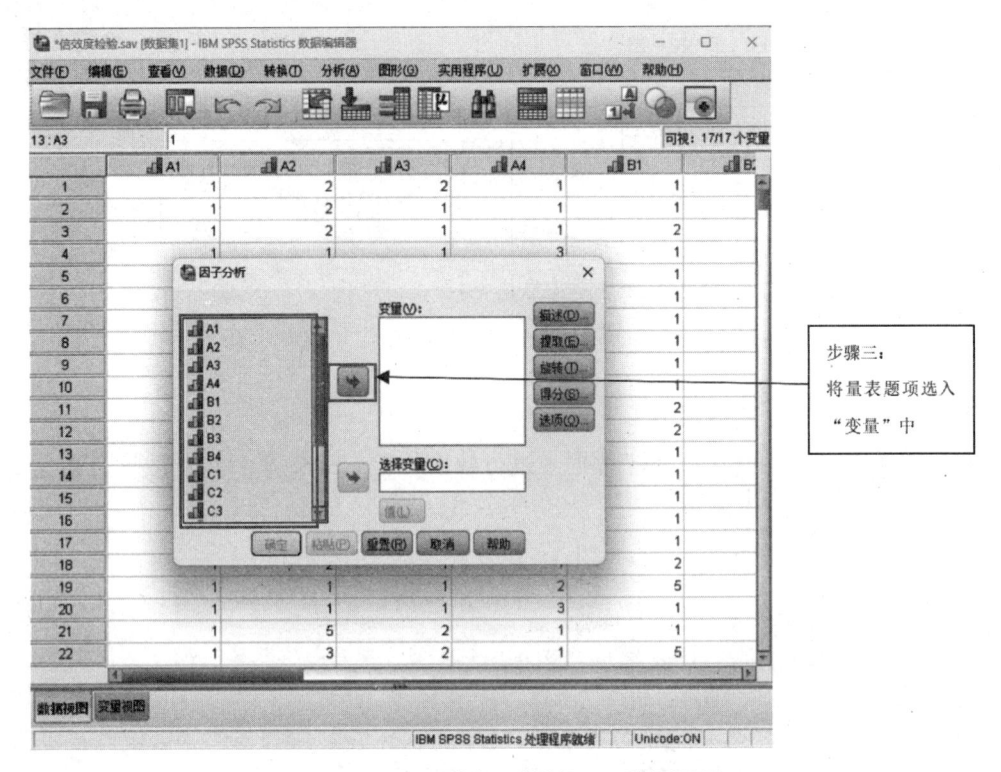

图 4-31 "因子分析"对话框——选择题项

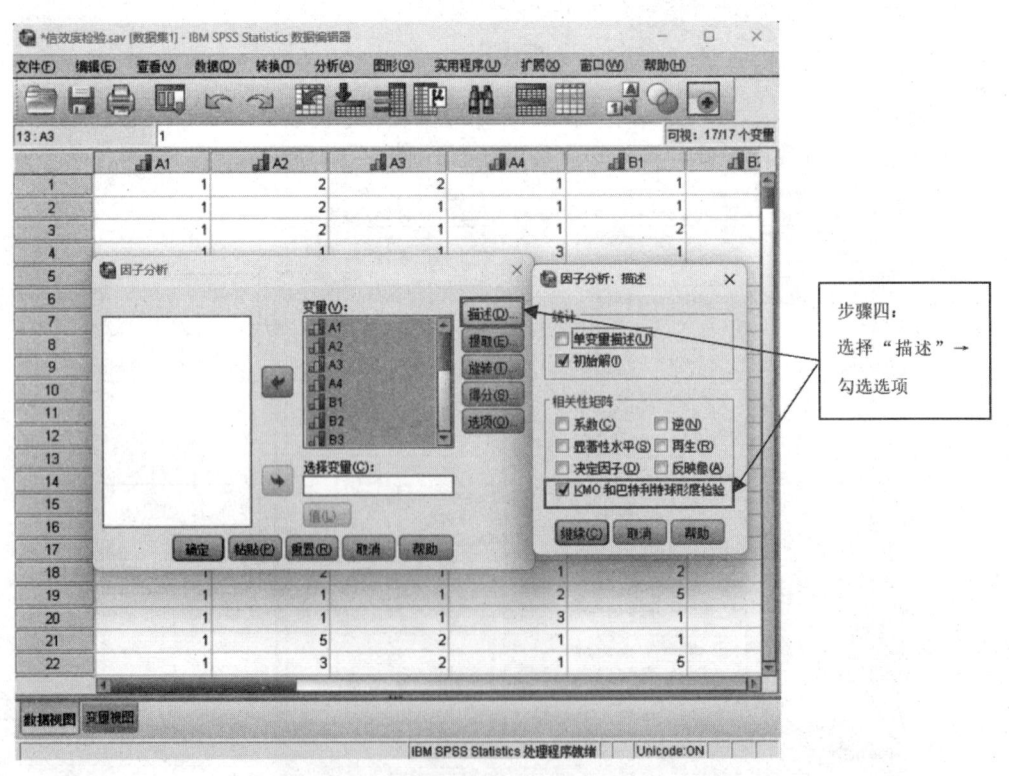

图 4-32 "因子分析：描述"对话框

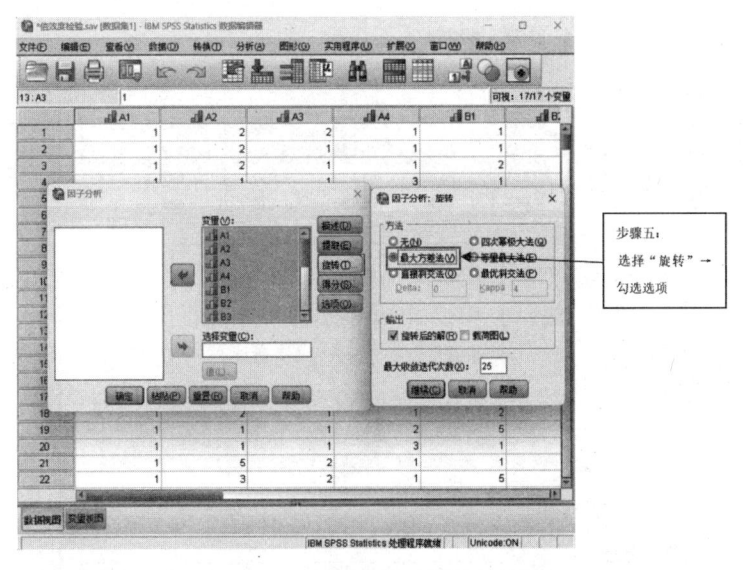

图 4-33 "因子分析：旋转"对话框

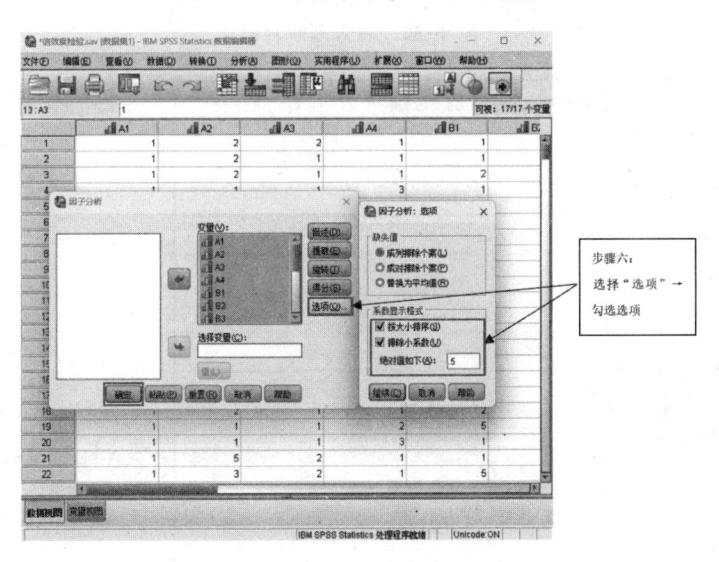

图 4-34 "因子分析：选项"对话框

c. 结果输出及解释。

输出结果如图 4-35～图 4-37 所示。

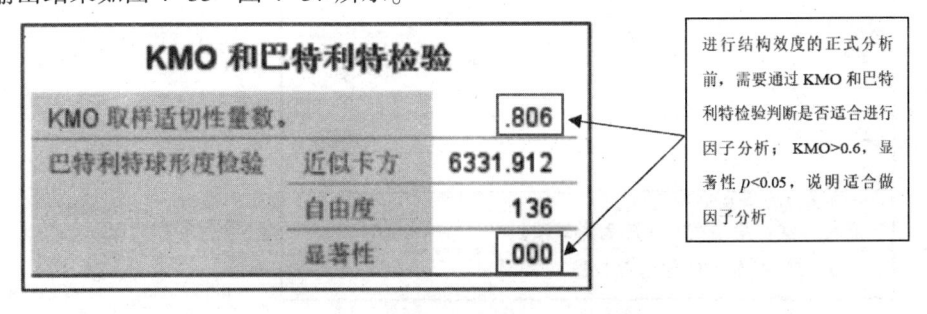

图 4-35 KMO 和巴特利特检验结果

> 进行结构效度的正式分析前，需要通过 KMO 和巴特利特检验判断是否适合进行因子分析；KMO>0.6，显著性 $p<0.05$，说明适合做因子分析

总方差解释

成分	初始特征值 总计	初始特征值 方差百分比	初始特征值 累积%	提取载荷平方和 总计	提取载荷平方和 方差百分比	提取载荷平方和 累积%	旋转载荷平方和 总计	旋转载荷平方和 方差百分比	旋转载荷平方和 累积%
1	5.045	29.675	29.675	5.045	29.675	29.675	4.326	25.448	25.448
2	3.433	20.194	49.869	3.433	20.194	49.869	3.728	21.927	47.375
3	2.491	14.652	64.522	2.491	14.652	64.522	2.830	16.647	64.022
4	1.051	6.185	70.707	1.051	6.185	70.707	1.136	6.685	70.707
5	.991	5.831	76.538						
6	.776	4.564	81.101						
7	.660	3.880	84.982						
8	.557	3.275	88.256						
9	.506	2.979	91.236						
10	.422	2.485	93.721						
11	.344	2.026	95.746						
12	.233	1.368	97.115						
13	.162	.955	98.069						
14	.149	.879	98.949						
15	.128	.753	99.702						
16	.026	.154	99.855						
17	.025	.145	100.000						

提取方法：主成分分析法。

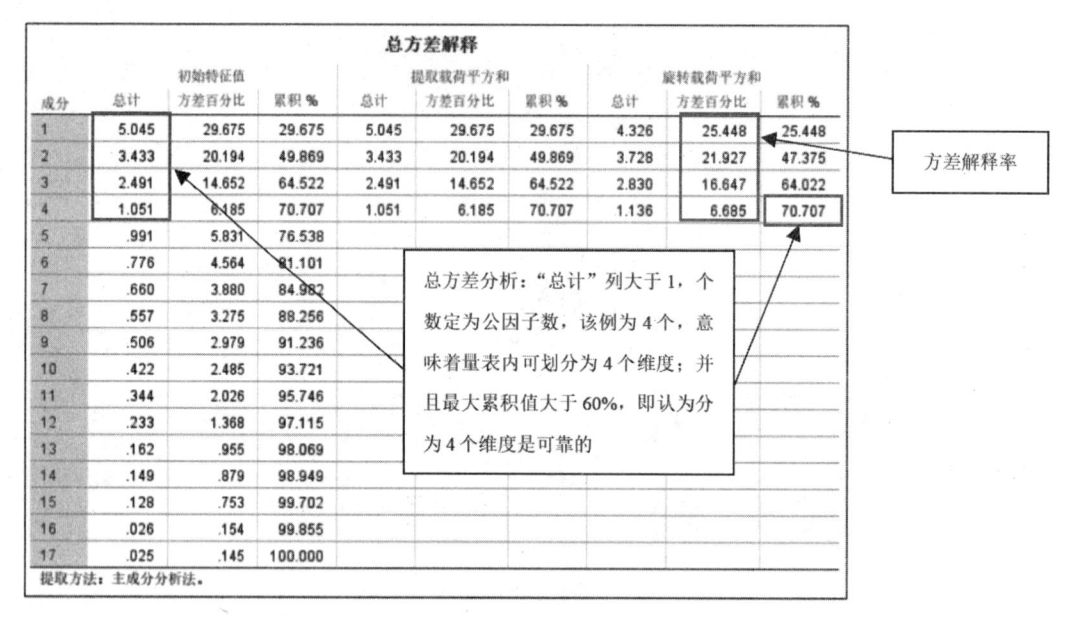

> 方差解释率
>
> 总方差分析："总计"列大于1，个数定为公因子数，该例为4个，意味着量表内可划分为4个维度；并且最大累积值大于60%，即认为分为4个维度是可靠的

图 4-36　总方差解释表

旋转后的成分矩阵[a]

	成分 1	成分 2	成分 3	成分 4
B3	.958			
B2	.944			
C2	.935			
B4	.931			
C1	.834			
A1		.827		
D3		.751		
B1		.749		
C3		.728		
A3		.721		
A4		.645		
D2		.600		
E2			.984	
E3			.962	
E1			.937	
D1				.692
A2				.631

提取方法：主成分分析法。
旋转方法：凯撒正态化最大方差法。
a. 旋转在5次迭代后已收敛。

> 具体题项的维度划分，大于0.5即满足

图 4-37　旋转后的成分矩阵

根据输出结果，从检验结果可知 KMO 值 = 0.806 > 0.6，巴特利特球形度检验 p = 0.000，说明数据适合采用因子分析。

采用主成分分析法提取因子，最大方差法旋转因子，系数显示绝对值设置为 0.5 后提取出四个因子，累计方差解释率为 70.0%，其中，题项 B3、B2、C2、B4、C1 属于维度 1，方差解释率为 25.44%；题项 A1、D3、B1、C3、A3、A4、D2 属于维度 2，方差解释率为 21.93%；题项 E2、E3、E1 属于维度 3，方差解释率为 16.65%；D1、A2 属于维度 4，方差解释率为 6.69%。所有题项载荷都高于 0.5，均通过效度检验。

思考题

1. 什么是问卷法？如何确保问卷数据的质量？讨论问卷设计的关键要素和注意事项。
2. 在管理研究中，确定样本来源和样本大小的原则与方法有哪些？为什么样本大小对研究结果的可靠性至关重要？
3. 解释几种常见的抽样策略，并讨论它们在管理研究中的应用场景和优缺点。
4. 伦理审查在管理研究中的重要性有哪些？如何确保研究符合伦理标准，保护参与者的权利和隐私？
5. 什么是信度检验？为什么信度检验对数据质量控制至关重要？请举例说明如何进行信度检验。
6. 效度检验的重要性是什么？如何在管理研究中进行效度检验，确保数据的有效性？

第 5 章 数据的基本统计指标

5.1 总体和样本

总体(Population)和样本(Sample)是统计研究中的两个基本概念。

总体指的是某一研究问题涉及的所有数据单位的集合，构成总体的每个事物为单位(Unit)，这些单位具有一定的共同特征。选择合适的统计总体对研究的有效性和准确性至关重要。

总体不仅是由一组相同的事物组成，而且这些事物必须对研究问题具有代表性。例如，如果研究目的是了解某高中一年级学生的身高分布，那么这个高中一年级的全体学生就构成了研究的总体，每个学生则是一个研究单位；同理，如果研究对象是一家企业生产的衣服的质量，那么所有这款衣服构成了总体，每件衣服是一个单位。

总体可以根据单位的数量是否有限来分为有限总体和无限总体。有限总体的单位数量是固定的，例如上述高中学生的例子；无限总体通常指那些在理论上单位数量无限或不明确的总体，如一家企业在未来某段时间可能生产的产品数量。

样本是从总体中随机抽取的一部分单位，用以代表整个总体。样本中的单位数量即样本容量，通常用 n 表示。根据样本容量的大小，样本可以分为小样本($n<30$)和大样本($n \geqslant 30$)。例如，从某高中一年级随机抽取 100 名学生作为样本测量其身高，则样本容量为 100。样本的选择对研究的结果具有决定性影响。良好的样本抽取方法可以确保样本的代表性，从而使研究结果可靠地推广到整个总体。

理解样本和总体的关系对于进行科学研究至关重要。样本应该尽可能地反映总体的特征，这要求研究者在选择样本时遵循随机抽样的原则，以避免抽样偏差。抽样偏差会导致样本数据无法准确反映总体情况，进而影响研究结论的普遍性和准确性。

对有限总体，研究者可以选择进行全面调查或抽样调查。全面调查需要收集总体中每个单位的数据，适用于单位数量较少的情况；抽样调查则是从总体中抽取部分有代表性的样本进行研究，常用于单位数量较多的情况。对于无限总体，受其特性影响，通常只能通过抽样调查进行研究。

总体与样本的正确理解和应用是统计研究成功的基石。研究者必须精心设计抽样方案并选择适当的统计方法，以确保研究结果的准确性和可靠性。

5.2　平均数

平均数(Average)，又称集中趋势量数(Measures of Central Tendency)，是描述数据集中趋势的一种重要统计量，通常包括三种主要形式：均值(Mean)、中位数(Median)和众数(Mode)。这些统计量各有其特点和用途，为了解数据的集中趋势提供了不同的视角。

5.2.1　均值

数据组中所有数值的总和除以该数据组中数值的总个数即可得出均值。比如要得出某高中一年级全体学生身高的均值，只需要将一年级全体高中生的身高值进行加总，再除以该年级学生的总人数即可。均值的计算方法如式5-1所示。

$$\bar{X} = \frac{\sum_{i=1}^{n} x_i}{n} \tag{5-1}$$

式5-1中，$i=1、2、3\cdots$表示数据组中的每个个体的编号，x_1、x_2、$x_3\cdots$为每个个体的对应数值，如每个高中生对应的身高值；n是数据集中数值的总数，Σ为连加符号；$\sum_{i=1}^{n} x_i$表示从$i=1$的x_1一直加总至$i=n$的x_n，即$x_1 + x_2 + x_3 + \cdots + x_n$。

均值对极端值(异常值)非常敏感，这意味着一个非常高或非常低的数值可以显著影响均值。

5.2.2　中位数

将数据组中的所有数据按照大小进行排列，这一系列数据的中点即为中位数。根据中位数的定义，有50%的数据低于中位数，有50%的数据高于中位数。如果数据个数为奇数，中位数是中间的数值；如果数据个数为偶数，则中位数是中间两个数值的平均值。

[例5-1]给定9名学生的听力测试成绩如下：
9、5、6、9、6、4、9、10、7
将这些数据按照从小到大的顺序重新排列：
4、5、6、6、7、9、9、9、10
观察这组数据，根据中位数的定义，其中位数为第五个数据"7"。
例5-1中的数值总个数为奇数，接下来，考虑数值总个数为偶数的情况。
[例5-2]给定8个家庭的月消费支出(元)如下：
4 000、4 300、3 800、5 000、4 700、3 500、4 100、3 900
将这些数据按照从小到大的顺序重新排列：
3 500、3 800、3 900、4 000、4 100、4 300、4 700、5 000
显然，根据中位数的定义，该数据的中点恰好位于第四个和第五个数值之间，所以这两个数值的均值4 050即为该组数据的中位数。

中位数对极端值不敏感,因此在数据包含异常值时,它是一个更稳定的中心位置度量。

5.2.3 众数

数据组中出现次数最多的数值即为众数。在一组数据中,众数可能有一个或多个,也可能没有。

如例 5-1 中,9 名学生的听力测试成绩为:

9、5、6、9、6、4、9、10、7

按从小到大的顺序重排后为:

4、5、6、6、7、9、9、9、10

根据众数的定义,该组数据的众数为 9,因为 9 出现的频率最高。

不同的平均数形式在不同的研究和应用场景中有各自的优势与局限。例如,均值适用于数据分布较为均匀时的分析;中位数适用于数据分布不均或存在离群值的情况;众数则适用于了解最常见情况。一般来说,选择合适的平均数形式取决于数据的分布特点和研究的具体需求。

5.3 变异性

总体中各单位间的差异称为变异。

[例 5-3]给出一组均值为 5 的数,该组数反映了一定的变异程度:

3、7、8、6、1

再给出一组数,这组数的均值与上一组相同,但变异程度比上一组数要小,为:

4、6、5、4、6

最后,给出一组没有任何变异的数作为对比,即该组中的数为几个一样的数:

5、5、5、5、5

根据例 5-3 可知,变异性(Variability)用于衡量总体中各单位间差异的大小,通常看作是每个数值与特定值(一般为均值)的差异程度。下面介绍三种用于测量数据中数值变异性大小的量数,分别为极差、标准差和方差。

5.3.1 极差

一组数据中的最大值减去最小值的结果即为极差(Range)。

极差的计算方法如式 5-2 所示。

$$r = x_{max} - x_{min} \tag{5-2}$$

式 5-2 中,r 为极差,x_{max} 为数据集中的最大值,x_{min} 为数据集中的最小值。

如例 5-1 中,9 名学生的听力测试成绩为:

4、5、6、6、7、9、9、9、10

其中,最大值为 10,最小值为 4,则这组数据的极差 $r=6$。

5.3.2 标准差

一个数据组中,每个数据与均值之间的平均距离即为标准差(Standard Deviation)。标准差越大，意味着每个数据与均值的平均距离越大。标准差的计算方法如式 5-3 所示。

$$s = \sqrt{\frac{\sum_{i=1}^{n}(x_i - \overline{X})^2}{n-1}} \qquad (5-3)$$

式 5-3 中，s 为标准差，Σ 为累加求和符号，x_i 为数据组中每个具体的数值，$\overline{X}$ 为该数据组的均值，$n-1$ 为自由度。

下面，我们来计算例 5-1 中 9 名学生的听力测试成绩的标准差，具体步骤如下。

第一步：列出数据组中的每一个数值(x_i)，数值如何排序不重要(为了看起来方便，我们进行了排序)。

第二步：计算数据组的均值($\overline{X}$)。

第三步：用每一个数值减去均值。

第四步：计算第三步中计算出的每一个差值的平方。

第五步：计算所有与均值差的平方的总和，计算结果为 35.556。以上步骤的计算明细如表 5-1 所示。

第六步：平方和除以 $n-1$，即除以 9-1=8，那么 35.556/8=4.444。

第七步：计算 4.444 的平方根，结果是 2.108，即这 10 个数值的标准差。

表 5-1　标准差的计算明细

x_i	$\overline{X}$	$x_i - \overline{X}$	$(x_i - \overline{X})^2$
4	7.222	-3.222	10.383
5	7.222	-2.222	4.938
6	7.222	-1.222	1.494
6	7.222	-1.222	1.494
7	7.222	-0.222	0.049
9	7.222	1.778	3.160
9	7.222	1.778	3.160
9	7.222	1.778	3.160
10	7.222	2.778	7.716
合计	65	0	35.556

需要注意的是，标准差计算公式中的分母不是 n，而是 $n-1$。在统计学中，当我们使用样本数据来估计总体的标准差时，如果我们计算标准差的分母为 n(样本大小)，那么计算出的标准差往往会低于真正的总体标准差。这种现象是由样本数据的随机性和限制性造成的，因为样本可能无法完全代表总体的所有特征。为了解决这个问题，统计学中引入了所谓的"贝塞尔修正"，即在计算标准差时将分母设为 $n-1$ 而非 n。这种方法的采用是基于以下数学和统计学的理论：

(1) 自由度。在统计中，自由度的定义为独立观测的数量减去被用于计算的参数数量。

在标准差的计算中，因为采用了样本均值这一参数，所以自由度为 $n-1$。

(2) 无偏估计。使用 $n-1$ 作为分母可以使计算出的方差成为总体方差的无偏估计。数学证明表明，这样计算的样本方差（标准差的平方）的期望值等于总体方差，因此是无偏的。

(3) 统计推断。使用 $n-1$ 增加了标准差的计算值，这对于执行假设检验和构建置信区间等统计推断非常重要，因为它提供了一个更加保守的估计，减少了第一类错误的风险。

5.3.3 方差

方差（Variance）是衡量数据分散性的一个重要统计量，它描述了数据点相对于其平均数的平均偏离程度的平方。方差的计算提供了数据分布宽窄的量度，即数据值之间的变异或波动程度。方差值越大，表明数据点之间的差异越大，数据的分散程度越高。从数值来看，方差是标准差的平方，其计算公式如式 5-4 所示。

$$s^2 = \frac{\sum_{i=1}^{n}(x_i - \overline{X})^2}{n-1} \tag{5-4}$$

在实证研究中，方差能帮助研究人员理解数据的可靠性和变异性，从而更准确地解释实验结果和假设检验。由于方差计算涉及平方项，对异常值或极端值比较敏感，所以一个非常大或非常小的值，都可以显著影响方差的大小。

5.4 分布

5.4.1 频数与直方图

建立频数分布（Frequency Distribution）是描述数据集分布特性的一种基本方法。频数分布通过统计和展示每个数据类别或数值范围内的数据出现次数来构建。这种方法不仅能帮助研究者快速了解数据集的特点，还便于后续的统计分析和数据解释。

一组关于年龄的原始数据如表 5-2 所示，我们将以此组数据为例，为频数与直方图进行讲解。

表 5-2 一组年龄数据

72	43	38	47	57	55	19
44	90	70	16	28	58	49
32	36	28	64	37	45	40
42	68	54	98	64	59	85
59	51	60	45	49	25	8

建立频数分布首先要将数据范围划分为若干组或区间，每个区间包含一定的数值范

围,这称为组距(Class Interval)。表 5-2 中的数据从 0 到 99 不等,我们首先将数据按大小排序。然后我们可以为这组数据设置组距,组距设置为 9,以形成连续且不重叠的区间,这样 10~20 个组距可以完整覆盖所有的数据。在确定组距之后,我们将每个数据点根据其数值将其归入相应的组中,再对每个组内的数据进行计数,其结果就构成了频数(Frequency)。例如,10~19 组距内包含 2 个数据,则该组的频数为 2。整理表 5-2 中的数据得到的频数分布表如表 5-3 所示。

表 5-3 频数分布表

组距	频数
90~99	2
80~89	1
70~79	2
60~69	4
50~59	7
40~49	9
30~39	4
20~29	3
10~19	2
0~9	1

将频数分布进行图形化展示就形成了直方图(Histogram)。直方图是通过绘制条形图来表示频数分布,其中每个条形的宽度代表组距,高度则表示相应组的频数。直方图使数据的分布特征更为直观,容易观察并识别数据集的形状,比如是否对称、是否具有单峰或多峰等特性。我们可以根据以下步骤手绘建立直方图。

第一步:在制图纸上的 X 轴等距离标出数值,如图 5-1 所示。

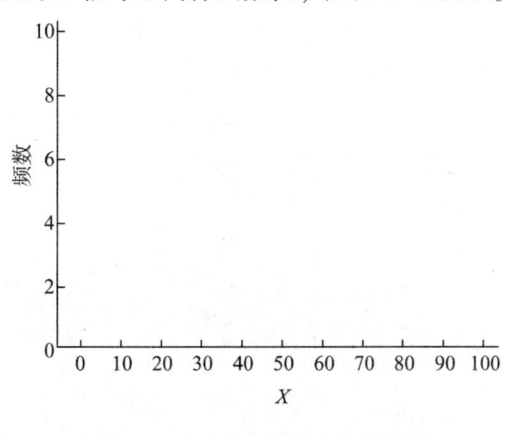

图 5-1 手绘直方图的坐标轴设置

第二步：在图中各组距范围内绘制高度与各组距频数大小对应的条形或柱形，如 0~9 组距的对应频数为 1，则绘制出的柱形或条形的高度为 1，每个组距都按以上规则进行绘制，最终得到一张手绘直方图。频数分布和直方图对于初步数据分析极为重要，它们能帮助研究者快速了解数据集的总体分布情况。根据表 5-3 绘制出来的直方图如图 5-2 所示。

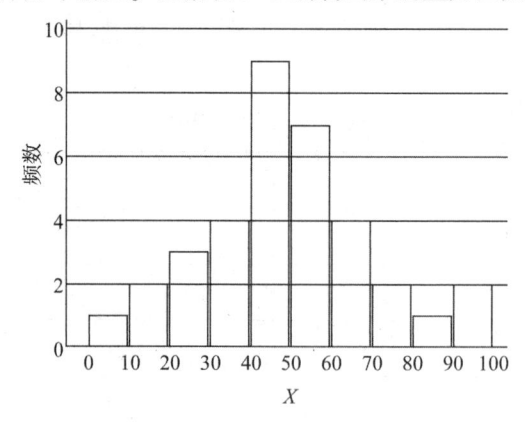

图 5-2 手绘直方图示例

5.4.2 常用统计分布

1. 正态分布

如果随机变量 X 的概率密度函数如式 5-5 所示，则称 X 服从期望为 μ、方差为 σ^2 的正态分布（Normal Distribution）。

$$f(x) = \frac{1}{\sqrt{2\pi\sigma^2}} e^{-\frac{(x-\mu)^2}{2\sigma^2}} \tag{5-5}$$

以上的正态分布表示为：

$$Z \sim N(\mu, \sigma^2) \tag{5-6}$$

对于表 5-2 给出的年龄的数据，其分布可以近似地看成是一个正态分布，其正态分布曲线的直方图如图 5-3 所示。

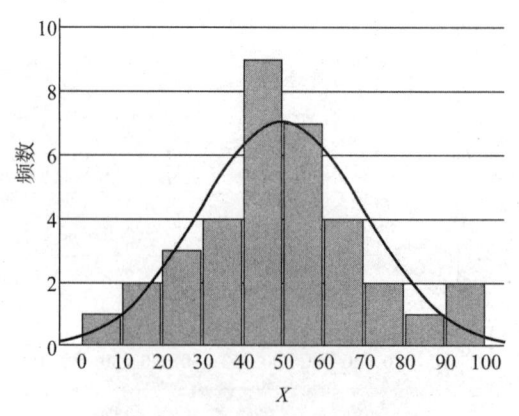

图 5-3 直方图与正态分布曲线

将 X 进行标准化，定义 $Z \equiv \dfrac{X - \mu}{\sigma}$，则称 Z 服从标准正态分布，表示为：

$$Z \sim N(0, 1) \tag{5-7}$$

标准正态分布的概率密度如图 5-4 所示，其以过原点的垂线为对称轴，形状呈钟型。

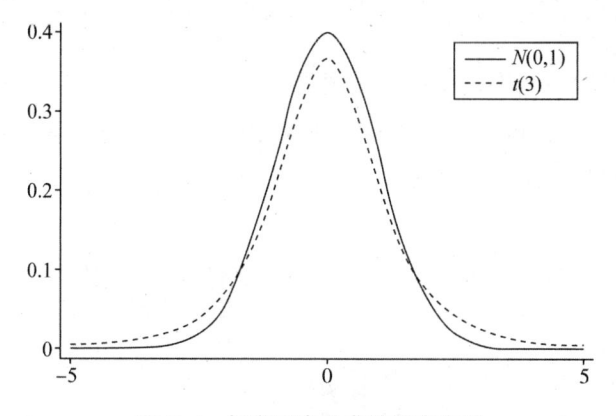

图 5-4　标准正态分布的概率密度

2. χ^2 分布

若 $Z \sim N(0, 1)$，则 Z^2 可表示为自由度为 1 的 χ^2 分布（卡方分布，Chi-square Distribution），表示为：

$$Z^2 \sim \chi^2(1) \tag{5-8}$$

若 $\{Z_1, Z_2, Z_3, \cdots, Z_n\}$ 为独立同分布的标准正态分布，则其平方和满足自由度为 n 的 χ^2 分布，表示为式 5-9。

$$\sum_{i=1}^{n} Z_i^2 \sim \chi^2(n) \tag{5-9}$$

由于 χ^2 分布来自标准正态的平方和，故其取值只能是正数。χ^2 分布的概率密度函数图如图 5-5 所示。

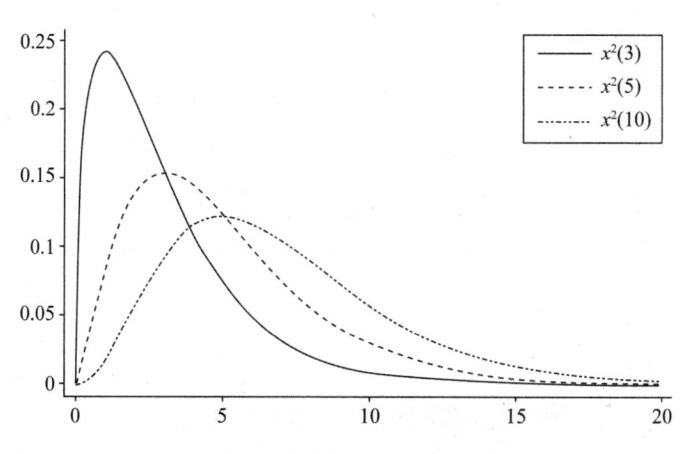

图 5-5　χ^2 分布的概率密度函数

3. t 分布

假定 $Z \sim N(0, 1)$，$Y \sim \chi^2(n)$，且 Z 与 Y 相互独立，则有：

$$\frac{Z}{\sqrt{\frac{Y}{n}}} \sim t(n) \tag{5-10}$$

式 5-10 中，n 为自由度。t 分布的概率密度图与正态分布相似，但是中间隆起的高度更低且更尖，两侧也有厚尾（Fat tails），如图 5-4 所示。值得注意的是，当自由度 $n \to \infty$ 时，t 分布收敛于标准正态分布。

4. F 分布

假定 $Y_1 \sim \chi^2(n_1)$、$Y_2 \sim \chi^2(n_2)$，且 Y_1 与 Y_2 相互独立，则有：

$$\frac{\frac{Y_1}{n_1}}{\frac{Y_2}{n_2}} \sim F(n_1, n_2) \tag{5-11}$$

与 χ^2 分布的取值相同，F 分布的取值也只能为正数，且其概率密度图的形状也与 χ^2 分布相似。

5.5 实例展示

①均值、中位数和众数。

在实际研究中，我们可以直接利用 SPSS 软件计算一组数据的均值、中位数和众数。

在此，我们使用附件"均值、中位数和众数.sav"作为实例，对学生的身高数据进行研究。SPSS 检验步骤如下。

a. 分析步骤。

> 步骤一：输入数据。
> 步骤二：选择"分析"→"描述统计"→"频率"。
> 步骤三：选择要分析的变量，将其选入"变量"列表中。
> 步骤四：打开"统计"面板，勾选"平均值""中位数"和"众数"。
> 步骤五：单击"确定"执行命令。

b. 步骤图示。

计算均值、中位数和众数的步骤如图 5-6~图 5-9 所示。

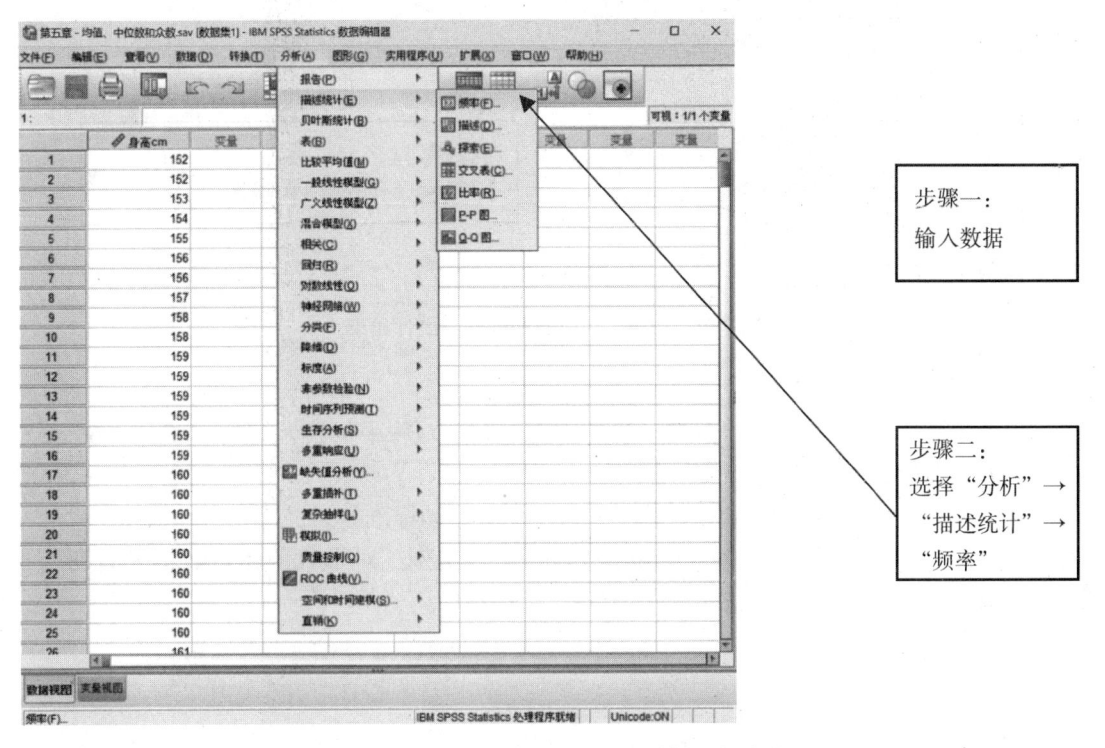

图 5-6　均值、中位数和众数：选择分析方法

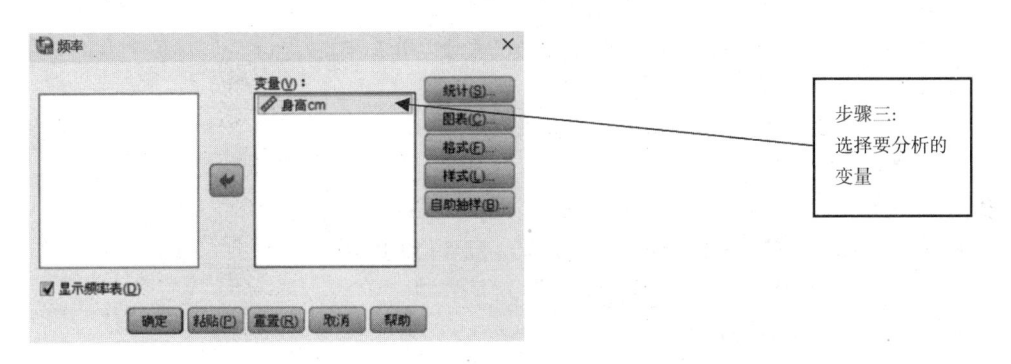

图 5-7　均值、中位数和众数：选择变量

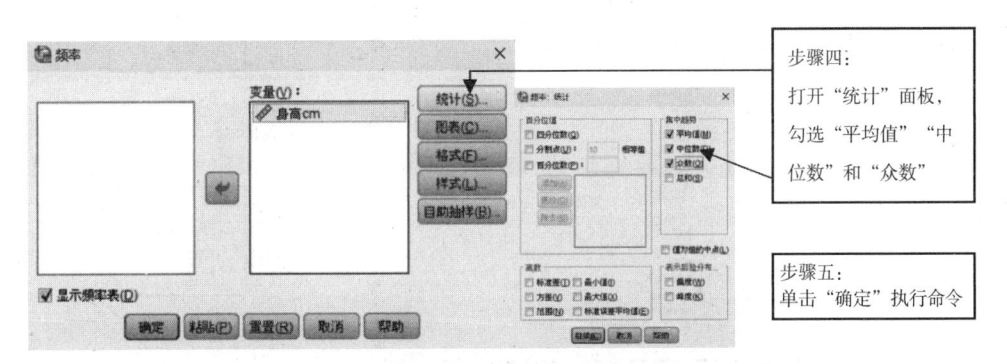

图 5-8　均值、中位数和众数：勾选"平均值""中位数"和"众数"

```
              统计
     身高 cm
个案数   有效      439
        缺失        0
     平均值    166.74
     中位数    167.00
     众数        166
```

统计结果：
得到变量的平均值、中位数和众数

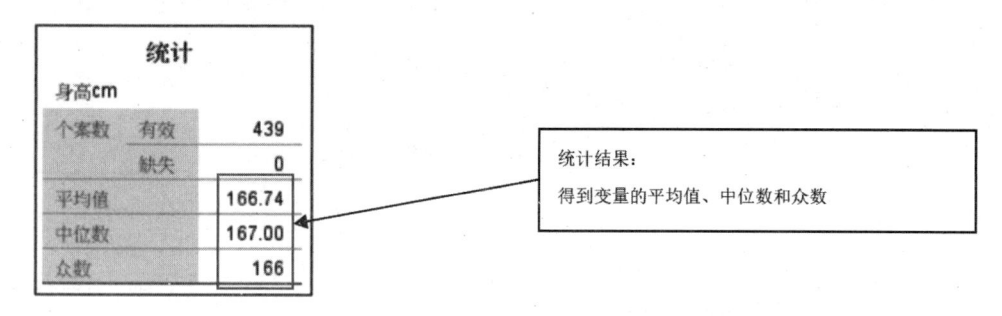

图 5-9　均值、中位数和众数：统计结果

c. 分析结果。

由上述操作可得出结果，"身高 cm"的均值为 166.74，中位数为 167，众数为 166。

② 方差和标准差。

我们也可直接利用 SPSS 软件计算一组数据的方差和标准差。

此处，我们使用附件"方差和标准差.sav"作为实例，对学生的体重数据进行研究。SPSS 检验步骤如下。

a. 分析步骤。

步骤一：输入数据。
步骤二：选择"分析"→"描述统计"→"描述"。
步骤三：选择要分析的变量，将其选入"变量"列表中。
步骤四：打开"选项"，勾选"标准差"和"方差"。
步骤五：单击"确定"执行命令。

b. 步骤图示。

计算方差和标准差的具体步骤如图 5-10~图 5-13 所示。

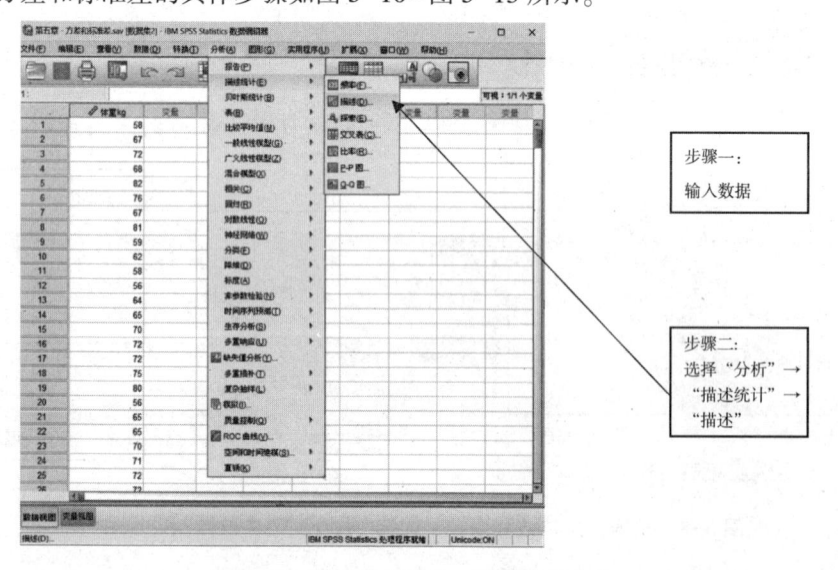

图 5-10　方差和标准差：选择分析方法

图 5-11　方差和标准差：选择变量

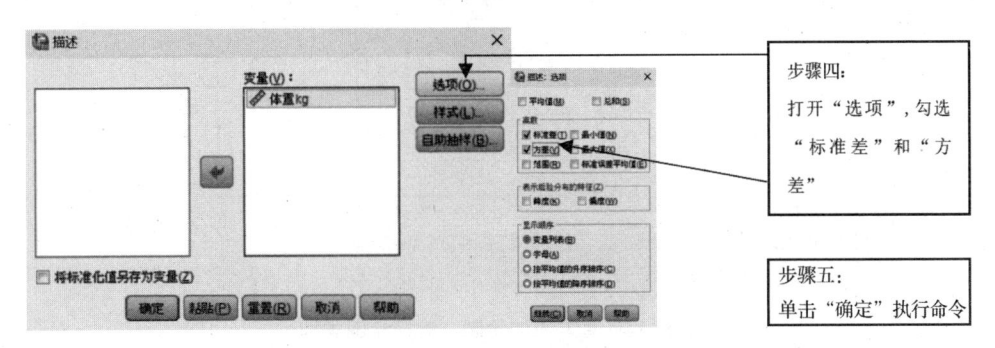

图 5-12　方差和标准差：勾选"标准差"和"方差"

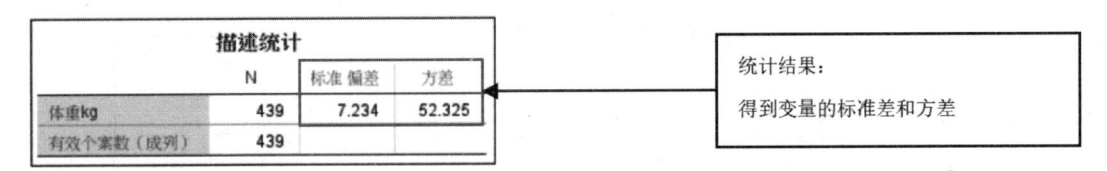

图 5-13　方差和标准差：统计结果

c. 分析结果。

由上述操作可得出结果，"体重 kg"的标准差为 7.234，方差为 52.325。

③直方图的绘制。

我们以附件"方差和标准差.sav"作为实例，对学生的体重数据进行直方图的绘制。SPSS 操作步骤如下。

a. 分析步骤。

> 步骤一：输入数据。
> 步骤二：选择"图形"→"旧对话框"→"直方图"。
> 步骤三：选择要分析的变量，将其选入"变量"列表中。
> 步骤四：单击"确定"执行命令。
> 步骤五：双击已输出的直方图，打开图表编辑器。
> 步骤六：在图表编辑器中双击直方图部分，在弹出的"属性"窗口中选择"分箱化"。
> 步骤七：在"X 轴"一栏选择"定制"，并设置自己所需的区间数量或宽度。
> 步骤八：单击"应用"执行命令。

b. 步骤图示。

绘制直方图的具体步骤如图 5-14~图 5-19 所示。

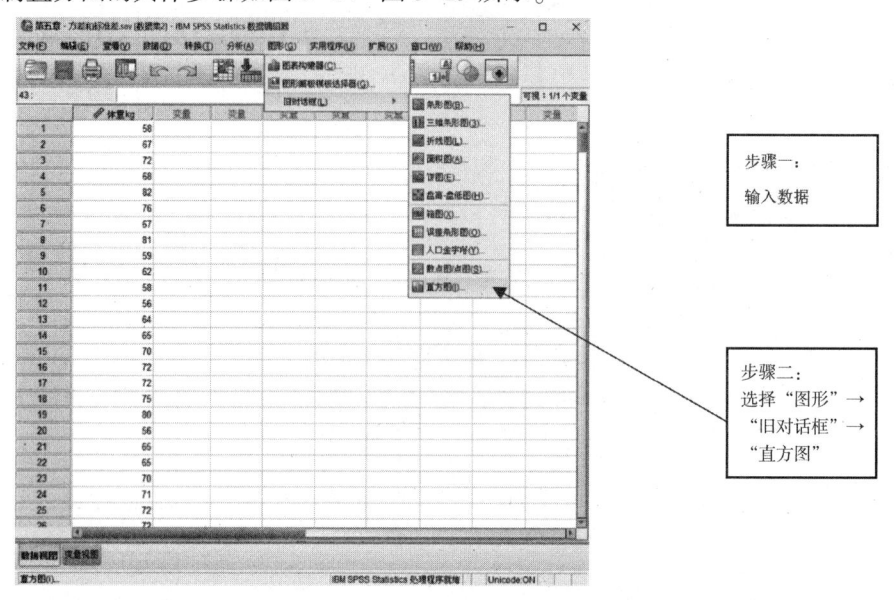

图 5-14　直方图的绘制：选择绘图类别

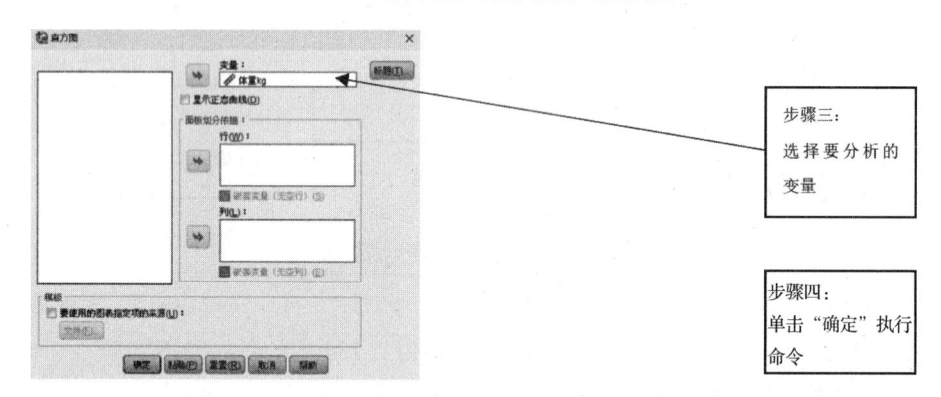

图 5-15　直方图的绘制：选择变量

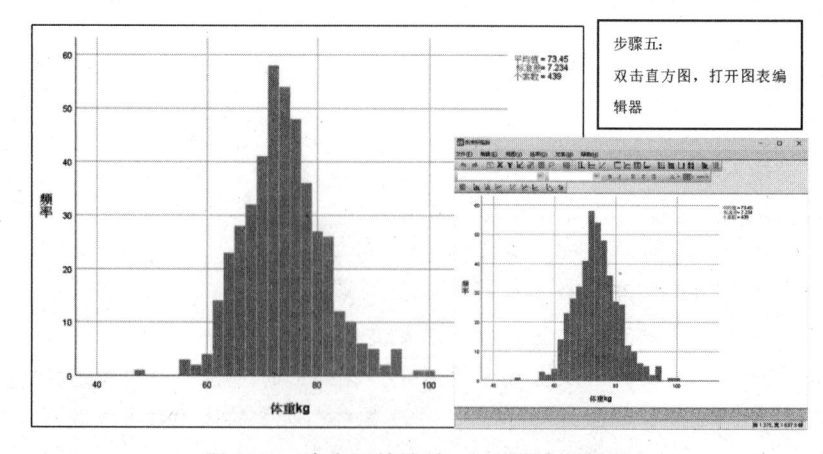

图 5-16　直方图的绘制：打开图表编辑器

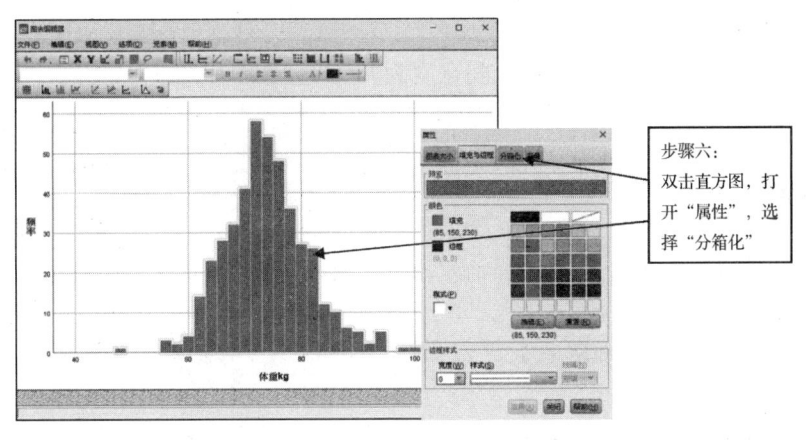

图 5-17 直方图的绘制：选择"分箱化"

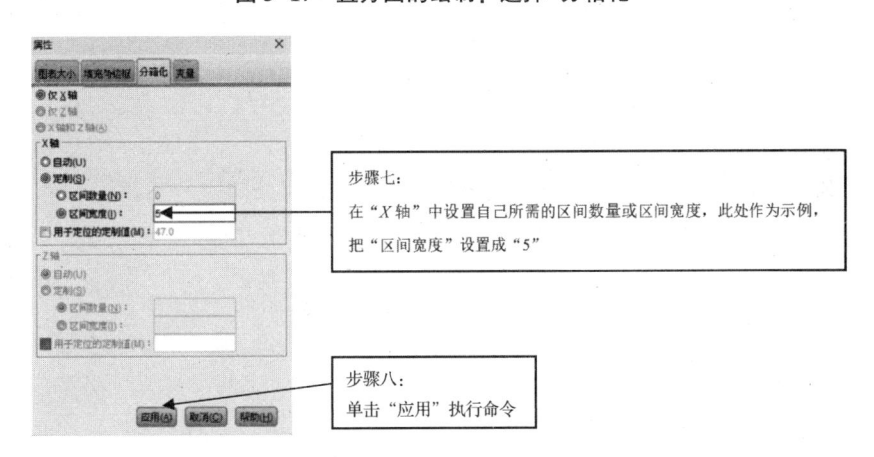

图 5-18 直方图的绘制：设置区间数量或区间宽度

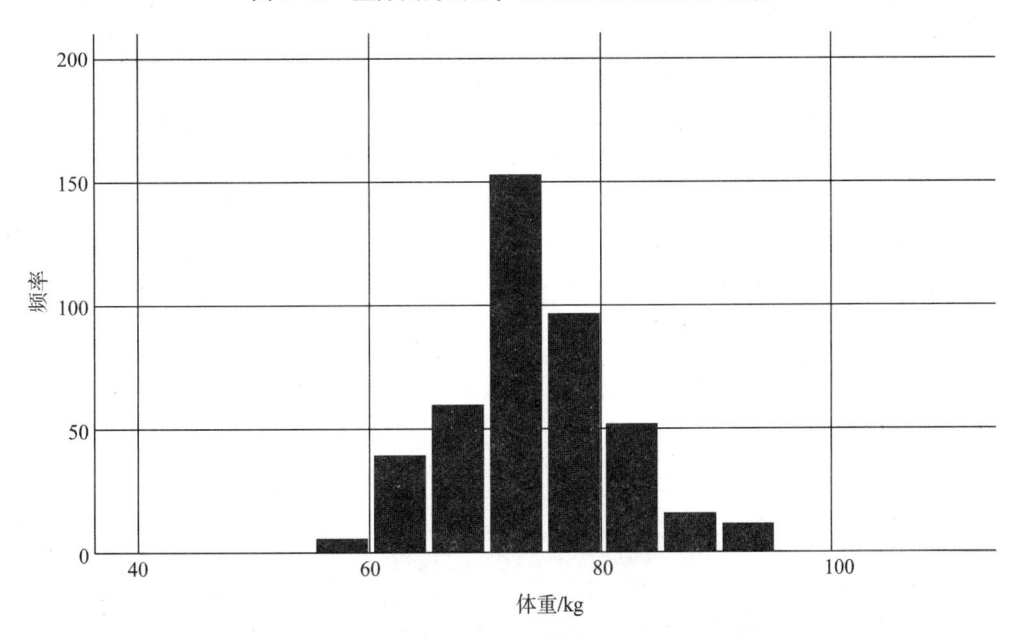

图 5-19 直方图的绘制："体重 kg"变量区间宽度为"5"的直方图

c. 分析结果。

通过上述操作,"体重 kg"变量区间宽度为"5"的直方图如图 5-19 所示。

思考题

1. 总体和样本之间的关系是怎样的?为什么在管理研究中通常使用样本来进行研究而不直接研究总体?

2. 中位数与均值的区别和联系是什么?在什么情况下,中位数比均值更适合作为数据的代表?

3. 什么是标准差?请解释其计算方法,并讨论标准差在数据分析中的重要性和应用。

4. 请列举并解释几种常用的统计分布,如正态分布、二项分布和泊松分布,并讨论这些分布在管理研究中的应用。

第 6 章 假设检验

6.1 零假设与研究假设

6.1.1 假设的定义及合理性判断

假设（Hypothesis）是对想要解决的问题提出的一个尝试性的并有待检验的解释。具体来说，假设是研究者在研究实施之前对两个变量或现象之间可能存在的关系所做出的陈述。假设的提出是科学研究的起点和核心环节之一，为研究设计和数据收集提供了明确的方向。

假设的提出需要基于科学的理论体系和可靠的知识基础。

首先，任何一个假设的提出，都不应仅仅依靠研究者的主观臆想，而是应建立在可靠的理论体系之上。科学研究是一个系统的、逻辑的、循序渐进的过程，需要以以往的研究成果和已有知识为基础。因此，假设的提出应该参考前人的研究，借鉴已有的理论和发现。这不仅有助于确保假设的科学性和合理性，还能使研究具有连续性和连贯性。脱离了理论体系的假设往往缺乏科学依据，容易导致研究结论的片面性和不准确性。

其次，假设应尽可能清晰地描述变量间的关系。明确的假设陈述能够帮助研究者设计有效的实验方法和数据收集方法。模糊不清的假设往往难以被检验，以致无法得出有意义的研究结论。例如，"增加学习时间会提高学生的学业成绩"这一假设就比"学习时间对学生成绩有影响"更具体和清晰，因为前者明确指出了变量间的因果关系，而后者的假设则显得模糊，不易操作和检验。

最后，假设必须是可以检验的。这意味着，假设应具有可操作性和可测量性。研究者需要设计相应的实验或研究方法，通过数据收集和分析来检验假设的真实性。不可验证的假设无法通过实证研究来确认其有效性，研究也会因此失去意义和价值。例如，"阅读小说能提升个人的幸福感"这一假设是可以被验证的，可以通过问卷调查和心理测量工具收集数据并加以分析，而"未来世界会更加美好"这一假设则难以通过科学方法来检验。

6.1.2 零假设

零假设(Null Hypothesis)是指认为客观事物之间的性状或特征没有差异或关系的假设，通常以 H_0 表示。零假设在统计学和科学研究中占据重要地位，因为它为研究提供了一个初始的、可检验的立足点。通过检验零假设，研究者能够确定观察到的效果或关系是否具有统计学意义，进而做出科学判断。

具体来说，零假设是为了与备择假设(Alternative Hypothesis)形成对比而提出的。备择假设通常表示研究者预期的结果或假设存在的关系。例如，如果研究者希望证明某种治疗方法有效，那么零假设通常会声明这种治疗方法没有效果，而备择假设则声称治疗方法有效。通过这种对比，研究者能够通过统计检验来决定是否拒绝零假设，从而选择支持或反驳备择假设。

零假设的一个典型例子是"下雨天与人的精神状态无关"。在这个例子中，零假设(H_0)声明下雨天不会对人的精神状态产生影响，而备择假设(H_1)则可能声明下雨天会对人的精神状态产生影响。通过对一组人在下雨天和非下雨天的精神状态的测量和比较，研究者可以使用统计方法来检验是否有足够的证据拒绝零假设，从而支持备择假设。

另一个零假设的例子是"A 班的英语听写平均成绩与 B 班的英语听写平均成绩没有差异"。这里的零假设(H_0)声明两个班级的英语听写平均成绩相同，而备择假设(H_1)则声明两个班级的成绩不同。研究者可以通过收集两个班级的英语听写成绩数据，并使用统计检验(如 t 检验)来确定是否有足够的证据拒绝零假设。如果零假设被拒绝，那么研究者可以得出结论，即 A 班和 B 班的英语听写平均成绩存在差异。

零假设的提出和检验有助于避免研究者的主观偏见。在科学研究中，研究者可能会倾向于证明自己假设的正确性，但零假设的设置，要求研究者必须通过严格的统计方法来检验假设，而不是依靠主观判断。这种方法确保了研究结果的客观性和可靠性。

在实际应用中，零假设的拒绝并不意味着备择假设完全正确，只是说明有足够的统计证据表明零假设不成立。因此，研究者在解释检验结果时需要谨慎，要考虑到数据的可靠性和其他可能的解释。

零假设在科学研究中具有重要的作用，它为研究提供了一个初始的检验点，帮助研究者通过统计方法客观地判断假设的有效性。通过对零假设的检验，研究者能够更科学地理解变量之间的关系，避免主观偏见，确保研究结论的可靠性和有效性。在实际研究中，零假设的合理设置和检验是科学探索的重要环节，有助于推动科学知识的不断发展和进步。

6.1.3 研究假设

研究假设(Research Hypothesis)是对客观事物间关系的具体猜测所提出的明确陈述。研究假设是根据以前的研究结果或经验所提出的假设，是在进行研究前预想的、暂定的假设。研究假设通常以 H_1 或 H_A 表示，与零假设(H_0)互斥。研究假设是科学研究中的关键环节，它为研究提供了明确的方向和目标。

研究假设的提出通常基于对现有文献和理论的深入理解。通过对前人研究的总结和分析，研究者可以发现研究中的空白或未解决的问题，从而提出新的假设。例如，"下雨天与人的精神状态有关"这一研究假设可以基于心理学研究中关于天气对情绪影响的理论和实证进行研究。研究者通过对这些理论和研究的分析，提出了天气可能影响人的精神状态的假设。

与零假设相比，研究假设通常更具体和明确。例如，零假设为"下雨天与人的精神状态无关"，对应的研究假设为"下雨天与人的精神状态有关"；另一个例子是"A班的英语听写平均成绩与B班的英语听写平均成绩没有差异"，对应的研究假设为"A班的英语听写平均成绩与B班的英语听写平均成绩存在差异"。研究假设明确指出了研究者预期的结果或变量之间的关系，为研究设计和数据收集提供了明确的方向。

研究假设的提出需要遵循一定的原则。

首先，研究假设应具有明确性和可操作性。明确的假设陈述能够帮助研究者设计有效的实验和数据收集方法。例如，"阅读小说能提升个人的幸福感"这一假设比"阅读对幸福感有影响"更具体和清晰，前者明确指出了变量间的因果关系，而后者则显得模糊，不易操作和检验。

其次，研究假设应具有可验证性。研究者需要设计相应的实验或研究方法，通过数据收集和分析来检验假设的真实性。例如，"下雨天会降低人的情绪"这一假设可以通过实验或调查来验证，研究者可以在下雨天和晴天分别测量同一组人的情绪状态，通过比较两组数据来检验假设。

在研究过程中，研究假设的检验通常包括以下几个步骤。首先，研究者需要明确假设所涉及的变量，并选择合适的测量工具和方法；其次，通过实验或调查等手段收集数据；再次，使用统计分析方法对数据进行分析，检验假设的真实性；最后，根据分析结果，得出结论，确认或否定研究假设。在这个过程中，研究者需要保持客观性和科学性，避免主观偏见和人为操纵。

研究假设在科学研究中具有重要意义，它为研究提供了明确的方向和目标，帮助研究者设计有效的实验和数据收集方法。通过对研究假设进行检验，研究者能够获得新的科学发现，推动科学知识的不断发展和进步。研究假设不仅是研究的起点，也是研究的驱动力和方向标。在科学研究中，合理的研究假设是取得成功的重要保证。

6.2 显著性

在正态分布中，数据按照特定的模式围绕均值对称分布，形成一个钟形曲线，如图6-1所示。在正态分布中，大约68%的数据会落在均值的一个标准差范围内。例如，如果一个数据集的均值为100，标准差为10，那么该数据集中大约68%的数据会落在90到110之间。这意味着，在这种分布下，大多数数据点集中在均值的一个标准差范围内，表明这些数据点相对均值而言是"常见的"。同时，正态分布还有一个特性，即16%的数据会落在均值一个标准差以上的范围，另有16%的数据会落在均值一个标准差以下，这两个区间外的数据可以被视为"异常"或"极值"。例如，在均值为100、标准差为10的分布中，大约16%的数据会高于110，而另有16%的数据会低于90。这些数据点虽然不常见，但在大的数据集中仍然是可以预期的。

进一步理解正态分布，可以看到数据越偏离均值，曲线下的面积越小，这意味着极值数据出现的概率更低。例如，落在均值两个标准差范围内（即均值±2σ）的数据大约占95%，而落在均值三个标准差范围内（即均值±3σ）的数据大约占99.7%。这说明，数据偏离均值越远，出现的可能性就越小。以均值为100、标准差为10的分布为例，数据落在80到120之间的概率为95%，而落在70到130之间的概率则为99.7%。

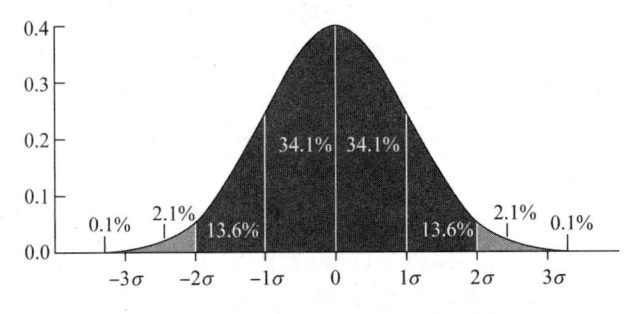

图6-1 正态分布的数据分布比例

Z统计值是一种用于衡量一个数据点相对均值偏离程度的标准化值。它通过将数据点的偏离程度转换为标准差的单位，使不同数据集之间的比较变得更加方便和直观。其计算公式为：

$$Z = \frac{X - \mu}{\sigma} \tag{6-1}$$

式6-1中，X是具体数值，μ是均值，σ是标准差。Z值表示数据点与均值相差的标准差个数。

假设某个数据集的均值$\mu=100$，标准差$\sigma=10$，要计算原始数值$X=110$的Z值。根据公式，我们得到：

$$Z = \frac{110 - 100}{10} = 1$$

这个结果表明，数值110比均值高出1个标准差。

在正态分布中，Z值不仅可以表示数据点的相对位置，还可以用于计算数据点出现的概率。当Z值为2.5时，数据点在均值的2.5个标准差之上。标准正态分布曲线显示，Z值2.5对应的累积概率约为99.38%。这意味着，在正态分布下，数据点落在Z值2.5以下的概率是99.38%，落在Z值2.5以上的概率仅为0.62%。Z值示意图如图6-2所示。

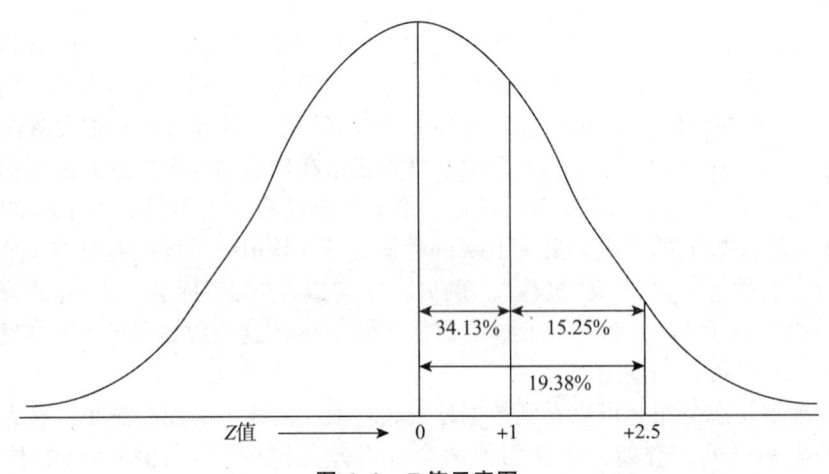

图6-2 Z值示意图

在统计学中,显著性是指在假设零假设为真的情况下,拒绝零假设所需承担的风险水平,即统计显著性(Statistical Significance)。也就是说,显著性水平 α 是一个研究者在进行假设检验时预先设定的阈值,用于判断观察到的数据是否显著偏离零假设。

显著性水平的概念也与 P 值密切相关。P 值是统计检验中的一个重要指标,表示在零假设为真时,观察到的结果或更极端结果出现的概率。如果 P 值小于预先设定的显著性水平(如 0.05),则研究者有理由拒绝零假设,认为结果具有统计学意义。反之,如果 P 值大于显著性水平,则研究者不能拒绝零假设,这意味着没有足够的证据表明观察到的效应不是偶然的。

如果 P 值(由数据计算得出的概率值)小于显著性水平 α,我们就认为数据提供了足够的证据来拒绝零假设,支持研究假设(备择假设)。显著性水平越低,要求的证据就越强。

常见的显著性水平包括:
(1) $α=0.10$:有 10% 的风险错误地拒绝零假设。
(2) $α=0.05$:有 5% 的风险错误地拒绝零假设(最常用)。
(3) $α=0.01$:有 1% 的风险错误地拒绝零假设。

Z 统计值在统计推断中的作用是帮助判断数据是否显著偏离均值:临界 Z 值对应显著性水平。在显著性水平 0.05 下,临界 Z 值约为 1.65(单侧),如图 6-3 所示。当 Z 值大于或等于 1.65 时,数据点在极值范围内,观察到的结果概率小于 5%。因此,如果 Z 值 ≥ 1.65,我们拒绝零假设,接受研究假设。拒绝零假设意味着我们认为数据差异不是由随机因素引起,而是由系统因素(例如硬币作假)导致的。

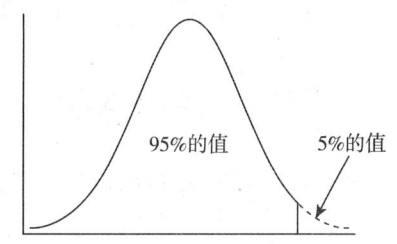

图 6-3 Z 值为 1.65 时的统计显著性水平

显著性水平(α)决定了我们拒绝零假设的严格程度,在科学研究中起着至关重要的作用。它为研究者提供了一个客观的标准,用以判断观察到的差异或效应是否具有统计学意义。选择适当的显著性水平取决于具体的研究背景和领域。例如,在某些高风险领域,如医学和公共卫生研究,研究者可能会选择更低的显著性水平(如 0.01 或 0.001),以确保结果的可靠性和安全性;在其他领域,如社会科学研究通常选择 0.05 的显著性水平。这种差异反映了不同研究领域对错误拒绝零假设(即犯第一类错误)的风险容忍度的不同。

样本量的大小对显著性水平的选择有重要影响。较大的样本量可以增加检验的准确性,使得即使在较低的显著性水平下,也能够有效地拒绝零假设。然而,仅仅依赖显著性水平和 P 值来判断研究结果的有效性是远远不够的,研究者还需考虑效应大小(Effect Size)和样本量(Sample Size)等因素。效应大小衡量的是变量之间关系的强度,而不是关系是否存在。即使一个结果在统计上显著,如果效应大小很小,其实际意义可能也有限。同样,样本量的大小也会影响显著性检验的结果。在大样本量的情况下,较小的效应也可能导致显著的 P 值,而在小样本量的情况下,即使效应较大,也可能无法达到显著性水平。

6.3 假设检验

6.3.1 假设检验的定义

假设检验(Hypothesis Testing)是指假定零假设 H_0 正确,通过收集样本数据并根据这些数据计算出样本统计量,进而运用这些统计量测定所假设的总体参数在多大程度上是可靠的。假设检验的核心在于判断样本数据是否提供足够的证据来拒绝零假设。

在假设检验中,可能的结果有两种:拒绝 H_0 或者接受 H_0。由于零假设 H_0 与备择假设 H_1 互斥,所以拒绝 H_0 就意味着接受 H_1。

6.3.2 假设检验的步骤

对任何零假设进行统计检验时需要采用的一般步骤如下。

(1)提出零假设。零假设(H_0)是对研究问题的默认陈述。例如,在营销学研究中,零假设可能是"两种类型的广告的效果没有差异"。

(2)设置显著性水平。设定显著性水平(α),通常为 0.1(10%)、0.05(5%)或 0.01(1%)。显著性水平越小,拒绝零假设所需的证据越强,意味着我们愿意承担的风险越小,得出的结论也越可靠。

(3)选择合适的检验统计量。根据研究问题的类型选择恰当的统计量进行检验。例如,比较两个群体的均值时,常用 t 检验。

(4)计算检验统计量的值。使用样本数据计算出检验统计量的值。例如,在比较两个群体的均值时,计算 t 值。

(5)确定拒绝区间。使用统计临界值表来确定拒绝 H_0 所需要的值。根据设定的显著性水平和样本量,找到相应的临界值。例如,在显著性水平 0.05 下,查找 t 分布或正态分布表确定临界值。

(6)比较实际值与临界值的大小。将计算出的检验统计量与临界值进行比较,如果实际值大于临界值(或实际的 P 值小于设定的显著性水平),则拒绝 H_0;反之,则接受 H_0。

案例 6-1

硬币公平性假设检验

假设我们怀疑一枚硬币是否公平,通过假设检验来判断,步骤如下。

1. 提出假设

零假设(H_0):硬币是公平的(正反面概率各为 50%)。

备择假设(H_1):硬币不是公平的(正反面概率不等于 50%)。

2. 设置显著性水平

设定显著性水平 $\alpha = 0.05$。

3. 选择检验统计量

选择 z 检验，因为样本量较大，适用于正态分布。

4. 计算检验统计量的值

抛硬币 100 次，记录结果并计算 Z 值。

如果正面出现 62 次，则均值 $\mu = 50$，标准差 $\sigma = 5$（标准差的计算公式 $\sigma = \sqrt{np(1-p)} = \sqrt{100 \times 0.5(1-0.5)} = 5$ 来自二项分布的特性，反映了数据的离散程度），则：

$$Z = \frac{62 - 50}{5} = 2.4$$

5. 确定拒绝区间

查找标准正态分布表，Z 值为 2.4 时对应的单侧 P 值约为 0.008 2。由于这是双侧检验，故乘以 2，得到 P 值约为 0.016 4。

6. 比较实际值与临界值

在显著性水平 $\alpha = 0.05$ 下，P 值 0.016 4 小于 0.05，因此我们有足够的证据拒绝零假设，认为硬币可能不是公平的。

6.3.3 双侧检验与单侧检验

在统计学中，假设检验是用来判断样本数据是否支持某个假设的过程。在参数检验中，零假设（H_0）通常关于总体未知参数 θ 等于某个常数值 θ_0。形式上表示为：

$$H_0: \theta = \theta_0 \tag{6-2}$$

备择假设 H_1 与 H_0 互斥，具体形式可以分为以下三种。

（1）$H_1: \theta < \theta_0$。意为在 θ_0 的左侧（即比 θ_0 小的区域）进行检验，研究的是 θ 是否会比 θ_0 小的问题，这种检验也称左侧单侧检验。例如，如果我们要检验某种广告是否比另外一种广告的效果差，我们可以使用左侧单侧检验。

（2）$H_1: \theta > \theta_0$。意为在 θ_0 的右侧（即比 θ_0 大的区域）进行检验，研究的是 θ 是否会比 θ_0 大的问题，这种检验也称右侧单侧检验。例如，如果我们要检验某种广告是否比另外一种广告的效果好，我们可以使用右侧单侧检验。

（3）$H_1: \theta \neq \theta_0$。意为在 θ_0 的两侧（即比 θ_0 小和比 θ_0 大的区域）进行检验，用来判断总体参数 θ 是否不等于 θ_0，即是否在 θ_0 的两侧（比 θ_0 小或比 θ_0 大的区域）。双侧检验更为严格，因为它考虑了 θ 在两侧的偏离。例如，如果我们要检验某种广告是否与另一种广告的效果不同，而无论效果是好是坏，我们都可以使用双侧检验。

选择单侧检验还是双侧检验取决于研究问题的性质和研究者的目标。如果研究者只关心参数在某一方向上的偏差（如仅关心某种广告是否更有效），可以选择单侧检验；如果研究者关心参数在两个方向上的偏差（如关心某种广告是否有任何不同效果），则应选择双侧检验。

单侧检验的优势在于它更为敏感，因为它只考虑了一个方向上的偏差，因此在某些情况下能够更容易拒绝零假设。但这也意味着单侧检验将对另一方向的偏差视而不见。因此，选择使用单侧检验时需要谨慎，要确保研究问题确实只关心一个方向的偏差。双侧检验的优势在于它考虑了两个方向的偏差，因此结论更为全面和稳妥。双侧检验适用于大多数研究问题，因为它可以检测参数在任何方向上的偏离。例如，在经济学研究中，如果我们关心某项政策对经济增长的影响，可能会选择双侧检验，因为政策的影响可能是双向的；而在广告投放中，如果我们只关心某种广告是否比另外一种广告的效果更好，则可以选择右侧单侧检验。

6.3.4 假设检验的两类错误

假设检验的两类错误指的是第一类错误和第二类错误。在假设检验中，零假设（H_0）和备择假设（H_1）是互斥的，意味着其中一个假设为真时，另一个必然为假。在这种二元对立的框架下，我们可能会犯两种类型的错误。

1. 第一类错误（Type I Error）

第一类错误是指在零假设（H_0）为真的情况下，错误地拒绝了零假设。也就是说，我们本应接受零假设，但由于样本数据的随机性或其他原因，导致我们认为零假设不成立，从而拒绝了 H_0。这一错误的概率用显著性水平 α 表示。例如，当显著性水平设定为 5% 时，表示我们有 5% 的概率会犯第一类错误。

显著性水平 α 是我们在进行假设检验时事先设定的值，它表示在零假设为真时，我们拒绝零假设的风险大小。假设某统计检验量的分布如图 6-1 所示，95% 的数据位于中间部分（即在 μ 的左右两侧 1.96 个标准差以内），而在显著性水平为 5% 的情况下，数据分布的尾部区域各有 2.5% 的概率，此时，左侧和右侧的两个尾部区域即为拒绝区域。当我们设定显著性水平为 5% 时，在零假设（H_0）为真的情况下，我们拒绝 H_0 的概率为 5%。换句话说，只要实际统计值落在图中中间部分（95%）的区域，我们应接受 H_0。然而，如果实际统计值落在图中两侧（5%）的拒绝区域，我们就会拒绝 H_0。

2. 第二类错误（Type II Error）

第二类错误是指在备择假设（H_1）为真的情况下，错误地接受了零假设。也就是说，我们本应拒绝零假设，但由于样本数据不足以提供足够的证据，导致我们接受了 H_0。这一错误的概率用 β 表示。犯第二类错误的概率与样本量、效应大小以及显著性水平有关。

第二类错误的发生概率（β）受多种因素影响，包括显著性水平、样本量以及效应大小。

（1）显著性水平。当显著性水平降低时（例如从 0.05 降到 0.01），虽然减少了犯第一类错误的概率，但可能会增加犯第二类错误的概率。

（2）样本量。增加样本量通常可以降低犯第二类错误的概率，因为更大的样本量提供了更多的信息，我们可以借此更准确地判断零假设是否成立。

（3）效应大小。效应大小指的是实际差异的大小。如果效应大小较大，犯第二类错误的概率会降低，因为较大的差异更容易被检测到。

3. 第一类错误和第二类错误

在实际研究中，我们需要综合考虑第一类错误和第二类错误，寻找一个平衡点。显著性水平和样本量的选择应根据具体研究背景与需求进行调整。

例如，在医疗研究中，第一类错误（误认为新药有效）可能会导致错误的治疗决策，影响患者健康，因此研究者通常选择较低的显著性水平(如0.01)。同时，为了确保不会遗漏真正有效的新药，研究者需要通过增加样本量来降低犯第二类错误的概率。不过，在社会科学研究中，第二类错误(未能识别出真正存在的效应)可能会阻碍新理论的发现或政策的改进。为了平衡两类错误，研究者通常选择显著性水平为0.05，同时根据研究资源和实际需求调整样本量。

需要注意的是，无论是否拒绝 H_0，我们都可能会犯错误。因此，即使我们的 H_0 在5%的显著性水平下显著，由于仍然留有犯下第一类错误的概率，我们不能说成功证明了 H_0 是错误的，我们只能解释成拒绝 H_0，接受 H_1。

思考题

1. 什么是零假设？请解释其在假设检验中的作用和意义。
2. 什么是研究假设？请解释其与零假设的区别和联系。
3. 请解释显著性的概念，并讨论 P 值在显著性检验中的作用。为什么 P 值是判断结果显著性的标准？
4. 什么是假设检验？请解释其在管理研究中的重要性和应用。
5. 解释双侧检验与单侧检验的区别，并讨论在管理研究中选择检验方法的依据。
6. 什么是假设检验中的第一类错误和第二类错误？请分别解释并举例说明。

第7章 t 检验与方差分析

7.1 t 检验

7.1.1 t 检验的概念和基本原理

t 检验（t-test）是一种常用的假设检验方法，用于比较两个样本的均值是否存在显著差异，通过比较两个样本的均值判断它们之间的差异是否足够大，并分析这种差异是否是由于抽样误差导致的，该检验基于 t 分布，因此称为 t 检验。通常情况下，t 检验适用于小样本数据的分析（尤其是样本量小于 30 的情况），样本数据服从正态分布或接近正态分布的情况。t 检验的基本原理是根据样本数据来估计总体参数，并计算出 t 统计量。然后，将 t 统计量与 t 分布表的临界值进行比较，以判断差异是否显著。

t 检验主要分为单样本 t 检验（one-sample t-test）、独立样本 t 检验（independent samples t-test）以及配对样本 t 检验（paired samples t-test）三种类型。

7.1.2 单样本 t 检验

单样本 t 检验用于检验一个样本的均值是否与已知的总体均值之间存在显著差异。该检验假定数据呈正态分布，并且样本是从总体中随机抽取的。此外，该检验适用于小样本情况（通常样本量小于 30）。当你只有一个样本，并想要检验该样本的均值是否与已知或假设的总体均值显著不同时，就可以使用单样本 t 检验。如考察大学生身高水平与全国成年人身高水平的差异情况，再如某大学大一新生的体重与全校平均体重的差异情况等。

1. 检验统计量公式

当总体方差 σ^2 未知时，需要用 s^2 推估 σ^2，服从自由度为 $n-1$ 的 t 分布，这时需使用 t 分布来进行检验，采用的检验统计量为[23]：

$$t = \frac{\overline{X} - \mu}{\frac{S}{\sqrt{n}}} \qquad (7-1)$$

式 7-1 中，$\overline{X}$ 表示样本均值；μ 表示已知总体的总体均值；S 表示样本标准差；n 表示样本容量。

2. 单样本 t 检验的基本步骤

(1) 建立假设检验。

零假设：

$$H_0: \mu_1 = \mu_2$$

研究假设：

$$H_1: \mu_1 \neq \mu_2$$

零假设 H_0 表示样本和已知总体的均值之间不存在差异；研究假设 H_1 表示样本和已知总体的均值之间有差异。

(2) 确定检验水平。

选择一个显著性水平 α，即在原假设实际成立时拒绝零假设的概率。通常选择的显著性水平是 0.05(有时候也会用 0.1 或 0.01，这完全由研究者决定)。

(3) 计算检验统计量。

根据式 7-1 计算检验统计量，检验统计量是样本均值与假定总体均值之间差异的度量，用于确定检验的 P 值。

(4) 确定 P 值，做出推断结论。

根据 t 值和自由度 df，查阅 t 界值表，找到 P 值，再比较 P 值和显著性水平，确定是否拒绝或接受零假设。如果 P 值小于显著性水平，则拒绝零假设，并得出样本均值与总体均值存在显著差异的结论；如果 P 值大于或等于显著性水平，则不拒绝零假设，并得出无证据表明样本均值与总体均值存在显著差异的结论。

案例 7-1

利用单样本 t 检验判断啤酒是否足量

某品牌罐装啤酒标示规格为 500 mL，有消费者认为标示有问题，故随机挑选了 10 罐啤酒，测量这 10 罐啤酒的净含量，所得数据如表 7-1 所示，请问该品牌罐装啤酒标示规格是否不实？

表 7-1 罐装啤酒净含量

编号	1	2	3	4	5	6	7	8	9	10
净含量	485	428	450	510	445	505	489	475	509	495

[分析]

(1) 建立假设，确定检验水平。

依题意建立的零假设和研究假设为：

$$H_0: \mu_1 = 500; \qquad H_1: \mu_1 \neq 500$$

该检验为双侧检验，假定检验水平 $\alpha = 0.05$

(2) 计算检验统计量。

根据样本数据计算得：$\bar{X} = 479.1$，$S = 28.95$

根据式 7-1 计算的检验统计量为：

$$t = \frac{\bar{X} - \mu}{S/\sqrt{n}} = \frac{479.1 - 500}{\frac{28.95}{\sqrt{10}}} = -2.2827$$

(3) 确定 P 值并进行推断。

根据 t 值和自由度 df，查 t 界值表，得到 $P = 0.048$，按 $\alpha = 0.05$ 显著性水平，拒绝 H_0，差异有统计学意义。这说明，该品牌罐装啤酒规格标示不实。

7.1.3 独立样本 t 检验

独立样本 t 检验用于比较两个独立样本的均值差异，以推断它们所属总体的均值是否存在显著差异。此检验适用于从两个不同总体中抽取的样本，通过比较样本均值差异来判断两个总体均值是否不同。使用独立样本 t 检验有两个重要前提条件：一是两个样本必须是相互独立的，即一个样本中的观测值与另一个样本中的观测值没有任何关联，这意味着每个样本都是从各自的总体中独立随机抽取的，没有相互影响；二是两个总体应服从或近似服从正态分布，如果不服从正态分布，则需要考虑使用非参数检验方法，如 Mann-Whitney U 检验。

1. 检验统计量公式

进行独立样本 t 检验的假设前提是两个独立的总体分别服从 $N(\mu_1, \sigma_1^2)$ 和 $N(\mu_2, \sigma_2^2)$。构造独立样本 t 检验的 t 统计量分为两种情况。

(1) 两个总体的方差未知但相等。

当两个总体的方差未知但相等时，即 $\sigma_1^2 = \sigma_2^2$，满足方差齐性，两个样本均值之差经标准化后服从自由度为 $(n_1 + n_2 - 2)$ 的 t 分布，因而采用的检验统计量为：

$$t = \frac{\bar{X}_1 - \bar{X}_2}{\sqrt{\left[\frac{(n_1 - 1)S_1^2 + (n_2 - 1)S_2^2}{n_1 + n_2 - 2}\right]\left[\frac{1}{n_1} + \frac{1}{n_2}\right]}} \quad (7-2)$$

式中，$\bar{X}_1$ 表示样本 1 的均值；$\bar{X}_2$ 表示样本 2 的均值；n_1 表示样本 1 的容量；n_2 表示样本 2 的容量；S_1^2 表示样本 1 的方差；S_2^2 表示样本 2 的方差。

(2) 两个总体的方差未知且不相等。

当两个总体的方差未知且不相等时，即 $\sigma_1^2 \neq \sigma_2^2$，两个样本均值之差经标准化后不再服从自由度为 $(n_1 + n_2 - 2)$ 的 t 分布，而是近似服从自由度为 df 的 t 分布，这时采用的检验统计量为：

$$t' = \frac{\bar{X}_1 - \bar{X}_2}{\sqrt{\frac{S_1^2}{n_1} + \frac{S_2^2}{n_2}}} \quad (7-3)$$

该统计量的自由度为 df，计算公式为：

$$df = \frac{\left(\dfrac{S_1^2}{n_1} + \dfrac{S_2^2}{n_2}\right)^2}{\dfrac{\left(\dfrac{S_1^2}{n_1}\right)^2}{n_1 - 1} + \dfrac{\left(\dfrac{S_2^2}{n_2}\right)^2}{n_2 - 1}} \tag{7-4}$$

式 7-3 中，$\bar{X}_1$ 表示样本 1 的均值；$\bar{X}_2$ 表示样本 2 的均值；n_1 表示样本 1 容量；n_2 表示样本 2 容量；S_1^2 表示样本 1 的方差；S_2^2 表示样本 2 的方差。

需注意，式 7-4 计算的自由度一般为非整数，需四舍五入后取整数。

可见，独立样本 t 检验的结果很大程度上取决于两个总体的方差是否相等，即是否满足方差齐性。这就要求研究者要在进行独立样本 t 检验之前，先对两总体方差的齐性进行检验。在利用 SPSS 软件进行独立样本 t 检验时，系统会自动给出 Leneve's 方差齐性检验的结果。

2. 独立样本 t 检验的基本步骤

(1) 建立假设检验。

零假设：

$$H_0: \mu_1 = \mu_2$$

研究假设：

$$H_1: \mu_1 \neq \mu_2$$

零假设 H_0 表示两总体均值之间不存在显著性差异；研究假设 H_1 表示两总体均值之间存在显著性差异。

(2) 确定检验水平。

选择一个显著性水平 α，即在原假设实际成立时拒绝零假设的概率。通常选择的显著性水平是 0.05（有时候也会用 0.1 或 0.01，这完全由研究者决定）。

(3) 检验方差齐性。

利用 F 检验判断两总体是否满足方差齐性，即判断 σ_1^2 和 σ_2^2 是否相等。判断两总体方差是否相等仍然采用假设检验方法来实现，具体如下。

零假设：$H_0: \sigma_1^2 = \sigma_2^2$，即两独立样本的总体方差相等。

研究假设：$H_1: \sigma_1^2 \neq \sigma_2^2$，即两独立样本的总体方差不相等。

统计量为：

$$F = \frac{S_1^2}{S_2^2}, \ df_1 = n_1 - 1, \ df_2 = n_2 - 1 \tag{7-5}$$

式 7-5 中，S_1^2 与 S_2^2 表示两个样本方差，为减少篇幅，S_1^2 表示数值较大的那个方差；df_1 和 df_2 分别表示分子的自由度和分母的自由度。

F 统计量是方差之比，反映的是较大方差是较小方差的多少倍。当 H_0 成立时，F 统计量服从 F 分布。F 分布有 df_1 和 df_2 两个自由度，根据两个自由度和 F 统计量值即可通过查 F 分布的双侧临界值表得到相应的 P 值，F 值越大，对应的 P 值越小。

当给定一个 α 作为检验水平，若 F 值对应的 P 值小于给定的检验水平 α，则拒绝零假设；若 F 值对应的 P 值大于给定的检验水平 α，则不拒绝零假设。

(4) 计算检验统计量。

根据上一步的判断结果选择检验中的 t 统计量和自由度的计算公式。若两总体满足方差齐性，则根据式 7-2 计算检验 t 统计量；若两总体的方差不相等时，则采用式 7-3 计算检验 t' 统计量。

（5）确定 P 值，作出推断结论。

根据 t 值和自由度 df，查阅 t 界值表，找到 P 值，通过比较 P 值和显著性水平，确定是否拒绝或接受零假设。如果 P 值小于显著性水平，则拒绝零假设，并得出"两总体均值存在显著差异"的结论；如果 P 值大于或等于显著性水平，则不拒绝零假设，并得出"无证据表明两总体均值存在显著差异"的结论。

案例 7-2

利用独立样本 t 检验比较学习成绩

某教授同时在甲、乙两所大学教授管理学课程，甲大学有 10 名学生，乙大学有 8 名学生，他们的期末考试成绩如表 7-2 所示，请问这两所大学的学生的管理学课程成绩是否存在差异？

表 7-2 甲、乙大学学生的管理学课程期末成绩

学生编号	1	2	3	4	5	6	7	8	9	10
甲大学	75	88	87	85	78	90	90	82	85	82
乙大学	80	85	75	82	82	75	80	85	—	—

[分析]

（1）建立假设，确定检验水平。

依题意建立的零假设和研究假设为：

$$H_0: \mu_1 = \mu_2; \quad H_1: \mu_1 \neq \mu_2$$

该检验为双侧检验，假定检验水平 $\alpha = 0.05$。

（2）检验方差齐性。

建立假设检验以及确定检验水平，具体如下。

零假设：$H_0: \sigma_1^2 = \sigma_2^2$，即两独立样本的总体方差相等。

研究假设：$H_1: \sigma_1^2 \neq \sigma_2^2$，即两独立样本的总体方差不相等。

假定检验水平 $\alpha = 0.05$，

则 F 统计量为：

$$F = \frac{S_1^2}{S_2^2} = \frac{4.98^2}{3.89^2} = 1.64, \quad df_1 = n_1 - 1 = 10 - 1 = 9, \quad df_2 = n_2 - 1 = 8 - 1 = 7$$

根据 F 值（1.64）以及两个自由度（$df_1 = 9$，$df_2 = 7$）查 F 分布的双侧临界值表可知，$F_{\frac{0.05}{2}, (9, 7)} = 4.82$，故 $P > 0.05$，则在 $\alpha = 0.05$ 的检验水平上不拒绝零假设，即认为两独立样本的总体方差相等。

（3）计算检验统计量。

根据上述方差判断结果，已知两独立样本的总体满足方差齐性，则根据式 7-2 计算检验 t 统计量。

根据样本数据计算得：$n_1 = 10$，$\overline{X}_1 = 84.2$，$S_1^2 = 24.84$；$n_2 = 8$，$\overline{X}_2 = 80.5$，$S_2^2 = 15.14$

根据式 7-2 计算的检验统计量为：

$$t = \frac{\overline{X}_1 - \overline{X}_2}{\sqrt{\left[\dfrac{(n_1-1)S_1^2 + (n_2-1)S_2^2}{n_1+n_2-2}\right]\left[\dfrac{1}{n_1}+\dfrac{1}{n_2}\right]}}$$

$$= \frac{84.2 - 80.5}{\sqrt{\left[\dfrac{(10-1)\times 24.84 + (8-1)\times 15.14}{10+8-2}\right]\left[\dfrac{1}{10}+\dfrac{1}{8}\right]}} = 1.7185$$

(4)确定 P 值,做出推断结论。

根据 t 值和自由度 df,查 t 界值表,得到 $P=0.105>0.05$,按 $\alpha=0.05$ 显著性水平,不拒绝 H_0。结合本题,即可认为甲、乙两个大学的学生在管理学课程的期末成绩上并无明显差异。

7.1.4 配对样本 t 检验

配对样本 t 检验用于比较单一样本或配对样本在两个变量上的平均数差异。该检验方法特别适用于分析数据之间存在相关性和一一对应关系的情况。配对样本 t 检验的一个重要特点是,配对样本的观测值不可以独立颠倒顺序,否则会改变问题的性质和结果。配对样本 t 检验适用于以下几种情况。

第一,两个同质试验对象配对接受不同处理。例如,研究某种药物的效果,可以将两个病情相似的患者配对,一个接受新药治疗,另一个接受安慰剂治疗,然后比较两者的治疗效果。

第二,同一试验对象分别接受不同处理。例如,研究教学方法的效果,可以让同一组学生分别接受两种不同的教学方法,然后比较他们在两种教学方法下的成绩。

第三,同一试验对象在接受处理前后的比较。例如,研究健身计划的效果,可以测量参与者在开始健身计划前后的体重变化。

1. 检验统计量公式

$$t = \frac{\sum D}{\sqrt{\dfrac{n\sum D^2 - \left(\sum D\right)^2}{n-1}}} \tag{7-6}$$

式 7-6 中,$\sum D$ 表示样本间差异的总和;$\sum D^2$ 表示样本间差异的平方和;n 表示成对观察的样本数量。

2. 配对样本 t 检验的基本步骤

(1)建立假设检验。

零假设:

$$H_0: \mu_d = \mu_1 - \mu_2 = 0$$

研究假设:

$$H_1: \mu_d = \mu_1 - \mu_2 \neq 0$$

其中,μ_d 为两配对样本差值的总体平均值,等于两样本所属总体的平均值 μ_1 与 μ_2 之差;零假设 H_0 表示两总体均值之间不存在显著性差异;研究假设 H_1 表示两总体均值之间存在显著性差异。

（2）确定检验水平。

选择一个显著性水平 α，即在原假设实际成立时拒绝零假设的概率。通常选择的显著性水平是 0.05（有时候也会用 0.1 或 0.01，这完全由研究者决定）。

（3）计算检验统计量。

根据式 7-6 计算检验统计量，它是两总体均值之间差异的度量，用于确定检验的 P 值。

（4）确定 P 值，做出推断结论。

根据 t 值和自由度 df，查阅 t 界值表，找到 P 值，通过比较 P 值和显著性水平，确定是否拒绝或接受零假设。如果 P 值小于显著性水平，则拒绝零假设，并得出"两总体均值存在显著差异"的结论；如果 P 值大于或等于显著性水平，则不拒绝零假设，并得出"无证据表明两总体均值存在显著差异"的结论。

案例 7-3

利用配对样本 t 检验比较学习成绩

某大学 10 名大二学生选修某教授的管理学课程，期中考试和期末考试成绩如表 7-3 所示，请问这两次考试成绩是否存在差异？

表 7-3　管理学课程期中、期末考试成绩

学生编号	1	2	3	4	5	6	7	8	9	10
期中考试	85	74	68	70	90	90	80	78	70	88
期末考试	80	84	81	78	90	89	85	84	78	89

[分析]

（1）建立假设，确定检验水平。

依题意建立的零假设和研究假设为：

$$H_0: \mu_1 = \mu_2 ; \quad H_1: \mu_1 \neq \mu_2$$

该检验为双侧检验，假定检验水平 α = 0.05。

（2）计算检验统计量。

根据样本数据计算得：$\sum D = -45$，$\sum D^2 = 485$，$\left(\sum D\right)^2 = 2\,025$，$n = 10$

根据式 7-6 计算的检验统计量为：

$$t = \frac{\sum D}{\sqrt{\dfrac{n \sum D^2 - (\sum D)^2}{n-1}}} = \frac{-45}{\sqrt{\dfrac{(10 \times 485) - 2\,025}{10 - 1}}} = -2.54$$

（3）确定 P 值，做出推断结论。

根据 t 值和自由度 df，查 t 界值表，得到 P = 0.032，按 α = 0.05 显著性水平，拒绝 H_0，差异有统计学意义。结合本题，即可认为这 10 名学生的两次考试成绩有显著差异。

7.2 方差分析

在上一节中我们介绍了两类样本均值比较的 t 检验，t 检验主要适用于样本均值与总体均值或两类样本均值之间的差异显著性检验，但在研究中我们经常会遇到有两类以上样本的情况，这就需要我们同时对多类样本的均值之间进行差异显著性检验。需要比较的样本类别超过两个时，只能比较两类均值的 t 检验就不再适用了，因此本节将主要介绍如何使用方差分析（Analysis of Variance，ANOVA）对多类样本均值进行比较。在本节中，我们只介绍方差分析最简单的情形，即单因素方差分析。

7.2.1 方差分析的基本原理

方差分析由英国著名统计学家 Fisher 于 1923 年提出，是一种用于分析各分类自变量对数值因变量影响的统计方法。方差分析的基本原理是将全部样本数据的变异分解成"来自自变量影响的误差"和"来自随机误差"两个不同来源的误差部分，通过对误差进行分解，并比较各自变量产生的误差与随机误差，判断这些误差是否具有统计学意义。

总误差反映了全部样本数据的总误差情况。总误差可能由不同处理造成，也可能由其他随机因素引起，因此其包括处理效应和随机误差。总误差的大小可以用每个样本数据减去总均值的平方和（SST）与总均方（MST）来描述，计算公式如下：

$$SST = \sum_i \sum_j (X_{ij} - \overline{X})^2 \tag{7-7}$$

$$MST = \frac{SST}{v_T}, \ v_T = N - 1 \tag{7-8}$$

式 7-7 和式 7-8 中，v_T 表示总自由度，N 表示总样本数。

组间误差反映了不同处理对样本数据的影响。组间误差的大小可以用每组样本均值减去总均值的平方和（SSA）与组间均方（MSA）来描述，计算公式如下：

$$SSA = \sum_i n_i (\overline{X}_i - \overline{X})^2 \tag{7-9}$$

$$MSA = \frac{SSA}{v_A}, \ v_A = I - 1 \tag{7-10}$$

式 7-9 和式 7-10 中，v_A 表示组间自由度，I 表示组别（不同的处理）数，n_i 表示第 i 种处理下的样本数。

组内误差反映了其他随机因素对样本数据的影响，不同处理之间也可能存在随机误差。组内误差的大小可以用每个样本数据减去每组样本均值的平方和（SSE）与组内均方（MSE）来描述，计算公式如下：

$$SSE = \sum_i \sum_j (X_{ij} - \overline{X}_i)^2 \tag{7-11}$$

$$MSE = \frac{SSE}{v_E}, \ v_E = N - I \tag{7-12}$$

式 7-11 和式 7-12 中，v_E 表示组内自由度。

三个平方和之间的关系为：$SST = SSA + SSE$

如果不同处理对因变量没有影响，那么组间方差（MSA）主要由随机误差构成，与组内方差（MSE）接近，两者的比值（F 值）接近于 1。也就是说，处理效应不显著时，组间方差与组内方差的差异很小。反之，如果不同处理对因变量有显著影响，那么组间方差不仅包括随机误差，还包含处理误差，这就使得组间方差明显大于组内方差。此时，两者的比值会大于1。当 F 值达到某个临界值时，我们可以判断不同处理之间存在显著性差异。

方差分析通过比较组间方差与组内方差来判断处理效应。具体做法是将组间均方除以组内均方，得到用于检验处理效应的 F 统计量。这个比值（F 值）服从自由度为 v_A 和 v_E 的 F 分布，计算公式如下：

$$F = \frac{MSA}{MSE} \tag{7-13}$$

如果计算出的 F 值大于某个临界值，我们可以认为不同处理之间的差异是显著的，反之，则认为差异不显著。

综上所述，我们对方差分析进行整体，制成的方差分析表如表7-4所示。

表 7-4　方差分析表

误差来源	平方和(SS)	自由度(df)	均方(MS)	F 统计量
组间误差	$SSA = \sum_i n_i (\bar{X}_i - \bar{X})^2$	$I-1$	$\dfrac{SSA}{I-1}$	$\dfrac{MSA}{MSE}$
组内误差	$SSE = \sum_i \sum_j (X_{ij} - \bar{X}_i)^2$	$N-I$	$\dfrac{SSE}{N-I}$	
总体	$SST = \sum_i \sum_j (X_{ij} - \bar{X})^2$	$N-1$	$\dfrac{SST}{N-I}$	

在方差分析中，通常需要做以下基本假定。

(1) 独立性。要保证样本的独立性，即各组样本数据都来自相互独立的总体。

(2) 正态性。要求每组处理样本相对应的总体样本服从或近似服从正态分布。

(3) 方差齐性。要求每个总体的方差都相等，即满足方差齐性。

7.2.2　方差分析的基本步骤

方差分析与上一节介绍的 t 检验的基本步骤相似，因为它们都属于假设检验方法。不同之处在于方差分析使用 F 统计量而非 t 统计量进行检验。方差分析的基本步骤如下。

(1) 建立假设。

零假设：

$$H_0: \mu_1 = \mu_2 = \cdots = \mu_k$$

研究假设：

$$H_1: \mu_1, \mu_2, \cdots, \mu_k \text{ 至少有两个总体均值不相等}$$

零假设 H_0 表示所有总体均值相等，研究假设 H_1 表示总体均值不全相等。

(2) 确定检验水平。

选择一个显著性水平 α，即在原假设实际成立时拒绝零假设的概率。通常选择的显著性水平是 0.05（有时也使用 0.1 或 0.01，这由研究者决定）。

(3) 计算检验统计量。

① 计算相关统计量。

② 总离均差平方和 SST。

③ 组间离均差平方和 SSA。

④ 组内离均差平方和 SSE。

⑤ 总自由度 v_T。

⑥组间自由度 v_A。
⑦组内自由度 v_E。
⑧组间均方 MSA。
⑨组内均方 MSE。
⑩进而算出 F 统计量 $F = \dfrac{MSA}{MSE}$。

(4) 确定 P 值，做出推断结论。

根据自由度 v_A 与 v_E，查 F 界值表得到相应的 P 值，比较 P 值和显著性水平，确定是否拒绝或接受零假设。

如果 $F > F_{\alpha(v_I, v_E)}$，则 $P < \alpha$，拒绝零假设，说明不同处理下的总体均值不全相等。

如果 $F \leq F_{\alpha(v_I, v_E)}$，则 $P > \alpha$，不拒绝零假设，说明没有证据表明不同处理下的总体均值不全相等。

通过以上步骤，我们就可以借助方差分析判断各处理组之间是否存在显著差异。

案例 7-4

利用方差分析比较销售额是否相等

假设某人想加盟一家连锁奶茶店，但不知其盈利情况怎么样，故进行了一项研究，以了解奶茶店所在位置对奶茶店的销售额是否有显著影响。该调查将奶茶店位置按居民区、商业区和写字楼分为 3 类，各抽取了 12 个样本，得到的年销售额数据如表 7-5 所示。

表 7-5　不同奶茶店位置的销售额数据　　　　　　　　单位：万元

奶茶店位置	居民区	商业区	写字楼
销售额数据	160	260	140
	115	155	30
	70	300	180
	150	230	20
	140	240	70
	200	160	106
	350	330	110
	295	360	133
	330	440	140
	280	265	125
	380	320	96
	278	240	170

在本例中，有一个分类自变量奶茶店位置，有一个因变量销售额。"奶茶店位置"被称为因素(factor)或因子，因素的每个取值称为处理(treatment)或水平(level)，如本例中"奶茶店位置"有 3 个水平(或 3 种处理)，即居民区、商业区、写字楼。每个因素下的不同水平下得到的销售额为样本观测值。本例仅考虑"奶茶店位置"这一个因素对销售额的影响。

方差分析的步骤如下。

(1)建立假设检验，确定检验水平。

零假设：H_0：$\mu_1 = \mu_2 = \mu_3$，即3种不同位置下奶茶店的销售额的总体均值相等。

研究假设：H_1：μ_1，μ_2，μ_3至少有两个总体均值不相等，即3种不同位置下奶茶店的销售额的总体均值不全相等。

(2)假定检验水平 $\alpha = 0.05$。

(3)计算检验统计量。

通过表7-4中的公式计算得：总误差离均差平方和 $SST = 388\,966$；组间离均差平方和 $SSA = 174\,008$；组内离均差平方和 $SSE = 214\,958$；总自由度 $v_T = 36 - 1 = 35$；组间自由度 $v_A = 3 - 1 = 2$；组内自由度 $v_E = 36 - 3 = 33$；组间均方 $MSA = \dfrac{SSA}{I-1} = \dfrac{174\,008}{2} = 87\,004$；组内均方 $MSE = \dfrac{SSE}{N-I} = \dfrac{214\,958}{33} = 6\,513.88$；

进而根据 F 检验统计量公式算出 F 值：

$$F = \frac{MSA}{MSE} = \frac{87\,004}{6\,513.88} = 13.356\,7$$

我们将上述计算结果列成方差分析结果表，如表7-6所示。

表7-6 方差分析结果表

误差来源	平方和(SS)	自由度(df)	均方(MS)	F统计量
组间(处理效应)	174 008	2	87 004	13.356 7
组内(误差)	214 958	33	6 513.88	—
总效应	388 966	35	—	—

(4)确定 P 值，做出推断结论。

根据自由度 $v_A = 2$ 与 $v_E = 33$，查 F 界值表，得到 $F_{0.05(2,33)} = 3.284\,9$，则 $F = 13.356\,7 > F_{0.05(2,33)} = 3.284\,93$，则 $P < 0.05$，故拒绝零假设，得出"3种不同位置下奶茶店的销售额的总体均值不全相等"的结论。这意味着，奶茶店的位置对销售额有显著影响。

7.2.3 事后比较

在案例7-4中，3种不同位置的奶茶店的销售额均值不全相等，这表明位置对奶茶店的销售额存在显著影响。然而，单纯得出这一结论并不足够，我们还需要进一步检验具体是哪些处理之间存在显著差异。为此，我们需要进行多个均值间的两两比较。具体到案例7-4中，记居民区奶茶店的销售额均值为 μ_1，商业区奶茶店的销售额均值为 μ_2，写字楼奶茶店的销售额均值为 μ_3，通过比较这些均值之间的差异，可以判断具体是哪些位置之间存在销售额的显著差异，即通过检验 μ_1 与 μ_2、μ_2 与 μ_3、μ_1 与 μ_3 之间的差异，来判断哪些处理之间存在显著差异。

多重比较是指在方差分析后，对不同处理下各组样本均值之间是否存在显著差异进行假设检验。多重比较的方法有很多，本节主要介绍常用的最小显著差异法(Least Significant Difference，LSD)。该方法由 Fisher 提出，主要通过 t 检验完成对配对均值之间的比较，与

t 检验的原理相似。LSD 检验公式如下：

$$LSD = t_{\frac{\alpha}{2}} \sqrt{MSE\left(\frac{1}{n_i} + \frac{1}{n_j}\right)} \tag{7-14}$$

式 7-14 中，$t_{\alpha/2}$ 表示 t 分布的临界值，可通过查 t 分布表直接得到，自由度为 $(N-I)$，N 表示总样本数，I 表示一个因素中不同处理的数量；MSE 表示组内均方；n_i 和 n_j 分别表示第 i 种处理下的样本量和第 j 种处理下的样本量。

使用 LSD 法进行检验的基本步骤如下。

(1) 提出假设。

零假设：H_0：$\mu_i = \mu_j$，即两种处理之间没有差异。

研究假设：H_1：$\mu_i \neq \mu_j$，即两种处理之间存在差异。

(2) 计算检验统计量。

两组均值之差的绝对值为 $|\bar{X}_i - \bar{X}_j|$。

(3) 根据式 (7-14) 计算 LSD 值。

(4) 做出决策。

若 $|\bar{X}_i - \bar{X}_j| > LSD$，则拒绝零假设，说明两种处理之间存在显著差异；若 $|\bar{X}_i - \bar{X}_j| < LSD$，则不拒绝零假设，说明两种处理之间没有显著差异。

多重比较不仅限于 LSD 法，还有其他多种方法，如 Tukey 检验、Scheffé 检验和 Duncan 检验等，每种方法都有其优缺点和适用范围。

LSD 法适用于方差分析中已发现显著差异，并需要进一步探讨具体差异来源的情况。

Tukey 检验通过检验每对均值之间的差异，提供一组显著性水平相同的比较结果，适用于比较多个处理组的情况，能控制整体误差率。

Scheffé 检验是一种保守的多重比较方法，适用于所有可能的线性对比，特别是在处理组数目较多的情况下。Scheffé 检验能保证对整体误差率的控制，但对个别比较的检验力较低。

Duncan 检验是一种逐步比较法，通过逐步增加显著性水平，进行多重比较。Duncan 检验在一定程度上提高了检验力，但可能增加第一类错误的概率。

案例 7-5

利用 LSD 法进行两两比较

沿用案例 7-4 的数据，对不同位置的奶茶店的销售额均值进行多重比较。假定 $\alpha = 0.05$。

具体操作步骤如下。

(1) 提出假设。

假设 1：H_0：$\mu_1 = \mu_2$，即居民区与商业区无差异；H_1：$\mu_1 \neq \mu_2$，即居民区与商业区有差异。

假设 2：H_0：$\mu_2 = \mu_3$，即商业区与写字楼无差异；H_1：$\mu_2 \neq \mu_3$，即商业区与写字楼有差异。

假设 3：H_0：$\mu_1 = \mu_3$，即居民区与写字楼无差异；H_1：$\mu_1 \neq \mu_3$，即居民区与写字楼有差异。

(2) 计算检验统计量。

两组均值之差的绝对值为 $|\bar{X}_i - \bar{X}_j|$

检验1：$|\overline{X}_1 - \overline{X}_2| = |229 - 275| = 46$

检验2：$|\overline{X}_2 - \overline{X}_3| = |275 - 110| = 165$

检验3：$|\overline{X}_1 - \overline{X}_3| = |229 - 110| = 119$

（3）计算 LSD。

根据表7-6可知 $MSE = 6\,513.88$，自由度 $N-I = 36-3 = 33$，查表可知 $t_{0.025}(33) = 2.035$，代入式(7-14)得：

$$LSD = t_{\alpha/2}\sqrt{MSE\left(\frac{1}{n_i}+\frac{1}{n_j}\right)} = 2.035 \times \sqrt{6\,513.88 \times \left(\frac{1}{12}+\frac{1}{12}\right)} = 67.05$$

（4）做出决策。

检验1：$|\overline{X}_1 - \overline{X}_2| = |229 - 275| = 46 < 67.05$，不拒绝零假设，认为居民区与商业区下的奶茶店销售额之间不存在显著差异。

检验2：$|\overline{X}_2 - \overline{X}_3| = |275 - 110| = 165 > 67.05$，拒绝零假设，认为商业区与写字楼下的奶茶店销售额之间存在显著差异。

检验3：$|\overline{X}_1 - \overline{X}_3| = |229 - 110| = 119 > 67.05$，拒绝零假设，认为居民区与写字楼下的奶茶店销售额之间存在显著差异。

7.3 实例展示

7.3.1 单样本 t 检验 SPSS 演示

"案例7-1：利用单样本 t 检验判断啤酒是否足量"的检验结果也可直接利用 SPSS 软件得出，SPSS 检验步骤如下。

①分析步骤。

> 步骤一：导入数据集"单样本 t 检验.sav"。
> 步骤二：选择"分析"→"比较平均数法"→"单样本 t 检验"。
> 步骤三：选择要分析的检验变量，将其选入"检验变量列表"。
> 步骤四：输入检验值，即参照的常数值。
> 步骤五：可进入"选项"设置置信区间与缺失值。
> 步骤六：单击"确定"执行命令。

②步骤图示。

利用 SPSS 进行单样本 t 检验的具体步骤如图7-1~图7-3所示。

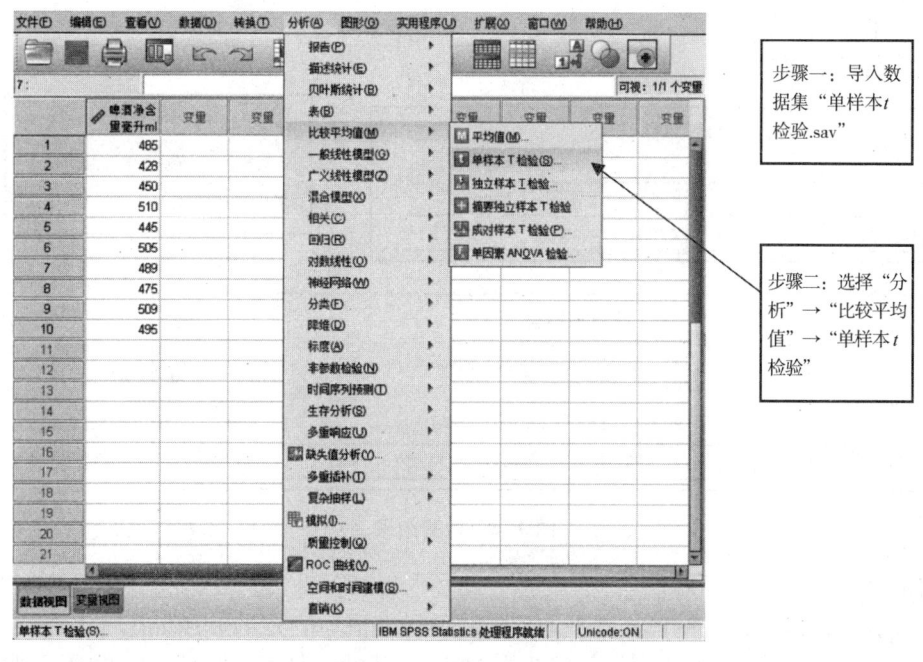

图 7-1　选择分析方法

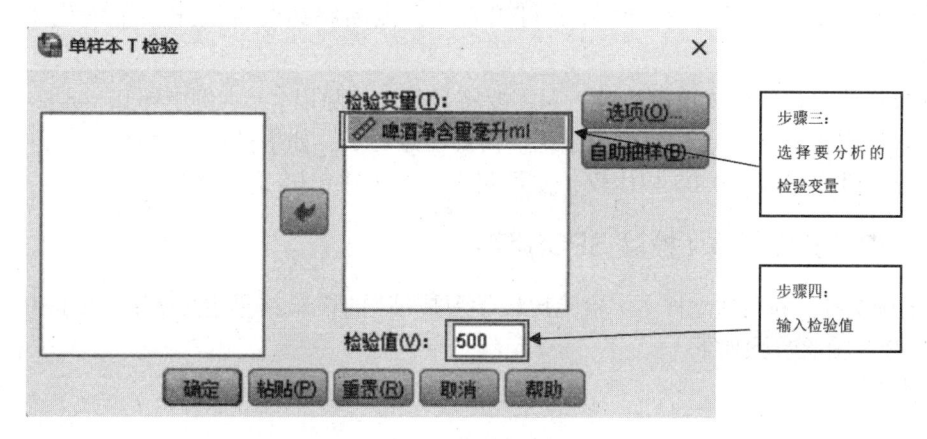

图 7-2　选择检验变量

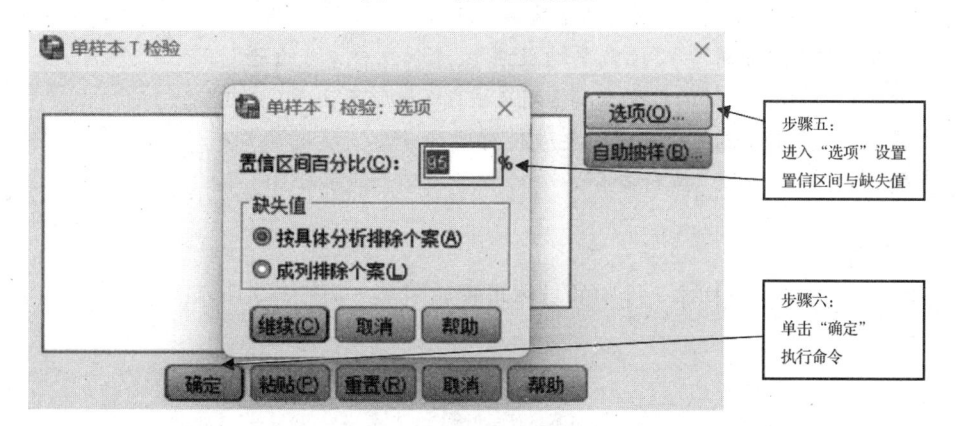

图 7-3　设置置信区间与缺失值

③结果输出及解释。

检验结果如图7-4所示。

单样本统计

	个案数	平均值	标准 偏差	标准 误差平均值
啤酒净含量mL	10	479.10	28.950	9.155

描述性统计：包括平均值、标准差以及用以计算 t 值的标准误

单样本检验

检验值 = 500

	t	自由度	Sig.（双尾）	平均值差值	差值95%置信区间 下限	差值95%置信区间 上限
啤酒净含量mL	−2.283	9	.048	−20.900	−41.61	−.19

t 检验结果：可知 t 值、显著性、平均差异与区间估计数据

图7-4 检验结果

检验结果如图7-4所示。

由检验结果可知：这一单样本平均值检验的样本平均值为479.10 mL，$t_{(9)} = -2.283$，$P = 0.048 < 0.05$，故拒绝零假设，认为在5%的显著性水平下，该品牌罐装啤酒规格标示不实；同时，从样本平均值479.1mL可以看出，该品牌罐装啤酒规格平均低于标示值500 mL。

如果想要将检验改成单侧检验，只需要将显著性值除以2，本例中即 $0.048/2 = 0.024$，再和显著性水平 $\alpha = 0.05$ 比较得出结论。需要注意的是，如果是单侧检验，只需其中一尾的值与显著性水平 $\alpha = 0.05$ 相比较，便可判定是否达到0.05显著水平。

7.3.2 独立样本 t 检验 SPSS 演示

"案例7-2：利用独立样本 t 检验比较学习成绩"的检验结果也可直接利用SPSS软件得出，SPSS检验步骤如下。

①分析步骤。

> 步骤一：导入数据集"独立样本 t 检验.sav"。
> 步骤二：选择"分析"→"比较平均数法"→"独立样本 t 检验"。
> 步骤三：选择要分析的检验变量(期末成绩)与分类变量(分组)。
> 步骤四：在"定义组别"中输入要进行对比的分类变量的类别。
> 步骤五：单击"确定"执行命令。

②步骤图示。

利用SPSS进行独立样本 t 检验的具体步骤如图7-5~图7-7所示。

▶ 第 7 章 　 t 检验与方差分析

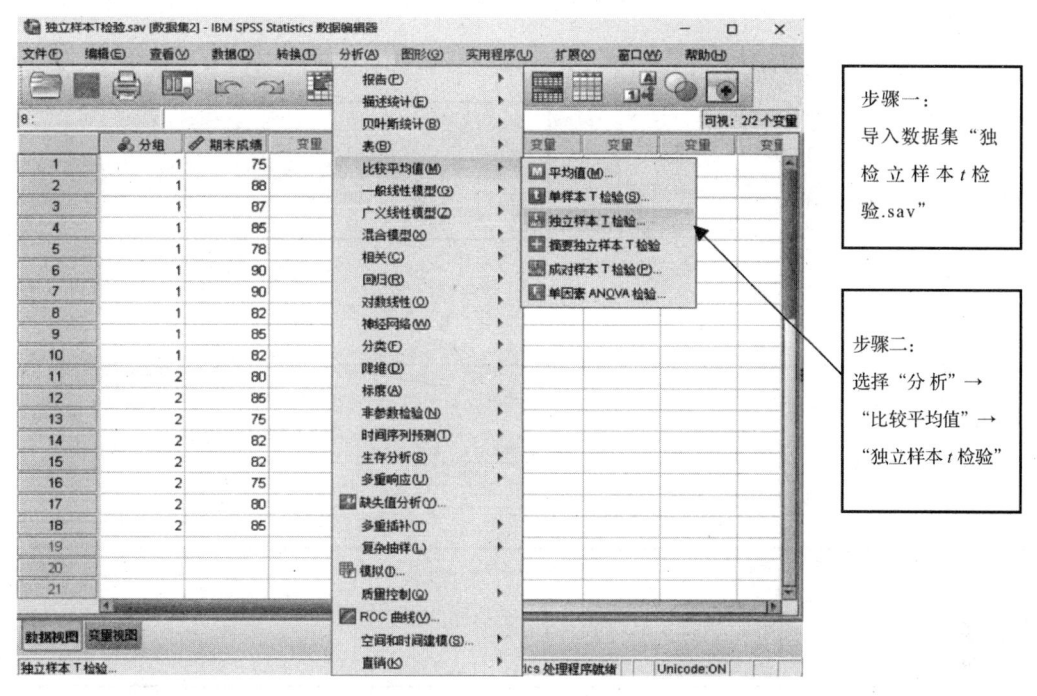

图 7-5　选择分析方法

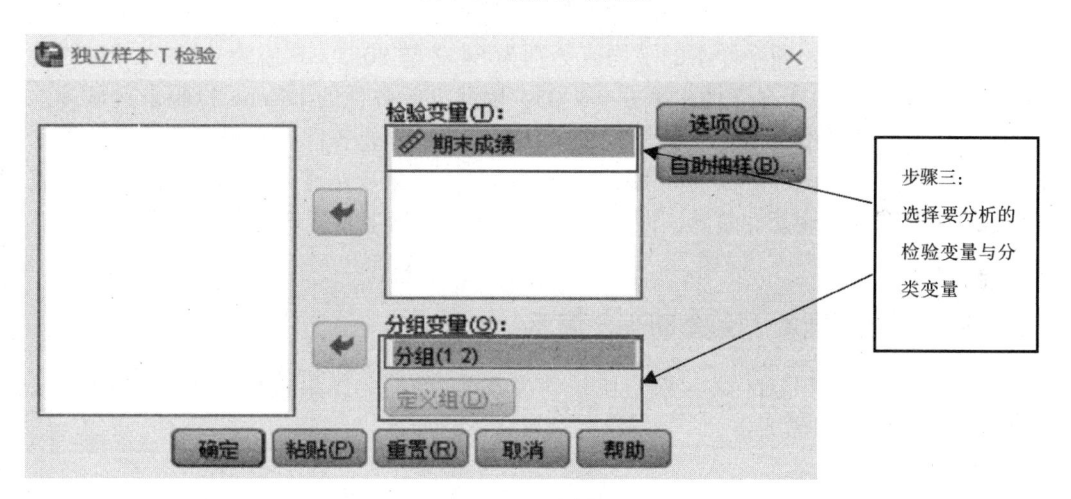

图 7-6　选择变量

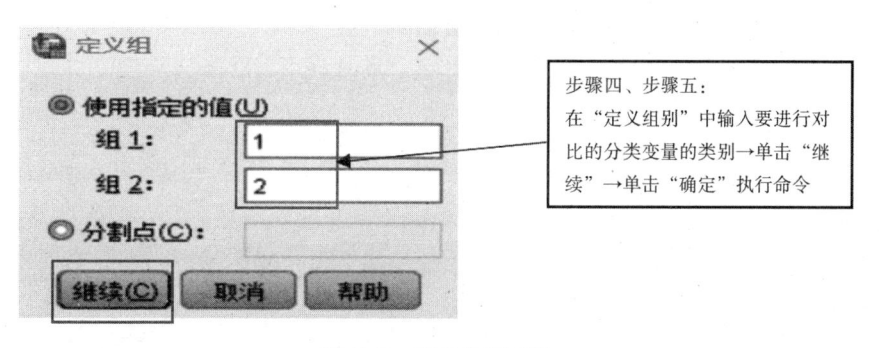

图 7-7　定义分类变量

③结果输出及解释。

检验结果如图7-8所示。

组统计

分组		个案数	平均值	标准 偏差	标准 误差平均值
期末成绩	1	10	84.20	4.984	1.576
	2	8	80.50	3.891	1.376

描述性统计：包括样本平均值、标准差、标准误以及样本数

独立样本检验

		莱文方差等同性检验		平均值等同性t检验					差值95%置信区间	
		F	显著性	t	自由度	Sig.(双尾)	平均值差值	标准误差差值	下限	上限
期末成绩	假定等方差	.650	.432	1.719	16	.105	3.700	2.153	-.864	8.264
	不假定等方差			1.768	15.998	.096	3.700	2.092	-.735	8.135

方差齐性假设检验：Levene检验值（F值）显示方差齐性的假设未违反

t检验结果：当满足方差齐性时，采用假定等方差t值；当不满足方差齐性时，则采用不假定等方差。与检验水平α比较，判断是否显著

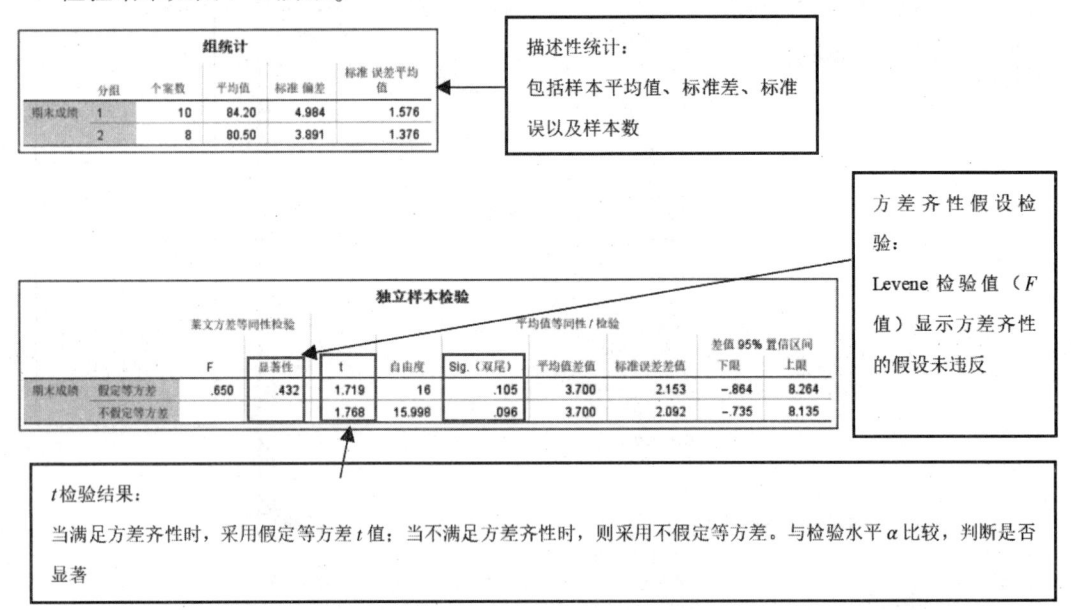

图7-8 检验结果

由检验结果可知：两个样本的平均值分别为84.2与80.5，F值为0.65，对应的概率P值为0.432，显然大于显著性水平α=0.05，因此方差齐性的Levene检验未达显著，表示这两个样本的离散情况不存在显著性差异。由于满足方差齐性，则采用假定等方差t值进行分析，即$t_{(16)}=1.719$，P=0.105>0.05，检验结果未达显著，不拒绝零假设，表示两总体的均值不存在显著性差异，即甲、乙两所大学的学生在管理学课程的期末成绩上并无明显差异。

7.3.3 配对样本t检验SPSS演示

"案例7-3：利用配对样本t检验比较学习成绩"的检验结果也可直接利用SPSS软件得出，SPSS检验步骤如下。

①分析步骤。

步骤一：导入数据集"配对样本t检验.sav"。
步骤二：选择"分析"→"比较平均数法"→"成对样本t检验"。
步骤三：选择要分析的两个配对变量。
步骤四：单击"确定"执行命令。

②步骤图示。

利用SPSS进行配对样本t检验的具体步骤如图7-9、图7-10所示。

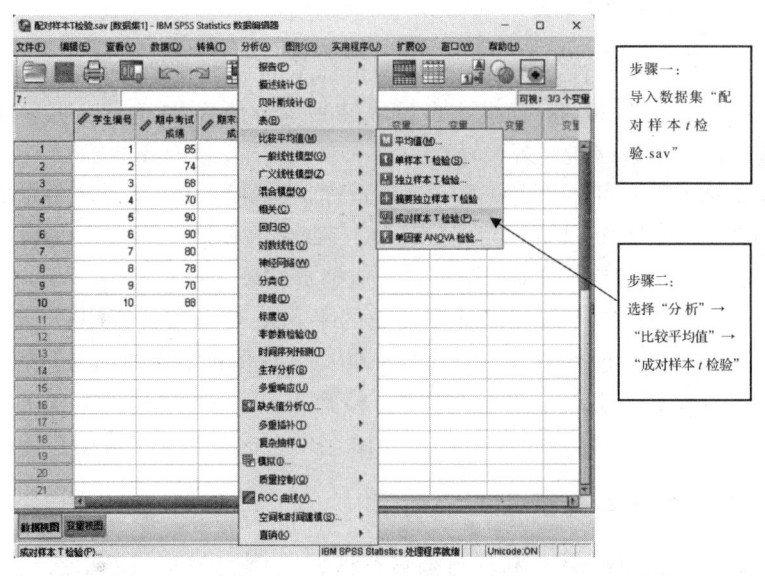

图 7-9　选择分析方法

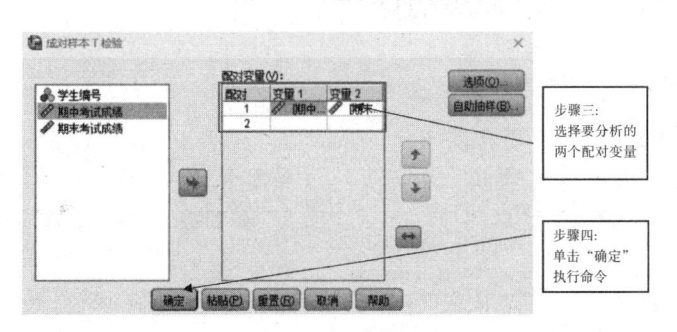

图 7-10　选择配对变量

③结果输出及解释。

检验结果如图 7-11 所示。

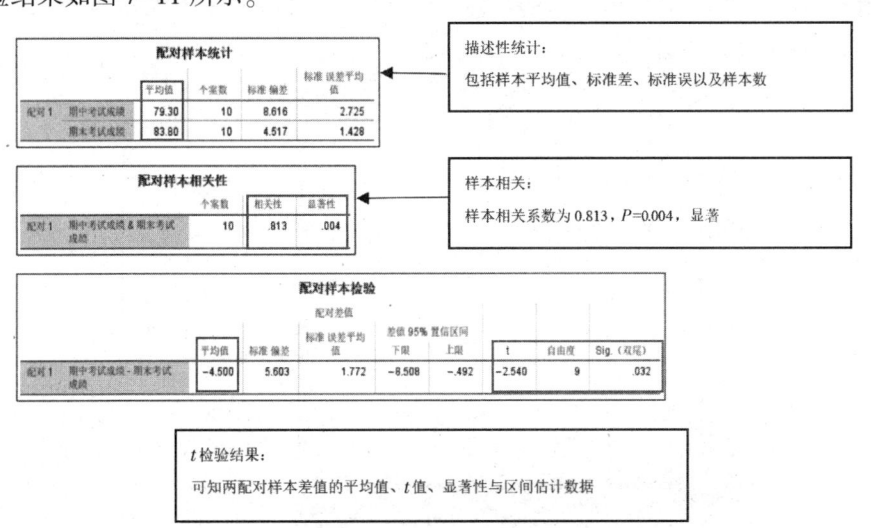

图 7-11　检验结果

检验结果如图 7-11 所示。

由配对检验变量的描述性统计表可知：两个样本的平均值分别为 79.3 与 83.8，表示期中考试成绩平均分值为 79.3；而期末考试成绩平均分值为 83.8，说明学生成绩有进步的趋势。因此，两者可能存在显著差异性。

由配对样本相关性表可知：表中第一列表示样本容量为 10；第二列表示期中考试与期末考试的相关系数为 0.813，呈正相关关系；第三列表示概率 P 值为 0.004，可见在 5% 显著性水平上，故认为期中考试成绩与期末考试成绩具有较强的相关性。

由配对样本检验表可知：两配对样本差值的平均值为 -4.5，说明它们之间平均相差 4.5 分；接着表中列出了变量差值的标准差（5.603）、均值标准误差（1.772）和 95% 的置信区间（-8.508，-0.492）；最后，此配对样本 t 检验的 $t_{(9)} = -2.54$，$P = 0.032 < 0.05$，故拒绝零假设，认为在 5% 的显著性水平下，这 10 名学生的两次考试成绩有显著差异。

7.3.4 单因素方差分析 SPSS 演示

"案例 7-4：利用方差分析比较销售额是否相等"的检验结果以及事后比较结果也可直接利用 SPSS 软件得出，SPSS 检验步骤如下。

①分析步骤。

> 步骤一：导入数据集"单因素方差分析.sav"。
> 步骤二：选择"分析"→"比较平均数法"→"单因素和 ANOVA 检验"。
> 步骤三：进入对话框，选取因子"奶茶店位置"和因变量"销售额"移到右边对应的列表中。
> 步骤四：在"选项"与"事后比较"中根据情况选择附加功能。
> 步骤五：单击"确定"执行命令。

②步骤图示。

利用 SPSS 进行单因素方差分析的具体步骤如图 7-12～图 7-16 所示。

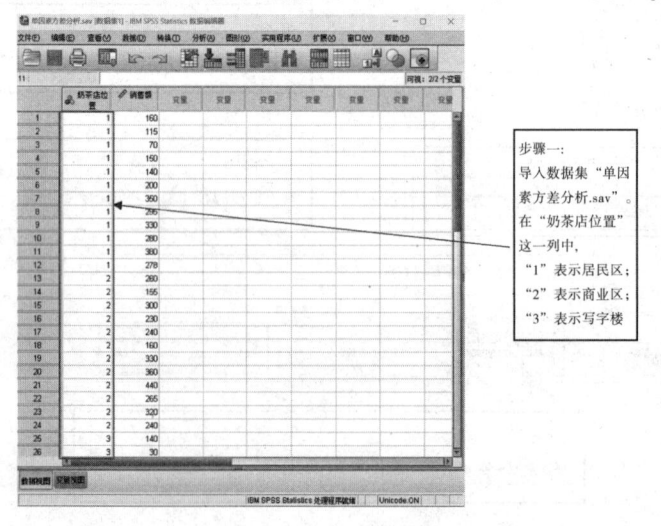

图 7-12 输入数据

图 7-13 选择分析方法

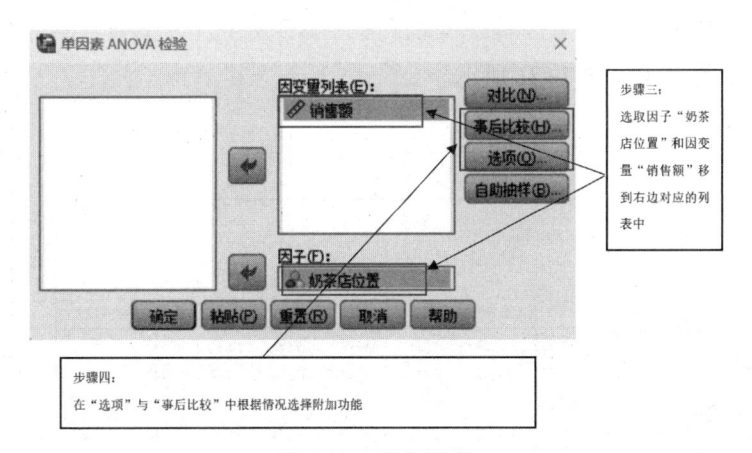

图 7-14 选择变量

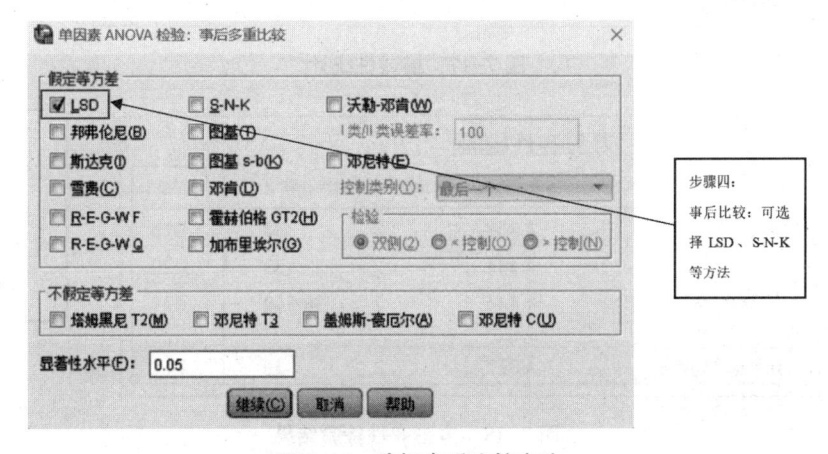

图 7-15 选择事后比较方法

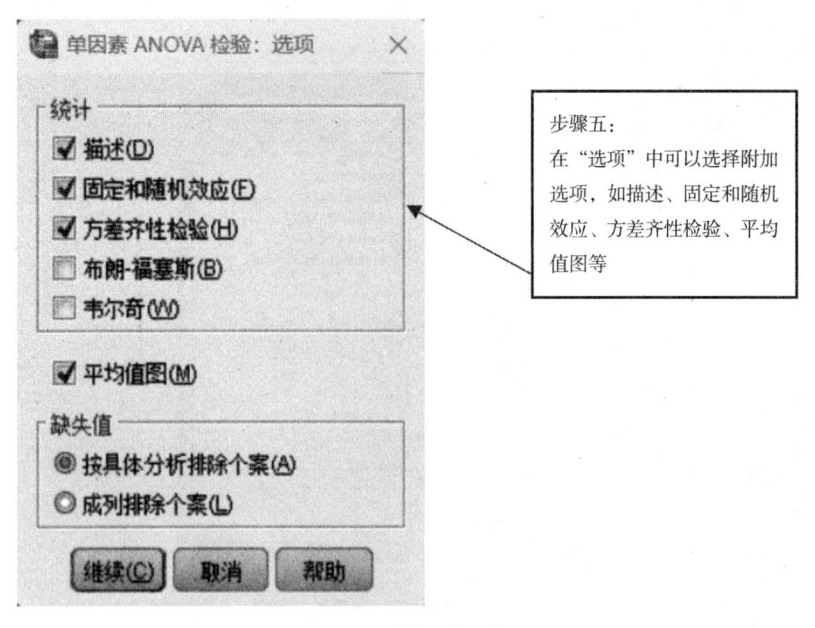

图 7-16 选择附加选项

③结果输出及解释。

检验结果如图 7-17~图 7-21 所示。

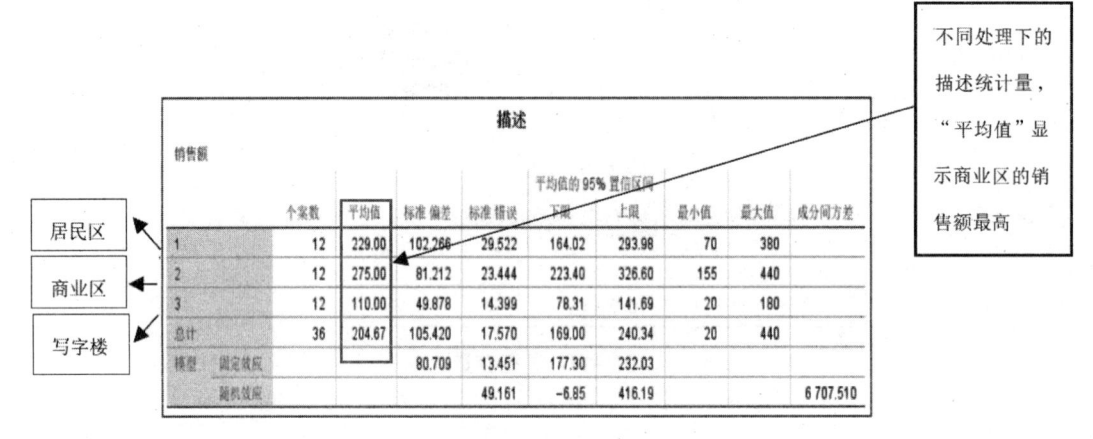

图 7-17 描述性统计

图 7-18 方差齐性检验结果

ANOVA

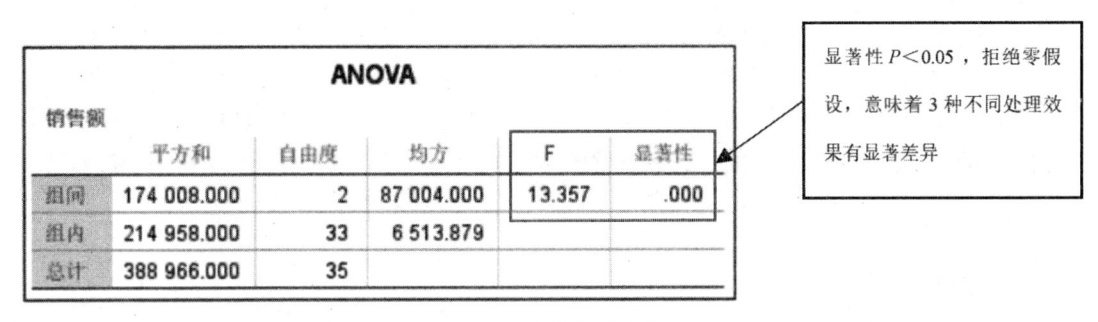

销售额

	平方和	自由度	均方	F	显著性
组间	174 008.000	2	87 004.000	13.357	.000
组内	214 958.000	33	6 513.879		
总计	388 966.000	35			

> 显著性 $P<0.05$，拒绝零假设，意味着 3 种不同处理效果有显著差异

图 7-19　各效应检验结果

多重比较

因变量：销售额
LSD

(I) 奶茶店位置	(J) 奶茶店位置	平均值差值 (I-J)	标准错误	显著性	95% 置信区间 下限	上限
1	2	−46.000	32.949	.172	−113.04	21.04
	3	119.000*	32.949	.001	51.96	186.04
2	1	46.000	32.949	.172	−21.04	113.04
	3	165.000*	32.949	.000	97.96	232.04
3	1	−119.000*	32.949	.001	−186.04	−51.96
	2	−165.000*	32.949	.000	−232.04	−97.96

*. 平均值差值的显著性水平为 0.05.

> 事后比较：
> 从显著性水平可以看出，只有 1 vs. 2 未达显著，即表示居民区与商业区的销售额不存在显著差异

图 7-20　多重比较检验

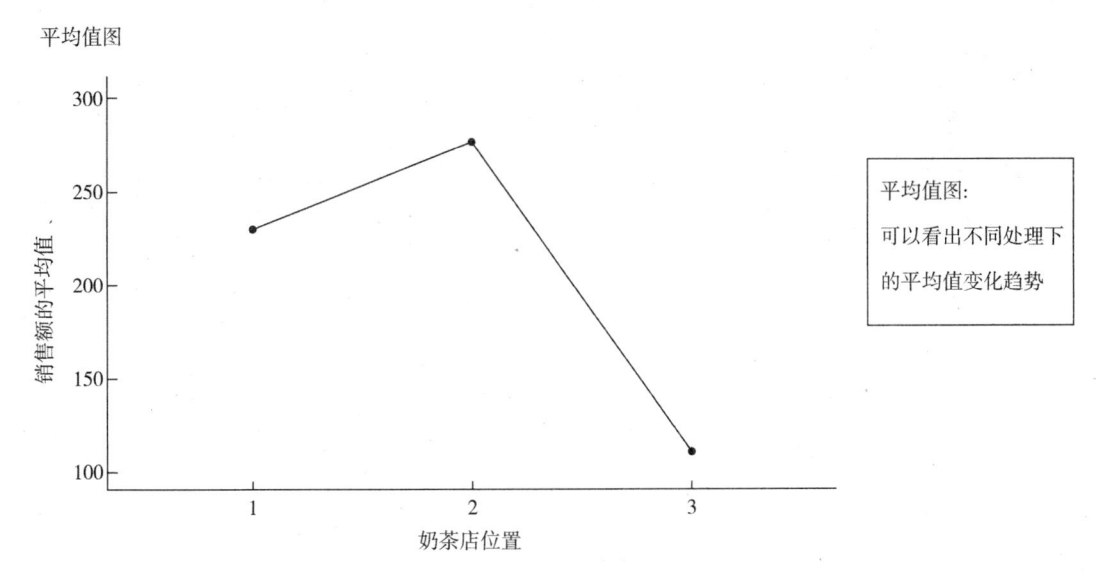

> 平均值图：
> 可以看出不同处理下的平均值变化趋势

图 7-21　不同奶茶店位置的销售额平均值图

由检验结果可知：商业区的奶茶店销售额平均值（275）相较居民区（229）和写字楼（110）为最高。方差齐性检验采用的是 Levene 检验法，结果显示概率 P 值都小于显著性水平 0.05，故不满足方差齐性条件，即三组数据的方差不相等。但由于单因素方差分析对方差齐性的假定条件相对没那么严格，因此，数据的方差略不齐时，也可以进行方差分析。

整体方差分析检验结果表明，奶茶店的销售额确实会因位置的不同而有所差异（$F=13.35$，$P<0.05$）。经事后多重比较发现，只有居民区与商业区之间未达显著（$P=0.172$），即表示居民区与商业区的销售额不存在显著差异；而居民区与写字楼（$P<0.05$）、商业区与写字楼（$P<0.05$）位置之间的销售额都存在显著差异。

思考题

1. 请解释 t 检验的概念和基本原理，讨论单样本 t 检验、独立样本 t 检验和配对样本 t 检验在管理研究中的应用场景。

2. 请解释方差分析的基本原理，讨论其在比较多个样本均值时的作用。

3. 请详细描述进行方差分析的基本步骤，并结合一个具体案例说明每一步的操作和意义。

第8章 相关分析与回归分析

8.1 相关分析

8.1.1 基本原理及其应用

相关分析是一种广泛应用于统计学和数据分析中的方法，用于测量两个或多个变量之间的关系强度和方向。具体来说，相关分析旨在确定变量之间是否存在关联以及这种关联的性质，可表现为正相关、负相关或无相关。正相关表示随着一个变量的增加，另一个变量也随之增加；负相关表示一个变量增加时，另一个变量减少；无相关则表示两个变量之间没有明显的线性关系。进行相关分析的主要目的是通过多种方式揭示变量间的关系，为科学研究和实践应用提供有力支持。

在研究中，相关分析的主要应用包括以下内容。

(1) 衡量变量之间的关系。相关分析的首要目的是确定两个或多个变量之间是否存在关联以及关联的强度。对变量关系的衡量可以帮助研究人员理解数据的结构和模式，识别潜在的相关因素，从而在初步数据探索阶段提供重要的见解。

(2) 方向性判断。除了衡量变量关系的强度，相关分析还可以判断变量之间关系的方向。正相关表示两个变量同向变化，负相关表示两个变量反向变化。通过这种判断，研究人员可以更准确地理解变量间的相互影响。

(3) 数据筛选和降维。在大数据集中，变量众多且复杂，相关分析可以帮助研究者筛选出对目标变量具有重要影响的关键变量，减少数据冗余，简化分析过程。这一过程在数据预处理和特征选择阶段尤为重要，有助于提高模型的效率和精度。

(4) 模型构建的基础。相关分析是许多统计模型的基础，如回归分析和因子分析。在构建这些模型之前，相关分析可以帮助识别变量之间的关系，确定哪些变量应该纳入模型中，以便提高模型的预测能力和解释力。

在各类科学研究和实际应用中，相关分析都在帮助研究人员理解和解释变量间的关系。例如，在医学研究中，相关分析可以揭示某种疾病与特定风险因素之间的关系；在市场研究中，相关分析可以评估消费者行为与销售量之间的关联。在这些应用场景中，相关分析提供了定量化的依据，以支持决策制定和策略优化。不过需要注意的是，相关分析并不探讨因果关系，而仅关注变量之间的相互关系。这意味着，即使两个变量之间存在强烈的相关性，也不能直接得出一个变量是另一个变量的原因。相关分析提供了一种初步了解变量间关系的方法，为进一步的因果分析奠定了基础。

8.1.2 相关系数

相关系数是相关分析中最常用的度量之一，它用于衡量两个变量之间的线性关系强度和方向。相关系数提供了一个数值化的指标，使我们能够量化变量之间的相关性程度，例如，自变量是 x，因变量是 y，那么相关系数就是 x 和 y 之间的线性关系的一个度量，x 和 y 的相关性越强，x 对 y 的预测就越好。下面将详细介绍三种常用的相关系数：皮尔逊相关系数（Pearson Correlation Coefficient）、斯皮尔曼等级相关系数（Spearman's Rank Correlation Coefficient）和肯德尔秩相关系数（Kendall's Tau），这些相关系数适用于不同的情境，具有各自独特的计算方法和适用条件。

1. 皮尔逊相关系数

皮尔逊相关系数记作 r，用于测量两个连续变量之间线性关系的强度和方向，是最常用的相关系数。皮尔逊相关系数的计算公式为：

$$r = \frac{\sum(X_i - \bar{X})(Y_i - \bar{Y})}{\sqrt{\sum(X_i - \bar{X})^2 \sum(Y_i - \bar{Y})^2}} \tag{8-1}$$

式 8-1 中，X_i 和 Y_i 分别是变量 X 和 Y 的第 i 个观测值，$\bar{X}$ 和 $\bar{Y}$ 是 X 和 Y 的均值。

皮尔逊相关系数的取值范围为 -1 到 1，表示完全负相关、无相关和完全正相关。具体而言：

$r=1$ 表示完全正相关，两个变量完美线性同向变化。

$r=-1$ 表示完全负相关，两个变量完美线性反向变化。

$r=0$ 表示无线性相关，两个变量之间没有线性关系。

图 8-1 给出的是不同皮尔逊相关系数（r）下的散点图，每个子图表示一对变量之间的线性关系。图表中，r 从 $r=-1.0$ 到 $r=1.0$ 的相关系数值依次增加，涵盖了从完全负相关到完全正相关的范围。负相关表示一个变量增加时另一个变量减少，正相关表示两个变量同时增加。相关系数的绝对值越接近 1，两个变量之间的线性关系越强，数据点越接近一条直线；相关系数的绝对值越接近 0，两个变量之间的线性关系越弱，数据点分布越分散。

皮尔逊相关系数适用于线性关系的变量，数据通常是定量、连续变量数据，符合正态分布或近似正态分布，但一般来说，在样本量较大的情况下，正态分布的假设要求没那么严格。皮尔逊相关系数简单易懂，适用于测量线性关系；但对非线性关系敏感，易受异常值的影响。

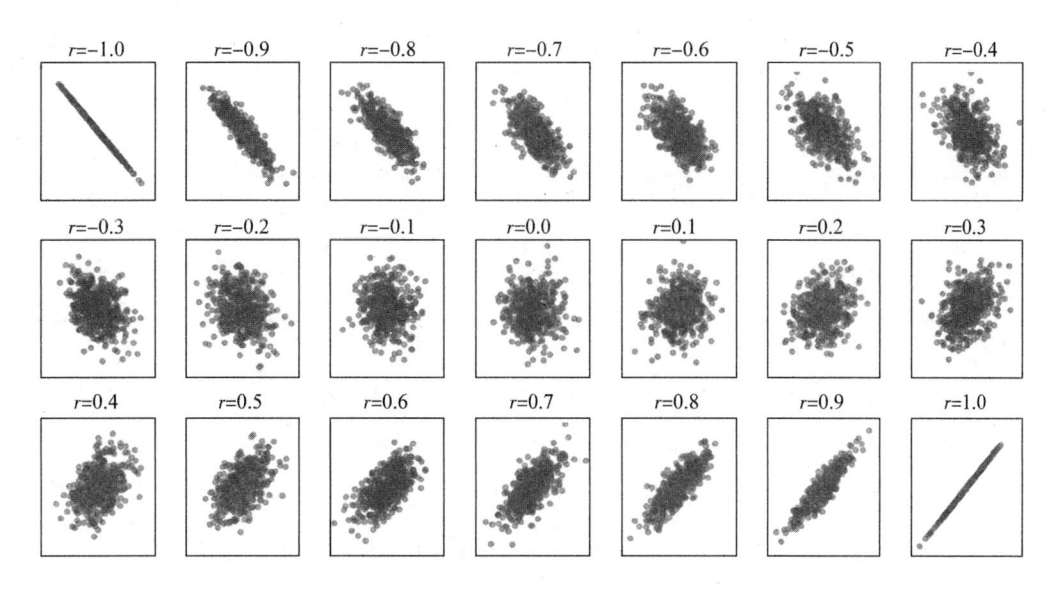

图 8-1 不同皮尔逊相关系数的散点图

案例 8-1

皮尔逊相关系数的计算

假设 X 和 Y 两个变量的观测值如表 8-1 所示,请计算其相关系数。

表 8-1 皮尔逊相关系数示例数据

ID	X_i	Y_i
1	2	3
2	3	4
3	5	2
4	7	5
5	9	7

[分析]

计算步骤如下:

(1) 计算均值:计算变量 X 和 Y 的均值。

$$\overline{X} = \frac{2+3+5+7+9}{5} = \frac{26}{5} = 5.2$$

$$\overline{Y} = \frac{3+4+2+5+7}{5} = \frac{21}{5} = 4.2$$

(2) 计算每个观测值与均值的差 $(X_i - \overline{X})$ 和 $(Y_i - \overline{Y})$,具体如表 8-2 所示。

表 8-2 皮尔逊相关系数的计算过程

ID	X_i	$(X_i - \overline{X})$	Y_i	$(Y_i - \overline{Y})$
1	2	−3.2	3	−1.2

续表

ID	X_i	$(X_i - \bar{X})$	Y_i	$(Y_i - \bar{Y})$
2	3	-2.2	4	-0.2
3	5	-0.2	2	-2.2
4	7	1.8	5	0.8
5	9	3.8	7	2.8

(3) 计算每对差值的乘积并求和。

$$\sum (X_i - \bar{X})(Y_i - \bar{Y}) = 3.84 + 0.44 + 0.44 + 1.44 + 10.64 = 16.8$$

(4) 分别计算每个变量差值的平方和。

$$\sum (X_i - \bar{X})^2 = 10.24 + 4.84 + 0.04 + 3.24 + 14.44 = 32.8$$

$$\sum (Y_i - \bar{Y})^2 = 1.44 + 0.04 + 4.84 + 0.64 + 7.84 = 14.8$$

(5) 使用公式计算皮尔逊相关系数。

$$r = \frac{\sum (X_i - \bar{X})(Y_i - \bar{Y})}{\sqrt{\sum (X_i - \bar{X})^2 \sum (Y_i - \bar{Y})^2}} = \frac{16.8}{\sqrt{32.8 \times 14.8}} = \frac{16.8}{22.03} \approx 0.76$$

2. 斯皮尔曼等级相关系数

斯皮尔曼等级相关系数记作 ρ 或 r_s，是一种非参数统计方法，用于测量两个变量之间的单调关系。斯皮尔曼等级相关系数通过将原始数据转换为等级数据来计算相关系数，因此不要求数据符合正态分布，也不要求变量间的关系是线性的。

斯皮尔曼等级相关系数的计算公式为：

$$r_s = 1 - \frac{6 \sum d_i^2}{n(n^2 - 1)} \quad (8-2)$$

式 8-2 中，n 是观测值的数量，d_i 是第 i 对观测值的等级差异（Rank Difference）。对于 d_i，我们首先将每个变量的观测值排序并赋予等级（秩次），即对 X 和 Y 中的每个观测值进行排序，并赋予相应的等级，其中，相同的观测值将被赋予平均等级。然后，对于每一对观测值 (X_i, Y_i)，计算其在两个变量中的等级之差 $d_i = \text{rank}(X_i) - \text{rank}(Y_i)$。

斯皮尔曼等级相关系数适用于连续和离散数据，无须假设数据分布。应该注意的是，斯皮尔曼等级相关系数要求数据单调，即两个变量间的关系是单调递增或递减的。斯皮尔曼等级相关系数虽然适用于非线性关系，对异常值不敏感且计算简单，但是，其只能反映单调关系，不能准确描述复杂的非线性关系。

案例 8-2

斯皮尔曼等级相关系数的计算

假设两个变量 X 和 Y 的观测值如表 8-3 所示，请计算其斯皮尔曼等级相关系数。

表8-3 斯皮尔曼等级相关系数示例数据

ID	X	Y
1	10	7
2	20	12
3	30	18
4	40	28
5	50	40

[分析]

斯皮尔曼等级相关系数的计算步骤如下。

(1)计算等级(秩次)。对每个变量的观测值排序,并赋予等级。

(2)计算等级差异d_i。计算每对观测值的等级差异,具体计算过程如表8-4所示。

表8-4 斯皮尔曼等级相关系数的计算过程

ID	X	等级(X)	Y	等级(Y)	$d_i = \text{rank}(X) - \text{rank}(Y)$
1	10	1	7	1	0
2	20	2	12	2	0
3	30	3	18	3	0
4	40	4	28	4	0
5	50	5	40	5	0

(3)计算斯皮尔曼等级相关系数r_s。

$$r_s = 1 - \frac{6\sum d_i^2}{n(n^2-1)} = 1 - \frac{6 \times (0+0+0+0+0)}{5 \times (5^2-1)} = 1$$

3. 肯德尔秩相关系数

肯德尔秩相关系数,记作τ,也是一种非参数统计方法,用于测量两个变量之间的秩次相关。肯德尔秩相关系数通过比较所有可能对的秩次差异来评估变量间的关系,其计算基于对两个变量秩次的比较,具体涉及一致对和不一致对的数量。

假设我们有两个变量X和Y,每个变量有n个观测值。对于每一对观测值(X_i, Y_i)和(X_j, Y_j),如果$i<j$,则有以下情况。

(1)一致对(Concordant Pairs,C)。如果$X_i<Y_j$且$Y_i<Y_j$或$X_i>X_j$且$Y_i>Y_j$,则这对观测值称为一致对。简而言之,当X和Y的变化方向一致时(即同时增加或同时减少),这对观测值就是一致对。

(2)不一致对(Discordant Pairs,D)。如果$X_i<Y_j$且$Y_i>Y_j$或$X_i>X_j$且$Y_i<Y_j$,则这对观测值称为不一致对。也就是说,当X和Y的变化方向不一致时(即一个增加,另一个减少),这对观测值就是不一致对。

(3)T_X表示变量X中秩次相同的对数,即如果X中有重复的秩次值,比如$X_i=X_j$,那么这对重复值会影响肯德尔秩相关系数的计算。

(4)T_Y表示变量Y中秩次相同的对数,即如果Y中有重复的秩次值,比如$Y_i=Y_j$,这对重复值也会影响肯德尔秩相关系数的计算。

肯德尔秩计算公式为：

$$\tau = \frac{C-D}{\sqrt{(C+D+T_X)(C+D+T_Y)}} \tag{8-3}$$

式 8-3 中，$C-D$ 是一致对和不一致对的差值，反映了变量 X 和 Y 之间秩次一致性的强度。

分母 $\sqrt{(C+D+T_X)(C+D+T_Y)}$ 是标准化因子，用于调整数据中的秩次重复现象，确保计算结果在 $[-1,1]$ 范围内。

肯德尔秩相关系数适用于秩次数据，可以处理非参数数据，能够较好地描述非线性关系数据的复杂的相关模式，可以处理数据中存在的重复值。但是，其在大样本情况下的计算较为复杂。

案例 8-3

肯德尔秩相关系数的计算

假设我们有一组数据如表 8-5 所示，试计算其肯德尔秩相关系数。

表 8-5　肯德尔秩相关系数示例数据

ID	X	Y
1	1	3
2	2	1
3	3	2
4	4	4

[分析]

(1) 计算一致对和不一致对，结果如下。

对 (1, 2)，因为 $X_1<X_2$ 且 $Y_1>Y_2$，这是一个不一致对。

对 (1, 3)，因为 $X_1<X_3$ 且 $Y_1>Y_3$，这是一个不一致对。

对 (1, 4)，因为 $X_1<X_4$ 且 $Y_1<Y_4$，这是一个一致对。

对 (2, 3)，因为 $X_2<X_3$ 且 $Y_2<Y_3$，这是一个一致对。

对 (2, 4)，因为 $X_2<X_4$ 且 $Y_2<Y_4$，这是一个一致对。

对 (3, 4)，因为 $X_3<X_4$ 且 $Y_3<Y_4$，这是一个一致对。

因此，$C=4$（一致对的数量），$D=2$（不一致对的数量）。

(2) 计算秩次相同的对数（假设没有相同秩次的情况），结果如下。

$T_X=0$。

$T_X=0$。

(3) 计算肯德尔秩相关系数，结果如下。

$$\tau = \frac{C-D}{\sqrt{(C+D+T_X)(C+D+T_Y)}} = \frac{4-2}{\sqrt{(4+2+0)(4+2+0)}} = \frac{1}{3}$$

8.2 一元线性回归

8.2.1 基本原理

和相关分析相似,一元线性回归也是一种分析两个变量之间关系的统计方法。不过,一元线性回归是通过建立一个简单的回归模型对变量进行分析,还可以帮助研究者预测一个变量(因变量)如何随着另一个变量(自变量)的变化而变化。也就是说,研究者可以以回归模型为基础,通过一个变量的值计算另一个变量的值。其中,因变量(y)是研究者希望预测或解释的变量,自变量(x)是用来解释因变量变化的变量。

例如,在分析销售额与广告支出之间的关系时,将销售额作为因变量(y),广告支出作为自变量(x),我们可以使用已经收集的数据集(如销售额、广告支出等相关数据),估计以销售额为因变量、以广告支出为自变量的回归模型。在获得这个回归模型后,我们就可以根据未来的广告投入信息来估计未来的销售额。

一元线性回归的目标是找到一条最优拟合直线,使这条直线可以通过自变量来预测因变量。回归方程的标准形式为:

$$y = \beta_0 + \beta_1 x + \varepsilon \tag{8-4}$$

式 8-4 中:y 是因变量,x 是自变量。

β_0 是截距(intercept),表示当自变量 x 为零时,因变量 Y 的预期值。它是回归直线在 y 轴上的截距点。在实际应用中,截距可能没有直接的现实意义,特别是在自变量不可能为零的情况下。但在很多情况下,截距仍然是一个重要的模型参数。截距的显著性可以通过 t 检验来检验,若截距显著不为零,则表明在 x 为零时,y 有一个显著的基础水平。

β_1 是斜率(slope),表示自变量每增加一个单位时,因变量的预期变化量,反映了自变量对因变量的影响程度。具体来说,斜率表示当自变量增加一个单位时,因变量的平均变化量。如果斜率为正,则表示自变量和因变量正相关;如果斜率为负,则表示自变量和因变量负相关。斜率的大小直接影响因变量的变化速度,较大的斜率表示自变量对因变量有较强的影响。斜率的显著性可以通过 t 检验来检验,若斜率显著不为零,则表明 x 对 y 有显著的线性影响。

ε 是随机误差项(random error term),反映因变量与自变量之间未被解释的变异。

8.2.2 最小二乘法

最小二乘法(Ordinary Least Square,OLS)是一种标准的回归分析技术,用于拟合一个最佳的线性模型来描述到线性方程式 8-4 中的参数 β_0 和 β_1,使得所有观测值的实际值与预测值之间的平方误差最小。最小二乘法的基本思想是残差平方和(Sum of Squared Residuals,SSR)最小,即

$$\min_{\hat{\beta_0}, \hat{\beta_1}} \sum_{i=1}^{n} (y_i - (\hat{\beta_0} + \hat{\beta_1} x_i))^2 \tag{8-5}$$

式 8-5 中,n 是观测值的数量,y_i 和 x_i 分别是第 i 个观测值的因变量和自变量;$\hat{\beta_0}$ 和 $\hat{\beta_1}$ 分别为 β_0 和 β_1 的估计值。

通过求解上述优化问题,可以得到参数 β_0 和 β_1 的最优估计值。其中,斜率 β_1 的估计值为:

$$\widehat{\beta}_1 = \frac{\sum_{i=1}^{n}(x_i - \bar{x})(y_i - \bar{y})}{\sum_{i=1}^{n}(x_i - \bar{x})^2} \tag{8-6}$$

式 8-6 中,$\bar{x}$ 和 $\bar{y}$ 分别是自变量和因变量的均值。

截距 β_0 的估计值为:

$$\widehat{\beta}_0 = \bar{y} - \widehat{\beta}_1 \bar{x} \tag{8-7}$$

案例 8-4

一元线性方程的应用

假设我们要研究公司广告支出(x)对销售额(y)的影响,首先我们收集 15 组数据,具体如表 8-6 所示。

表 8-6 一元线性回归示例数据

ID	广告支出	销售额
1	2	3
2	3	4
3	4	3
4	5	5
5	3	6
6	7	7
7	8	5
8	9	5
9	10	8
10	8	7
11	7	5
12	6	4
13	5	6
14	6	7
15	6	8

图 8-2 是散点图,我们可以看到两个变量(x, y)数据在坐标系中的分布情况。

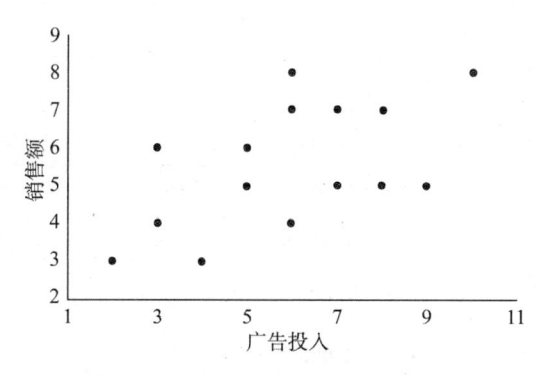

图 8-2 两变量数据在坐标系中的分布

[分析]

要以广告支出估计销售额,我们必须建立回归方程,并使用这个方程画出回归线(regression line)。回归线反映我们以变量 x 的值(广告支出)对变量 y 值(销售额)的最好估计。对表 8-6 中的所有数据来说,我们可以通过最小二乘法估计回归方程,具体步骤如下。

(1) 计算均值。

$$\bar{x} = \frac{2+3+4+5+3+7+8+9+10+8+7+6+5+6+6}{15} = 5.9333$$

$$\bar{y} = \frac{3+4+3+5+6+7+5+5+8+7+5+4+6+7+8}{15} = 5.5333$$

(2) 计算斜率 $\hat{\beta}_1$。

$$\hat{\beta}_1 = \frac{\sum_{i=1}^{15}(x_i - 5.9333)(y_i - 5.5333)}{\sum_{i=1}^{15}(x_i - 5.9333)^2}$$

$$= \frac{(2-5.9333) \times (3-5.5333) + \cdots + (6-5.9333) \times (8-5.5333)}{(2-5.9333)^2 + \cdots + (6-5.9333)^2}$$

$$= \frac{29.5333}{74.9333} = 0.3941$$

(3) 计算截距 $\hat{\beta}_0$。

$$\hat{\beta}_0 = \bar{y} - \hat{\beta}_1 \bar{x} = 5.5333 - 0.3941 \times 5.9333 = 3.1948$$

(4) 分析一元线性回归的 OLS 估计过程,具体如表 8-7 所示。

表 8-7 一元线性回归的 OLS 估计过程

ID	广告支出	销售额	$(x_i - \bar{x})$	$(y_i - \bar{y})$	$(x_i - \bar{x})(y_i - \bar{y})$	$(x_i - \bar{x})^2$
1	2	3	-3.9333	-2.5333	9.9644	15.4711
2	3	4	-2.9333	-1.5333	4.4978	8.6044
3	4	3	-1.9333	-2.5333	4.8978	3.7378
4	5	5	-0.9333	-0.5333	0.4978	0.8711
5	3	6	-2.9333	0.4667	-1.3689	8.6044

续表

ID	广告支出	销售额	$(x_i - \bar{x})$	$(y_i - \bar{y})$	$(x_i - \bar{x})(y_i - \bar{y})$	$(x_i - \bar{x})^2$
6	7	7	1.066 7	1.466 7	1.564 4	1.137 8
7	8	5	2.066 7	−0.533 3	−1.102 2	4.271 1
8	9	5	3.066 7	−0.533 3	−1.635 6	9.404 4
9	10	8	4.066 7	2.466 7	10.031 1	16.537 8
10	8	7	2.066 7	1.466 7	3.031 1	4.271 1
11	7	5	1.066 7	−0.533 3	−0.568 9	1.137 8
12	6	4	0.066 7	−1.533 3	−0.102 2	0.004 4
13	5	6	−0.933 3	0.466 7	−0.435 6	0.871 1
14	6	7	0.066 7	1.466 7	0.097 8	0.004 4
15	6	8	0.066 7	2.466 7	0.164 4	0.004 4

(5) 得到以下回归直线方程：

$$y = 3.194\ 8 + 0.394\ 1x$$

在这个方程中：

截距 $\hat{\beta}_0 = 3.194\ 8$ 表示当广告支出为零时，预计销售额为3.194 8单位。这意味着即使没有广告支出，公司也会有一定的基础销售额。

斜率 $\hat{\beta}_1 = 0.394\ 1$ 表示广告支出每增加一个单位，预计销售额增加0.394 1单位。这说明广告支出对销售额有正向影响，且这种影响是线性的。

给定回归方程之后，我们可以使用回归方差估计任何未来的值，OLS估计结果如图8-3所示。例如，如果我们的广告支出是11个单位，那么根据回归方程，可以估算出销售额为7.530 2个单位。

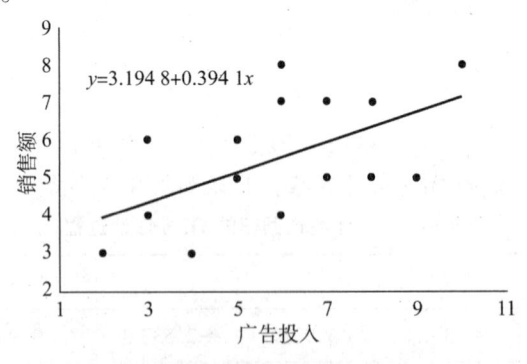

图8-3 OLS估计结果

虽然我们通过OLS找到了最优的回归线，但在估计的回归方程里，我们也经常不会标出残差 ε。然而，每一个数据点和回归线仍然存在一定的距离。如图8-4所示，对于数据点A，在回归线上的是其拟合值，但在A与回归线之间仍然存在一个距离，这就是残差。当然，如果是完全估计，那么所有估计的数据点会落在回归线之上，此时的残差就为0。

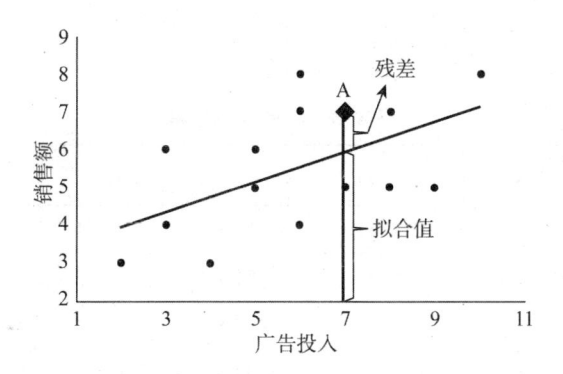

图 8-4 OLS 的估计误差

实际上，我们可以认为 OLS 的估计结果把因变量 y_i 分成了拟合值和残差两部分。在这里，我们定义总平方和(total sum of squares，SST)、解释平方和(explained sum of squares，SSE)和残差平方和(sum of squared residuals，SSR)如下：

$$\text{SST} \equiv \sum_{i=1}^{n}(y_i - \bar{y})^2 \qquad (8-8)$$

$$\text{SSE} \equiv \sum_{i=1}^{n}(\hat{y_i} - \bar{y})^2 \qquad (8-9)$$

$$\text{SSR} \equiv \sum_{i=1}^{n}\hat{\varepsilon}^2 = \sum_{i=1}^{n}(y_i - \hat{y_i})^2 \qquad (8-10)$$

其中，SST 度量了 y_i 的总样本波动，即 y_i 在样本中的分散程度；SSE 度量了 $\hat{y_i}$ 的样本波动；SSR 度量了残差的样本波动。因此，SST 可以被表示成 SSE 和 SSR 之和，即

$$\text{SST} = \text{SSE} + \text{SSR} \qquad (8-11)$$

回归分析中的拟合优度(Goodness of Fit)是用来评估模型对数据的解释能力和预测能力的指标。最常见的拟合优度指标包括决定系数(R^2)，它表示 y 的样本波动中被 x 解释的部分，计算公式为：

$$R^2 = \frac{\text{SSE}}{\text{SST}} = 1 - \frac{\text{SSR}}{\text{SST}} \qquad (8-12)$$

因为 SSE 不可能大于 SST，所以 R^2 的值总是介于 0 和 1 之间。在解释 R^2 时，我们通常把它扩大 100 倍，得到一个百分数，即 y 的样本波动中被 x 解释的百分数。若数据点都落在回归线上，则 OLS 提供了数据的完美拟合，此时 $R^2 = 1$；相反，当 R^2 接近 0 时，可以认为拟合的模型结果非常差。

案例 8-5

一元线性方程 R^2 的计算

我们仍然利用公司广告支出(x)影响销售额(y)的例子来计算其 R^2。$(y_i - \bar{y})^2$ 和 $(\hat{y_i} - \bar{y})^2$ 的计算结果如表 8-8 所示。求和后可得：

$$\text{SST} = 37.7333$$
$$\text{SSE} = 11.6399$$

那么：

$$R^2 = \frac{\text{SSE}}{\text{SST}} = \frac{11.6399}{37.7333} = 0.3085$$

表 8-8　R^2 的计算过程

ID	广告支出	销售额	$(y_i - \bar{y})$	$(y_i - \bar{y})^2$	$\hat{y_i}$	$\hat{y_i} - \bar{y}$	$(\hat{y_i} - \bar{y})^2$
1	2	3	−2.5333	6.4178	3.9831	−1.5502	2.4032
2	3	4	−1.5333	2.3511	4.3772	−1.1561	1.3366
3	4	3	−2.5333	6.4178	4.7714	−0.7620	0.5806
4	5	5	−0.5333	0.2844	5.1655	−0.3679	0.1353
5	3	6	0.4667	0.2178	4.3772	−1.1561	1.3366
6	7	7	1.4667	2.1511	5.9537	0.4204	0.1767
7	8	5	−0.5333	0.2844	6.3479	0.8145	0.6635
8	9	5	−0.5333	0.2844	6.7420	1.2087	1.4609
9	10	8	2.4667	6.0844	7.1361	1.6028	2.5689
10	8	7	1.4667	2.1511	6.3479	0.8145	0.6635
11	7	5	−0.5333	0.2844	5.9537	0.4204	0.1767
12	6	4	−1.5333	2.3511	5.5596	0.0263	0.0007
13	5	6	0.4667	0.2178	5.1655	−0.3679	0.1353
14	6	7	1.4667	2.1511	5.5596	0.0263	0.0007
15	6	8	2.4667	6.0844	5.5596	0.0263	0.0007

8.3　多元回归分析

在现实世界中，很少有因变量只受一个自变量的影响，而多元回归分析允许我们同时控制和解释多个自变量对因变量的影响，从而更全面地理解影响因变量的因素。例如，影响销售额的因素除广告外，还有产品的价格。于是，回归模型可以表示为：

$$Y = \beta_0 + \beta_1 x_1 + \beta_2 x_2 + \varepsilon \tag{8-13}$$

式 8-13 中，y 是因变量，x_1 是第一个自变量广告支出，x_2 是第二个自变量产品价格，ε 是残差。

我们同样可以使用 OLS 对多元线性回归的参数进行估计，即给定 y、x_1、x_2 的 n 个观测值，使得估计出的回归方程的残差平方和最小，即

$$\min_{\hat{\beta_0}, \hat{\beta_1}, \hat{\beta_2}} \sum_{i=1}^{n} (y_i - (\hat{\beta_0} + \hat{\beta_1} x_{1i} + \hat{\beta_2} x_{2i}))^2 \tag{8-14}$$

式 8-14 中，n 是观测值的数量，y_i、x_{1i} 和 x_{2i} 分别是第 i 个观测值的因变量和自变量；$\hat{\beta_0}$、$\hat{\beta_1}$ 和 $\hat{\beta_2}$ 分别为 β_0、β_1 和 β_2 的估计值。

最终，我们将估计出回归方程：

$$\hat{y} = \hat{\beta}_0 + \hat{\beta}_1 x_1 + \hat{\beta}_2 x_2 \tag{8-15}$$

当然，很多时候影响因变量的因素不仅仅只有 2 个。我们假设有 k 个自变量被纳入回归方程，那么回归模型就可以写成：

$$y = \beta_0 + \beta_1 x_1 + \beta_2 x_2 + \cdots + \beta_k x_k + \varepsilon \tag{8-16}$$

同样使用 OLS 进行估计，其估计出来的回归模型可以写成：

$$\hat{y} = \hat{\beta}_0 + \hat{\beta}_1 x_1 + \hat{\beta}_2 x_2 + \cdots + \hat{\beta}_k x_k \tag{8-17}$$

式 8-17 被称为 OLS 回归线。

其中，$\hat{\beta}_0$ 是截距估计值，即当 x_1，x_2，$\cdots$，x_k 均等于 0 时，因变量 y 的预测值。

$\hat{\beta}_1$，$\hat{\beta}_2$，$\cdots$，$\hat{\beta}_k$ 则是 x_1，x_2，$\cdots$，x_k 的 OLS 斜率估计值。这些估计值是一种偏效应（partial effect），可以理解为在其他条件不变的情况下，自变量对因变量的影响。例如，$\hat{\beta}_1$ 可以理解为当 x_2，x_3，$\cdots$，x_k 不变的情况下，x_1 对 y 的影响，即 x_1 变化 1 个单位，y 变化 $\hat{\beta}_1$ 个单位。正是多元回归分析的这种性质，使我们能在非实验环境中，在控制其他因素不变的情况下，研究某一个因素对因变量的影响，而此时那些被控制的变量，被称为控制变量。

需要说明的是，之所以在一元线性回归的基础上增加其他自变量，其原因在于增加的自变量对于理解因变量有独特的贡献。也就是说，多个自变量综合起来可以比任何一个自变量单独估计更好估计。在我们的案例中，在广告支出之外，产品价格被认为对销售额有着独特的影响。

就理论上而言，在模型中纳入更多的变量经常有助于提升 R^2。但是，一般来说，随着纳入变量的增加，自变量（或者控制变量）之间经常会具有相关性，而且研究者也可能会纳入一些对因变量 y 没有影响的无关变量，最后降低估计的质量。此外，考虑到模型中自变量的数量，我们对 R^2 进行调整，获得调整后的决定系数（Adjusted R^2），以防止因增加自变量而使 R^2 人为增大的问题，其计算公式为：

$$\text{Adjusted } R^2 = 1 - \frac{(1 - R^2)(n - 1)}{n - p - 1} \tag{8-18}$$

式 8-18 中，n 是观测值的数量，p 是模型中自变量的数量。Adjusted R^2 通常小于或等于 R^2。当无关变量增加时，Adjusted R^2 可能会减少，而 R^2 不会。一般来说，Adjusted R^2 提供了对模型复杂度的更准确评估。

案例 8-6

多元线性方程的估计

我们已经估计了广告支出与销售额之间关系的回归方程为 $y = 3.1948 + 0.3941x$。在此基础上，我们发现产品的价格也是影响销售额的重要因素，因此收集了产品价格信息（见表 8-9），并构建二元回归方程进行实证研究。和一元回归比起来，虽然多元回归的参数估计的计算过程更为繁杂，但在统计软件的帮助下，我们可以很容易估计出各个参数。利用 SPSS 软件，我们估计出回归方差为 $y = 6.8132 + 0.3369x_1 - 0.9458x_2$，$R^2$ 为 0.533，Adjusted R^2 为 0.455。

其中，截距 $\hat{\beta}_0$ = 6.813 2 表示当广告支出和价格均为零时（实际上不会发生），预计销售额为 6.813 2 单位；斜率 $\hat{\beta}_1$ = 0.336 9 表示广告支出每增加一个单位，预计销售额增加 0.336 9 单位；斜率 $\hat{\beta}_2$ = 0.945 8 表示产品价格每增加一个单位，预计销售额减少 0.945 8 单位。

需要说明的是，本案例只用于说明回归分析的原理，数据是虚拟的，收集的样本也只有 15 个，而严谨的研究对于样本量有更高的要求。一个被广泛认可的观点认为，样本量应该达到自变量个数的 10 倍以上，即如果自变量是 2 个，那么样本量至少要达到 20 个——当然如果可以获得更多样本就更好了。

表 8-9　多元线性回归的数据

ID	广告支出	产品价格	销售额
1	2	4	3
2	3	4	4
3	4	5	3
4	5	3	5
5	3	3	6
6	7	4	7
7	8	3	5
8	9	4	5
9	10	3	8
10	8	3	7
11	7	5	5
12	6	3	4
13	5	3	6
14	6	2	7
15	6	3	8

8.4　实例展示

8.4.1　皮尔逊相关系数

我们也可直接利用 SPSS 软件得出皮尔逊相关系数。以下实例修改自案例 8-1，我们使用附件"皮尔逊相关系数.sav"进行演示，SPSS 检验步骤如下。

①分析步骤。

步骤一：输入数据。
步骤二：选择"分析"→"相关"→"双变量"。
步骤三：选择要分析的自变量和因变量，将其选入"变量"列表中。
步骤四：选择进行分析的相关系数种类。
步骤五：单击"确定"执行命令。

②步骤图示。

利用 SPSS 进行皮尔逊相关系数检验的具体步骤如图 8-5~图 8-7 所示。

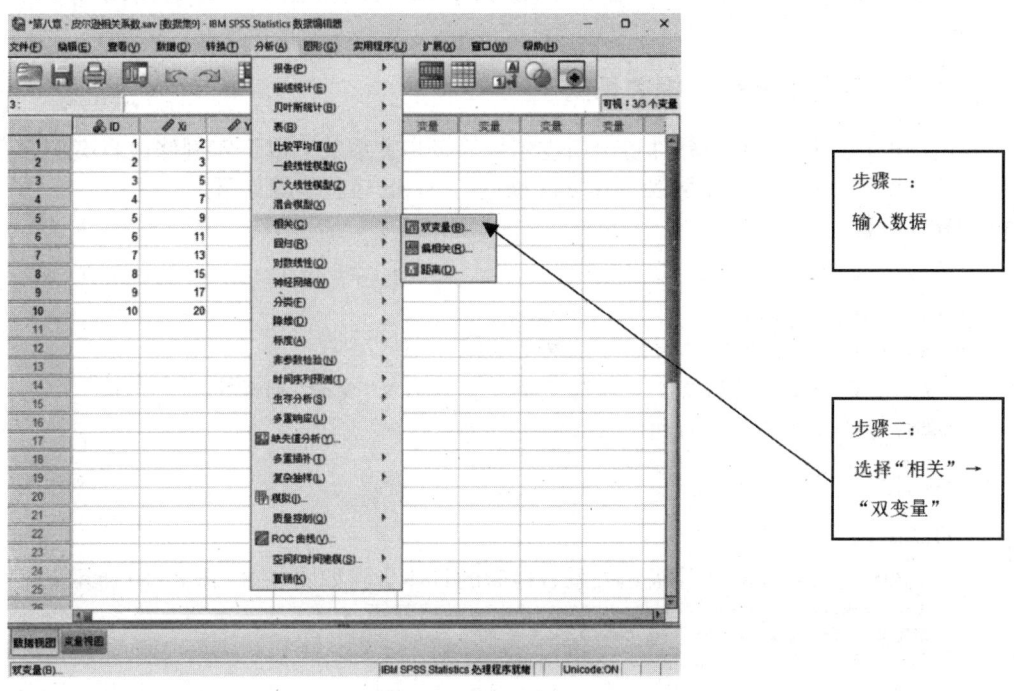

图 8-5 皮尔逊相关系数：选择分析方法

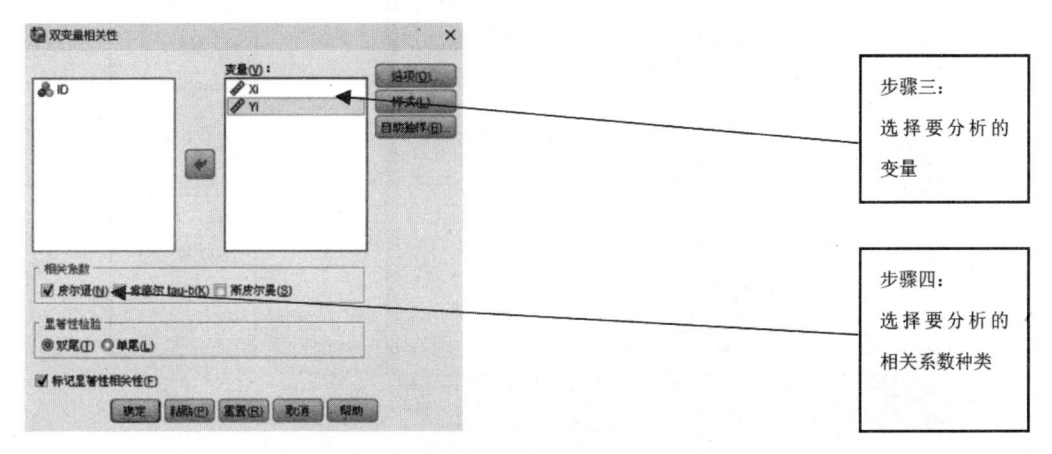

图 8-6 皮尔逊相关系数：选择变量

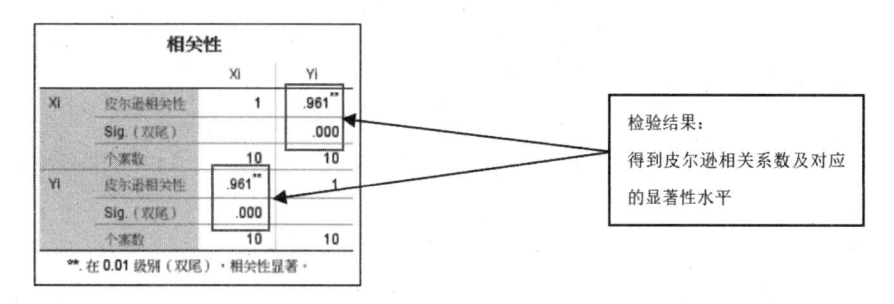

图 8-7 皮尔逊相关系数：检验结果

③分析结果。

由图 8-7 可知，X 与 Y 的皮尔逊相关系数为 0.961，$P=0.000<0.01$，表示 X 与 Y 显著正相关。

8.4.2 斯皮尔曼等级相关系数

我们也可直接利用 SPSS 软件得出斯皮尔曼等级相关系数。以下实例修改自案例 8-2，使用附件"斯皮尔曼等级相关系数.sav"进行演示，SPSS 检验步骤如下。

①分析步骤。

步骤一：输入数据。
步骤二：选择"分析"→"相关"→"双变量"。
步骤三：选择要分析的自变量和因变量，将其选入"变量"列表中。
步骤四：选择进行分析的相关系数种类。
步骤五：单击"确定"执行命令。

②步骤图示。

利用 SPSS 进行斯皮尔曼等级相关系数检验的具体步骤如图 8-8~图 8-10 所示。

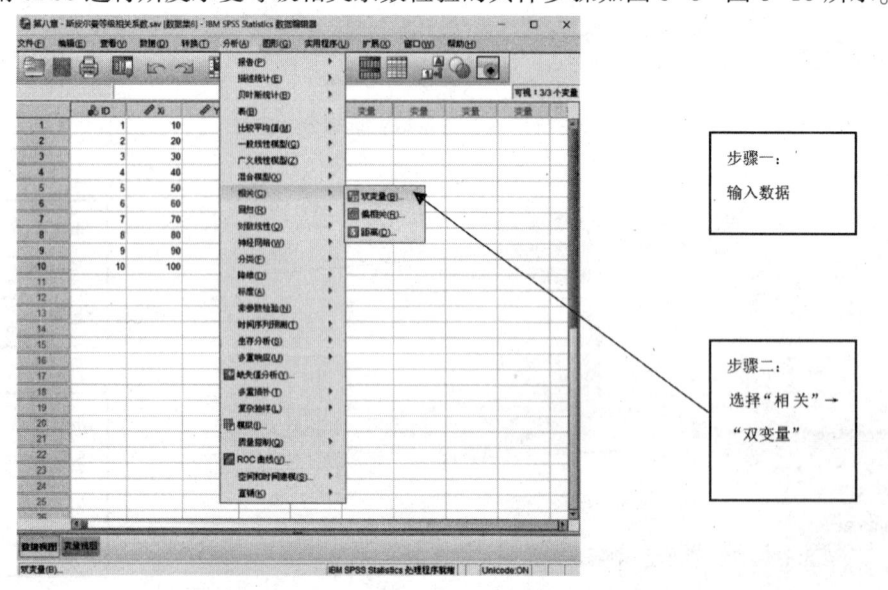

图 8-8 斯皮尔曼等级相关系数：选择分析方法

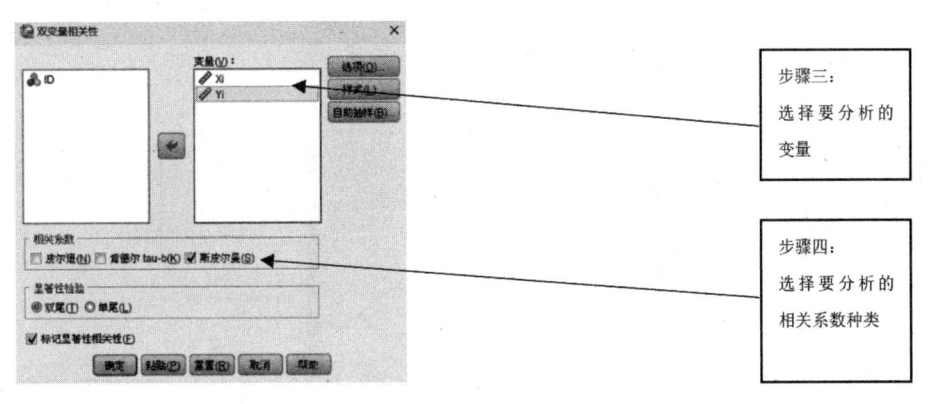

图 8-9 斯皮尔曼等级相关系数：选择变量

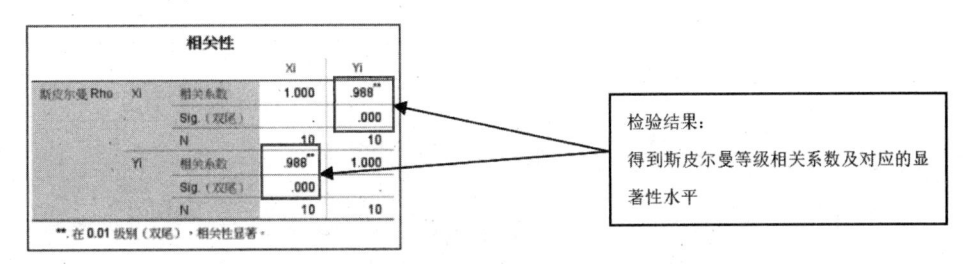

图 8-10 斯皮尔曼等级相关系数：检验结果

③分析结果。

由图 8-10 可知，X 与 Y 的斯皮尔曼等级相关系数为 0.988，$P=0.000<0.01$，表示 X 与 Y 为单调递增关系。

8.4.3 肯德尔秩相关系数

我们也可直接利用 SPSS 软件得出肯德尔秩相关系数。以下实例修改自案例 8-3，使用附件"肯德尔秩相关系数.sav"进行演示，SPSS 检验步骤如下。

①分析步骤。

> 步骤一：输入数据。
> 步骤二：选择"分析"→"相关"→"双变量"。
> 步骤三：选择要分析的自变量和因变量，将其选入"变量"列表中。
> 步骤四：选择进行分析的相关系数种类。
> 步骤五：按"确定"执行命令。

②步骤图示。

利用 SPSS 进行肯德尔秩相关系数检验的具体步骤如图 8-11~图 8-13 所示。

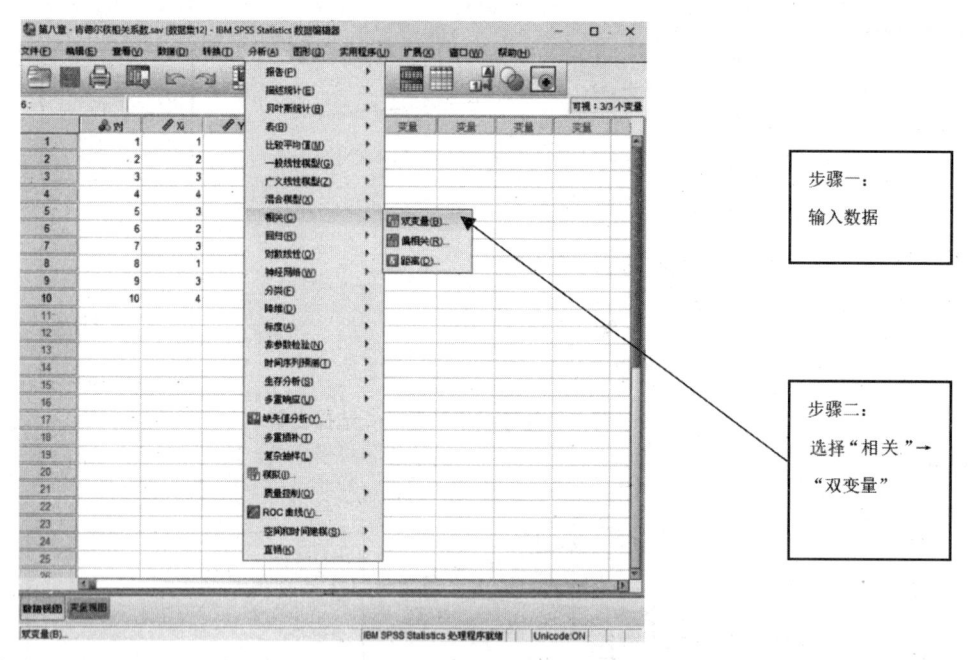

图 8-11　肯德尔秩相关系数：选择分析方法

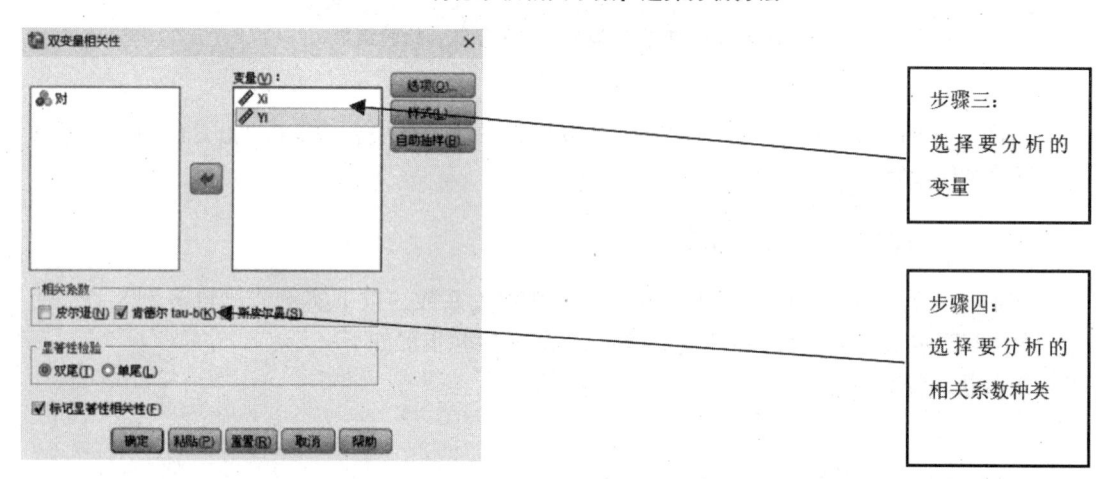

图 8-12　肯德尔秩相关系数：选择变量

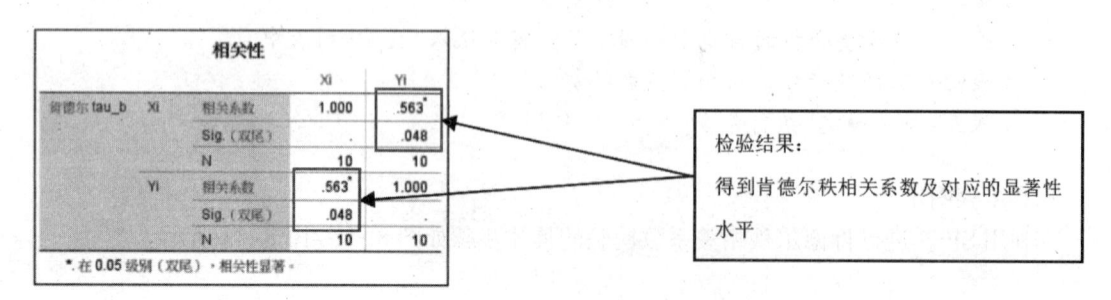

图 8-13　肯德尔秩相关系数：检验结果

③分析结果。

由图 8-13 可知，X 与 Y 的肯德尔秩相关系数为 0.563，$P=0.048<0.05$，表示 X 与 Y

显著正相关。

8.4.4 散点图

我们以案例 8-1 为例，使用 SPSS 软件进行散点图的绘制。此处我们使用附件"散点图.sav"进行演示，SPSS 操作步骤如下。

①分析步骤。

> 步骤一：输入数据。
> 步骤二：选择"图形"→"旧对话框"→"散点图/点图"。
> 步骤三：选择要分析的自变量和因变量，将其选入"变量"列表中。
> 步骤四：单击"确定"执行命令。

②步骤图示。

利用 SPSS 绘制散点图的具体步骤如图 8-14~图 8-17 所示。

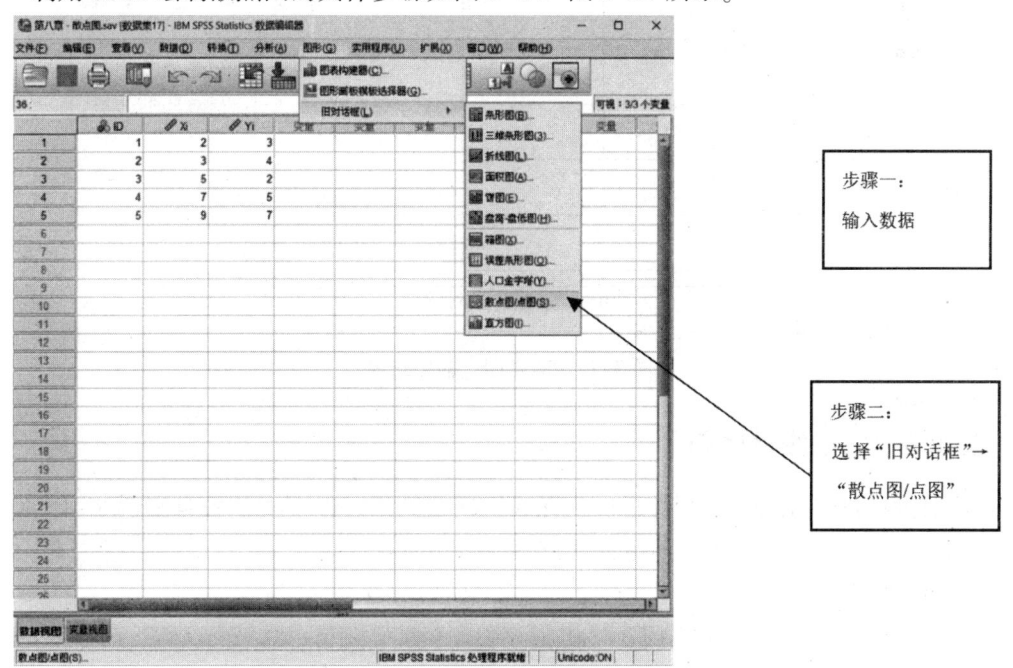

图 8-14 散点图：选择绘图类别

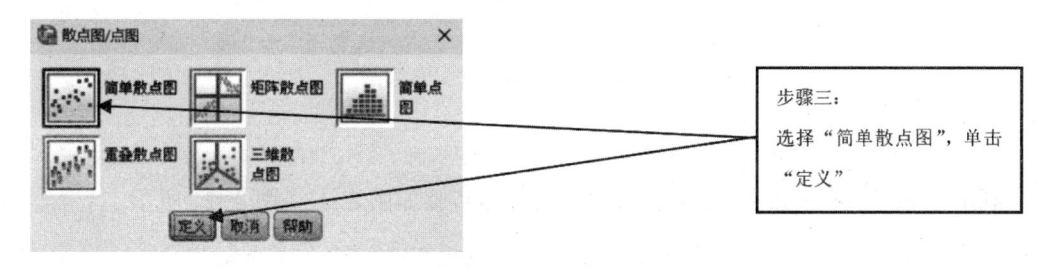

图 8-15 散点图：选择散点图类型

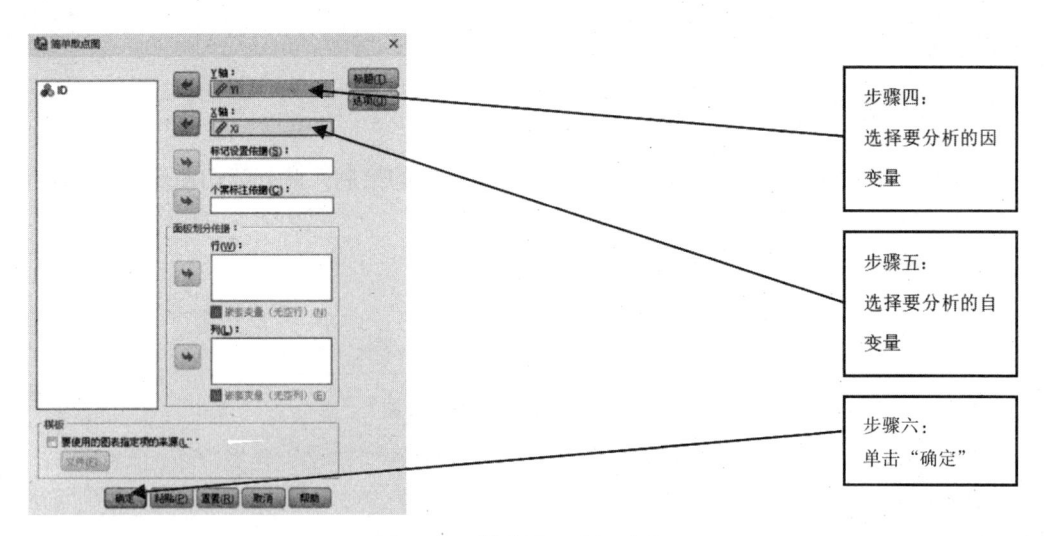

图 8-16　散点图：选择变量

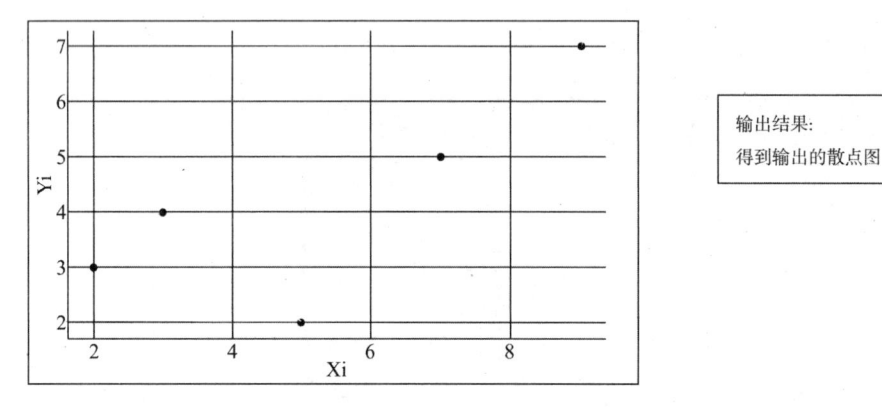

图 8-17　散点图：输出结果

8.4.5　一元线性回归

我们也可直接利用 SPSS 软件得出一元线性回归结果。以下实例取自案例 8-4，使用附件"一元线性回归.sav"进行演示，SPSS 检验步骤如下。

①分析步骤。

> 步骤一：输入数据。
> 步骤二：选择"分析"→"回归"→"线性"。
> 步骤三：选择要分析的自变量和因变量，将其选入"自变量"和"因变量"列表中。
> 步骤四：单击"确定"执行命令。

②步骤图示。
利用 SPSS 进行一元线性回归结果检验的具体步骤如图 8-18～图 8-21 所示。

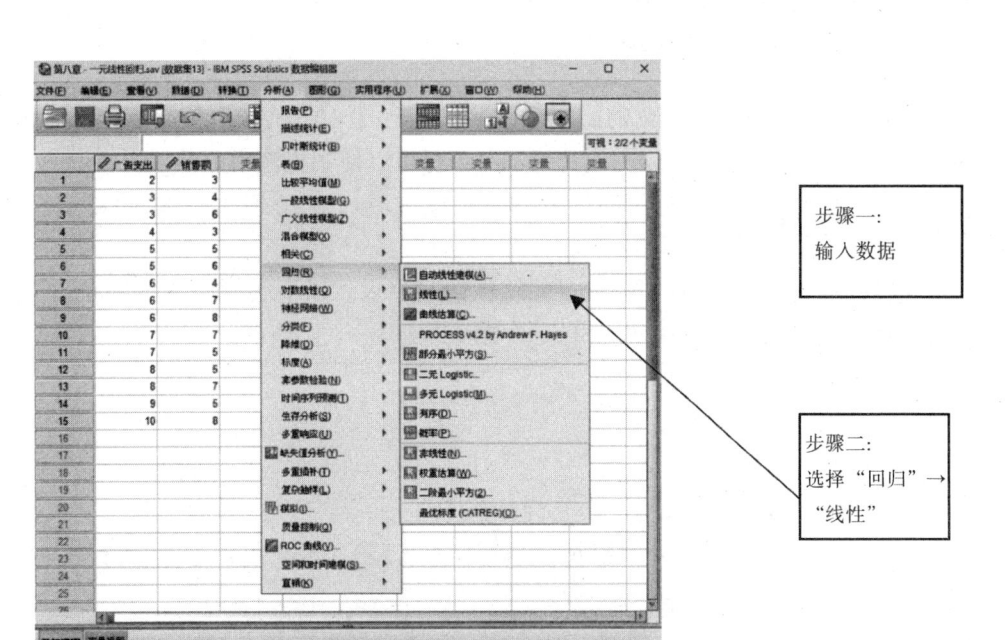

图 8-18　一元线性回归：选择分析方法

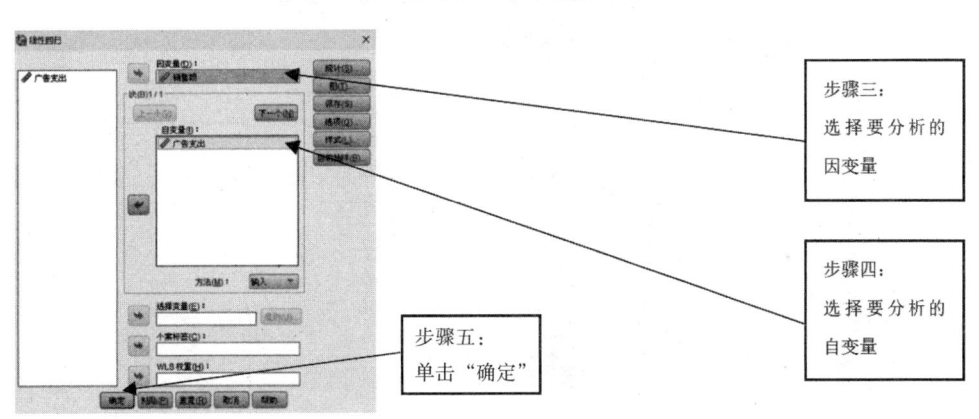

图 8-19　一元线性回归：选择变量

图 8-20　一元线性回归：模型摘要

图 8-21　一元线性回归：回归结果

③分析结果。

由图 8-21 可知,"广告支出"的回归系数为 0.394,$P=0.032<0.05$,故拒绝原假设,认为在 5%的显著性水平下,广告支出每增加 1 单位可以使销售额增加 0.394 单位。

8.4.6 多元线性回归

我们也可直接利用 SPSS 软件得出多元线性回归结果。以下实例取自案例 8-6,使用附件"多元线性回归.sav"进行演示,SPSS 检验步骤如下。

①分析步骤。

> 步骤一:输入数据。
> 步骤二:选择"分析"→"回归"→"线性"。
> 步骤三:选择要分析的自变量和因变量,将其选入"自变量"和"因变量"列表中。
> 步骤四:单击"确定"执行命令。

②步骤图示。

利用 SPSS 进行多元线性回归结果检验的具体步骤如图 8-22~图 8-25 所示。

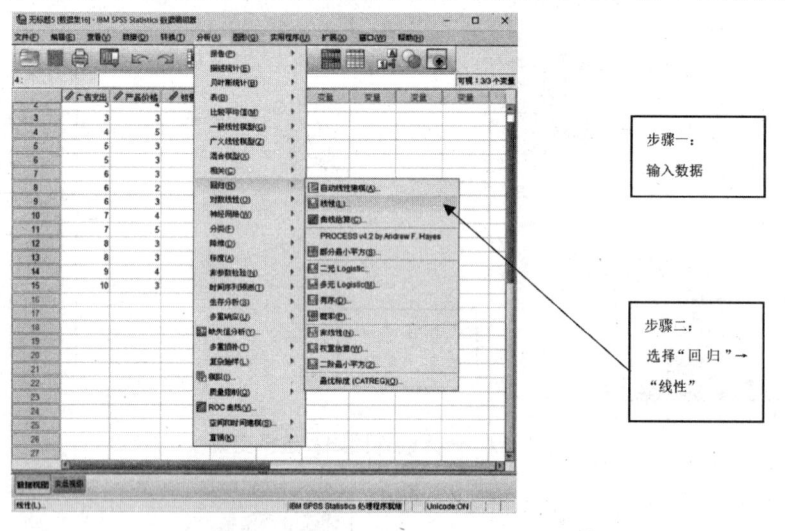

图 8-22 多元线性回归:选择分析方法

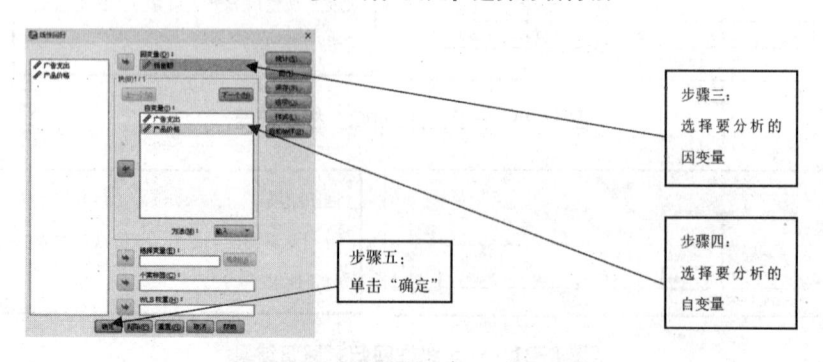

图 8-23 多元线性回归:选择变量

第 8 章　相关分析与回归分析

模型摘要				
模型	R	R 方	调整后 R 方	标准估算的错误
1	.730ª	.533	.455	1.212
a. 预测变量：(常量)，产品价格，广告支出				

模型摘要结果：
通过"调整后 R 方"可知回归模型的拟合优度

图 8-24　多元线性回归：模型摘要

系数ª					
模型	未标准化系数 B	标准误差	标准化系数 Beta	t	显著性
1 (常量)	6.813	1.750		3.894	.002
广告支出	.337	.142	.475	2.372	.035
产品价格	-.946	.394	-.480	-2.400	.034
a. 因变量：销售额					

回归结果：
得到变量的回归系数、t 值以及对应的显著性水平

图 8-25　多元线性回归：回归结果

③分析结果。

由图 8-25 可知，"广告支出"的回归系数为 0.337，$P=0.035<0.05$，故拒绝原假设，认为在 5% 的显著性水平下，广告支出每增加 1 单位可以使得销售额增加 0.337 单位；"产品价格"的回归系数为 -0.946，$P=0.034<0.05$，故拒绝原假设，认为在 5% 的显著性水平下，产品价格每增加 1 单位则使得销售额减少 0.946 单位。

思考题

1. 请解释相关分析的基本原理，并讨论其在管理研究中的应用场景。
2. 比较皮尔逊相关系数、斯皮尔曼等级相关系数和肯德尔秩相关系数的异同。分别举例说明它们在管理研究中的适用场景。
3. 请解释一元线性回归的基本原理，讨论其在预测和解释变量关系中的作用。
4. 什么是最小二乘法？请解释其在一元线性回归中的作用和计算过程。

第 9 章 受限因变量回归模型

在统计学和计量经济学中，受限因变量模型是处理具有特定分布限制的因变量的重要工具。这些变量可能因为自然的或人为的阈值受到限制，导致标准的线性回归模型无法有效处理，受限因变量模型为研究者提供了解决这些复杂数据结构问题的方法。

9.1 二元因变量模型

9.1.1 模型简介

二元因变量模型是一种非常重要的统计分析工具，广泛应用于社会科学、生物统计、医学研究、经济学和其他许多领域。这些模型的核心是处理那些结果变量仅有两种可能状态的情况，这两种状态通常被编码为 0 和 1。这种编码方式代表了两种互斥的结果，如"通过/未通过""购买/不购买"或"响应/不响应"。二元因变量模型不仅能帮助研究者理解和预测一个事件的发生概率，还能探索不同因素对事件结果的影响。

二元因变量模型处理的因变量是分类的，这意味着它基于一个阈值系统，其中结果变量的状态由输入变量的一定组合决定。这种模型特别适合研究影响决策的因素，例如，一个消费者是否会购买新产品、一个员工是否离职等。在构建二元因变量模型时，研究者首先需要确定影响因变量的潜在自变量，这些变量可以是定量的，也可以是分类的，再使用适当的统计方法来估计自变量对因变量状态变化的概率影响。

案例 9-1

员工离职行为的影响因素

在管理学研究中，二元因变量模型可以广泛应用于员工行为和人力资源管理等领域。一个具体的例子是研究员工的离职行为，在这项研究中，研究者可能想要探索不同因素（如工资满意度、工作环境、管理风格等）如何影响员工是否决定离职。

这一研究的主要问题是:"工资满意度和领导支持是否显著影响员工的离职决策",这里的因变量是离职与否,编码为二元变量,1代表"离职",0代表"留在公司"。

在这一研究中,因变量为员工离职行为(是/否)。

自变量包括:

(1)工资满意度,即员工对自己收入的满意程度。

(2)工作事故,即衡量员工工作事故的数量。

9.1.2 二元 Logit 模型

二元 Logit 模型是统计分析中的一种常用模型,专门用于处理因变量仅有两个可能结果的情况,例如"是与否""成功与失败"。这种模型基于逻辑斯蒂分布(logistic distribution),其核心是预测给定自变量集合下因变量为某一类别的概率。

二元 Logit 模型在形式上通过对数概率(log odds)或 logit 链接函数来表示因变量结果的概率。对数概率是事件发生概率与其不发生概率的比值的自然对数,如果将 P 表示为因变量 $Y=1$ 的概率(例如成功、是、发生等),那么 $1-P$ 就是 $Y=0$ 的概率(例如失败、否、未发生等)。该模型的一般形式可以表示为:

$$\log\left(\frac{P}{1-P}\right) = \beta_0 + \beta_1 X_1 + \beta_2 X_2 + \cdots + \beta_k X_k \tag{9-1}$$

式 9-1 中,β_0,β_1,$\cdots$,β_k 是模型参数,X_1,X_2,$\cdots$,X_k 是解释变量。

Logit 模型采用最大似然估计(MLE)方法进行参数的估计。在最大似然估计中,目标是找到使给定样本数据的概率(即似然函数)最大的模型参数(β 系数)。对于 Logit 模型,似然函数基于所有观察数据的联合概率,每个观察的概率是基于模型预测的概率,考虑到观测值的实际发生与否。

Logit 模型的重要性在于其能够提供关于事件发生与否的概率预测,这对于许多应用领域都是至关重要的。Logit 模型不仅能够处理各种类型的解释变量(包括连续变量和分类变量),还能够通过其系数的指数提供概率比(odds ratio),即解释变量变化一个单位时事件发生概率的变化倍数。

Logit 模型的优点在于模型形式简洁及其灵活性。其中,模型形式简洁是指 Logit 模型易于理解和解释,尤其是在解释系数对应的概率比时;灵活性则是指 Logit 模型能够处理多种类型的解释变量,并容易通过包括交互项来扩展模型。

Logit 模型也有其局限性。一方面,Logit 模型假设解释变量与对数概率呈线性关系,这可能限制其表达复杂关系的能力。另一方面,为了有效估计参数,Logit 模型通常需要较大的样本量。

在 Logit 模型中,回归系数的解释与线性回归模型有所不同,因为 Logit 模型处理的是对数概率,而不是直接处理响应变量本身。这里我们详细说明如何解释 Logit 模型中的回归系数,以及它们如何影响因变量的概率:当系数为正时,解释变量的增加会增加事件发生的对数概率,即增加事件发生的概率;当系数为负时,解释变量的增加会减少事件发生的对数概率,即降低事件发生的概率。系数的绝对值大小表明了变量在模型中的重要性,系数越大,相应变量对于目标事件概率的影响越大。

概率比是 Logit 模型中解释系数的一种非常直观的方式。概率比是通过 e^{β} 来计算的,其中,β 是指回归系数。

如果 $e^\beta > 1$，则每增加一个单位的 X，事件发生的概率增加 e^β 倍。

如果 $e^\beta < 1$，则每增加一个单位的 X，事件发生的概率减少到原来的 e^β 倍。

在案例 9-1 中，如果工作事故的回归系数 $\beta = 0.5$，那么，其概率比为 $e^{0.5} \approx 1.65$。这意味着，工作事故每提高一个单位，则员工选择离职的概率比增加 65%。

9.1.3 二元 Probit 模型

二元 Probit 模型是一种被广泛使用的统计方法，专门用于处理因变量是二元的情况，即因变量只有两个可能的结果，比如"成功/失败""是/否"或"发生/未发生"。Probit 模型与二元 Logit 模型类似，都用于估计某事件发生的概率，但两者在分布假设上有所不同。Probit 模型假设潜在连续变量服从正态分布，而 Logit 模型则基于逻辑分布。

Probit 模型的基本形式是将一个潜在的连续结果变量 Y 与一组解释变量 X 关联起来：

$$Y^* = \beta_0 + \beta_1 X_1 + \beta_2 X_2 + \cdots + \beta_k X_k + \varepsilon \tag{9-2}$$

式 9-2 中，ε 是误差项，假设服从标准正态分布 $N(0, 1)$。

观察到的因变量 Y 是潜在连续变量 Y^* 的一个指数函数：

$$\begin{cases} 1 & if \quad Y^* > 0 \\ 0 & otherwise \end{cases} \tag{9-3}$$

Probit 模型基于正态分布的累积分布函数（CDF）。这意味着，对于给定的 X 值，发生 $Y=1$ 的概率 $P(Y=1 \mid X)$ 是由正态 CDF 决定的：

$$P(Y = 1 \mid X) = \varphi(\beta_0 + \beta_1 X_1 + \cdots + \beta_k X_k) \tag{9-4}$$

式 9-4 中，φ 表示标准正态分布的 CDF。

Probit 模型的一个主要优势是它的误差项假设更符合一些实际应用的需求，尤其是在金融和经济领域中。例如，在信用风险建模中，分析者假设违约事件的概率由一系列财务和非财务因素决定，而这些因素的总效应服从正态分布。

在实际应用中，Probit 模型特别适用于那些预期误差分布接近正态的场景，这些场景包括以下几种。

（1）信用评分。金融机构使用 Probit 模型来估计个人或企业违约的概率。

（2）市场研究。企业利用 Probit 模型分析消费者的购买决策，尤其是那些可以归因于正态分布误差的影响消费决策的消费行为。

（3）政策评估。经济学家和政策制定者使用 Probit 模型来评估政策变更对二元决策（如就业与否）的影响。

Probit 模型的参数估计通常采用最大似然估计（MLE）方法。这种方法依赖于观察数据的联合似然函数，寻找能够最大化这个似然函数的参数值。此外，由于正态分布的性质，Probit 模型的 MLE 通常需要数值优化技术来求解。

在 Probit 模型中，一个自变量的回归系数不直接表示变量变化一个单位引起的因变量概率的变化，相反，它表示的是自变量对于潜在结果指标（latent variable）的线性影响。

要得到一个自变量对应变量发生概率 $P(Y=1 \mid X)$ 的实际变化，需要计算该变量的边际效应，通常通过以下公式计算：

$$\frac{\partial (Y = 1 \mid X)}{\partial X_i} = \varphi(\beta_0 + \beta_1 X_1 + \cdots + \beta_k X_k) \times \beta_i \tag{9-5}$$

式 9-5 中，φ 是标准正态分布的概率密度函数（PDF）。

在 Probit 模型中，每一个系数的符号（正或负）指示了相应自变量增加时，因变量等于 1 的概率是增加还是减少。例如，如果 β_i 为正，那么随着 X_i 的增加，$Y=1$ 的概率也增加。

系数的大小则提供了变量变动对潜在结果指标影响的相对大小，但由于 Probit 模型是非线性的，直接解释系数的数值大小是不恰当的，我们应该通过边际效应来理解这一影响。例如，在分析离职概率的 Probit 模型中，如果工资满意度的回归系数 β 为负，则表明工资满意度会降低离职的概率。计算边际效应可以进一步了解工资满意度每增加一个单位，离职概率降低的具体幅度。

9.2 多元 Logit 模型

多元 Logit 模型是统计分析中的一类重要模型，用于处理因变量（响应变量）存在多个可能类别的情况。这类模型在多个学科领域，如经济学、生物统计学、社会科学、医疗研究和市场研究中，都有广泛的应用。与传统的二元因变量模型（如 Logit 或 Probit 模型）处理的"是/否"问题不同，多元 Logit 模型能够处理"多种选择"的复杂情况。

多元 Logit 模型主要用于分析分类数据，其中的因变量不是两个，而是三个或更多的类别。多元 Logit 模型的核心目的是预测或解释一个或多个自变量（解释变量）如何影响一个多类别的因变量。

案例 9-2

利用多元 Logit 模型研究消费者倾向

市场营销学的研究可能会利用多元 Logit 模型来分析消费者在给定一系列市场营销变量（如价格折扣、促销活动、品牌知名度等）的情况下，对各个产品类别的选择倾向。

研究者收集了包括顾客人口统计数据、历史购买记录、参与的营销活动详情以及他们对各类产品的选择情况等数据。因变量设置为多个类别，包括电子产品、家居用品、服装等，每个顾客在购物时选择的产品类别都被记录下来。在多元 Logit 模型中，研究团队分析了不同营销活动如何影响消费者选择特定产品类别的概率。例如，该模型可以揭示特定的价格折扣是否更倾向于增加某一产品类别的购买概率，同时比较其他产品类别购买概率的相对变化。

多元 Logit 模型是从 Logit 模型发展而来。它基于逻辑回归，但适用于多个输出类别，使其在处理分类数据时非常有效。在多元 Logit 模型中，每个类别的概率是通过一个特定的逻辑函数来建模的，该函数比较了属于某一类别与参照类别的相对可能性。如果有 k 个可能的类别，选择其中一个类别作为基准（通常是最后一个类别），模型将估计一个观测值属于前 $k-1$ 个类别而不是基准类别的概率。给定一个因变量 Y 有 k 个类别，Y 属于类别 k 的概率可以表示为：

$$P(Y=k \mid X) = \frac{\exp(\beta_k X)}{\sum_{j=1}^{K} \exp(\beta_j X)} \qquad (9-6)$$

式 9-6 中，X 是解释变量（自变量），β_k 是与类别 k 相关的系数向量，β_j 是基准类别的系数向量。

多元 Logit 模型的参数通常通过最大似然估计法(MLE)来估计。这种方法涉及优化似然函数，以找出最能解释观测到的类别概率的参数。

在多元 Logit 模型中，每个自变量对应每个非基准类别都有一个系数。这些系数反映了在其他变量保持不变的情况下，自变量每增加一个单位，该变量所对应的类别的选择对数概率(log odds ratio)相对于基准类别的变化。

概率比是指在特定自变量上的一个单位变化，导致某类别相对于基准类别的概率变化倍数。例如，一个概率比为 2 的系数意味着，相关自变量每增加一个单位，选择该类别的概率是基准类别的两倍。具体包括以下三种情况。

(1)正系数。表示自变量的增加与选择该类别的概率相对于基准类别的概率增加是正相关的。系数的数值越大，这种正相关越强。

(2)负系数。表示自变量的增加与选择该类别的概率相对于基准类别的概率减少是负相关的。系数的数值越大(绝对值)，这种负相关越强。

(3)系数为零。表示自变量的增加对选择该类别相对于基准类别的概率没有显著影响。

案例 9-3

多元 Logit 模型的系数

假设在一个多元 Logit 模型中，我们正在研究消费者选择不同品牌的汽车(A、B、C，其中 C 为基准类别)与个人年收入的关系。如果品牌 A 相对于品牌 C 的系数是 0.5，则解释为消费者的年收入每增加一个单位，选择品牌 A 相对于选择品牌 C 的概率比增加约 64%($e^{0.5} \approx 1.64$)。这表明收入较高的消费者更倾向于选择品牌 A 而不是品牌 C。

多元 Logit 模型在处理多分类问题时有极大的灵活性，但也有其局限性。例如，它假设各个类别之间的选择概率是独立的，不考虑类别间可能的有序关系。此外，当类别很多时，模型可能变得复杂且难以解释。

9.3 有序 Logit 模型

有序 Logit 模型用于处理因变量是有序类别的情况，例如"不满意、中等、满意"。有序模型假设各类别之间存在自然的排序关系，常见的应用包括对产品满意度、服务质量评估、态度测量等进行建模。有序 Logit 模型基于累积概率模型(cumulative odds model)，假设因变量的每个类别可以通过一个潜在的连续变量和一系列阈值(cut-off points)来表示。有序 Logit 模型的核心假设是存在一个潜在的连续响应变量，通过观察到的有序类别来表现。

数学上，有序 Logit 模型可以表示为：

$$\text{Logit}(P(Y \leq j)) = \alpha_j - \beta X \tag{9-7}$$

其中，Y 是有序的响应变量，j 表示有序类别的阈值，α_j 是阈值参数，X 是解释变量(可以是一个或多个)，β 是与解释变量相关的系数。

每个阈值 α_j 定义了不同类别之间的界限。例如，在三个类别的情况下，如"不满意、中等、满意"，会有两个阈值：一个是从"不满意"到"中等"，另一个是从"中等"到"满意"。模型估计的结果是找出这些阈值的位置以及解释变量 X 如何影响整体的类别概率分布。

有序 Logit 模型通常通过最大似然估计法来拟合。回归系数 β 的解释与传统的 Logit 模型相似，描述的是解释变量对有序类别因变量在概率对数比上的影响。这些系数表明了自变量如何影响因变量落在特定有序分类或更高分类的对数概率。

(1) 正负影响。回归系数的正负表明了自变量与有序类别之间的关系方向。正系数意味着随着解释变量的增加，结果变量达到更高类别的对数概率也增加。负系数则表示解释变量的增加会使结果变量落在较低类别的对数概率增加。

(2) 大小影响。系数的大小决定了变化的幅度。系数的绝对值越大，解释变量对因变量类别选择的影响越显著。换句话说，系数大小告诉我们解释变量每增加一个单位，因变量的对数概率是如何变化的。

(3) 概率转换。虽然回归系数直接影响的是对数概率，但这些系数可以转换为概率，以便更直观地理解。通过逆逻辑函数(logistic function)，可以将对数概率转换为概率，从而解释每个解释变量对因变量特定类别概率的影响。

案例 9-4

有序 Logit 模型的系数

假设一个有序 Logit 模型用于分析消费者对服务满意度的反馈，满意度分为"不满意""中等""满意"，模型中可能包括如服务速度和价格等解释变量。

如果服务速度的系数为正，则表明服务速度的提升(例如从慢到快)增加了顾客对服务表达"满意"或选择更高满意度的对数概率。

如果价格的系数为负，则可能表明价格的提升(变得更昂贵)会降低顾客表达较高满意度的对数概率，即顾客可能倾向于选择"不满意"或"中等"。

9.4　Tobit 模型

Tobit 模型也被称为截断回归模型，是由 James Tobin 在 1958 年提出的。Tobit 模型特别适用于因变量被截断的情况，即在某些情况下，观测值不能超过某个特定的上限或下限，或者在特定值以下不被观察到(如零)。例如，对于零被截断的数据，即因变量的观测值不能低于零，而实际应用中可能有很多观测值本应是负数，但在数据中显示为零。这种情况常见于消费数据、家庭收入、公司利润等统计分析中。

在数学表述上，Tobit 模型可以被视为回归模型的一种扩展，其中因变量的某些值因为观测或数据收集的限制而未能完全观测到。数学上，Tobit 模型可以表达为：

$$Y_i^* = \beta X_i + \varepsilon_i \tag{9-8}$$

式 9-8 中，Y_i^* 是潜在的(不完全观察到的)因变量，X_i 是解释变量，β 是回归系数，ε_i 是误差项，通常假定为正态分布。

观察到的因变量 Y_i 是潜在连续变量 Y^* 的函数：

$$Y_i = \begin{cases} Y^* & if \quad Y_i^* > 0 \\ 0 & otherwise \end{cases} \tag{9-9}$$

这表示，只有当潜在变量 Y_i^* 为正时，它才会被观测到；否则观测值为零。

因为最大似然估计法（MLE）能够有效地处理数据中的截断和封顶问题，因此 Tobit 模型的参数估计通常采用该方法进行数据处理。在应用最大似然估计法时，研究者首先需要指定一个适当的概率分布模型，通常假设误差项遵循正态分布。

在 Tobit 模型中，如果观测值未被截断，即 Y_i^* 的实际值大于某个阈值（通常为零），则该观测值的贡献到似然函数中的形式与普通的线性回归模型相同。如果 Y_i^* 的值被截断，例如小于零，则只能观测到截断值（通常是零），这时，其贡献到似然函数的形式则基于其被截断的概率。

具体而言，对于每一个观测值 Y_i，似然函数由两部分组成：

对于未截断的观测值 Y_i，其贡献为 $f(Y_i|X_i, \beta, \sigma)$，即在给定自变量 X_i、参数 β 和误差标准差 σ 的条件下，Y_i 的正态概率密度函数值。

对于截断的观测值，其贡献为累积分布函数 $F(0|X_i, \beta, \sigma)$，即 Y_i 小于或等于截断点（如零）的概率。

通过最大化所有观测值贡献的总似然函数，可以估计出模型参数 β 和 σ。

Tobit 模型的回归系数表示潜在因变量 Y_i^* 与自变量之间的线性关系，因此其解释方法类似于线性回归模型。系数 β 表示当 X 增加一个单位时，潜在因变量 Y_i^* 的变化量。

案例 9-5

Tobit 模型的应用

假设一个研究者希望分析样本消费某类产品（如电子产品）的行为模式。通过数据分析，他发现有一部分样本没有消费任何电子产品，这些客户的消费金额记录为零，而其他样本的消费金额则从几元到数千元不等。

研究者利用 Tobit 模型进行研究。模型中的因变量是样本在过去一年消费电子产品的总金额。该金额可以是零（表示没有消费）或一个正值（表示消费金额）。Tobit 模型通过一个潜在变量 Y_i^* 来表示样本潜在的消费意愿。研究发现样本的收入水平、年龄、地区等自变量对电子产品的消费行为有显著影响。其中，如果收入水平的系数（β）为 0.5，则表示消费者收入增加一个单位时，潜在的电子产品消费支出将增加 0.5 单位。

9.5 实例展示

9.5.1 二元 Logit 回归

我们也可直接利用 SPSS 软件得出二元 Logit 回归结果。以下实例修改自案例 9-4，其中，"服务速度"为三分类变量，分别对应"1＝慢""2＝一般"和"3＝快"；"价格"为三分类变量，分别对应"1＝便宜""2＝一般"和"3＝昂贵"，"是否满意"为二分类变量，分别对应"0＝不满意"和"1＝满意"。我们在此使用附件"二元 Logit 回归.sav"进行演示，

SPSS 检验步骤如下。
①分析步骤。

> 步骤一：输入数据。
> 步骤二：选择"分析"→"回归"→"二元 Logistic"。
> 步骤三：选择要分析的自变量和因变量，将其选入"自变量"和"因变量"列表中。
> 步骤四：设置分类变量和对应的参考类别。
> 步骤五：打开"选项"并勾选"Exp(B)的置信区间"，默认设置为"95"。
> 步骤六：单击"确定"执行命令。

②步骤图示。
利用 SPSS 进行二元 Logit 回归检验的具体步骤如图 9-1~图 9-5 所示。

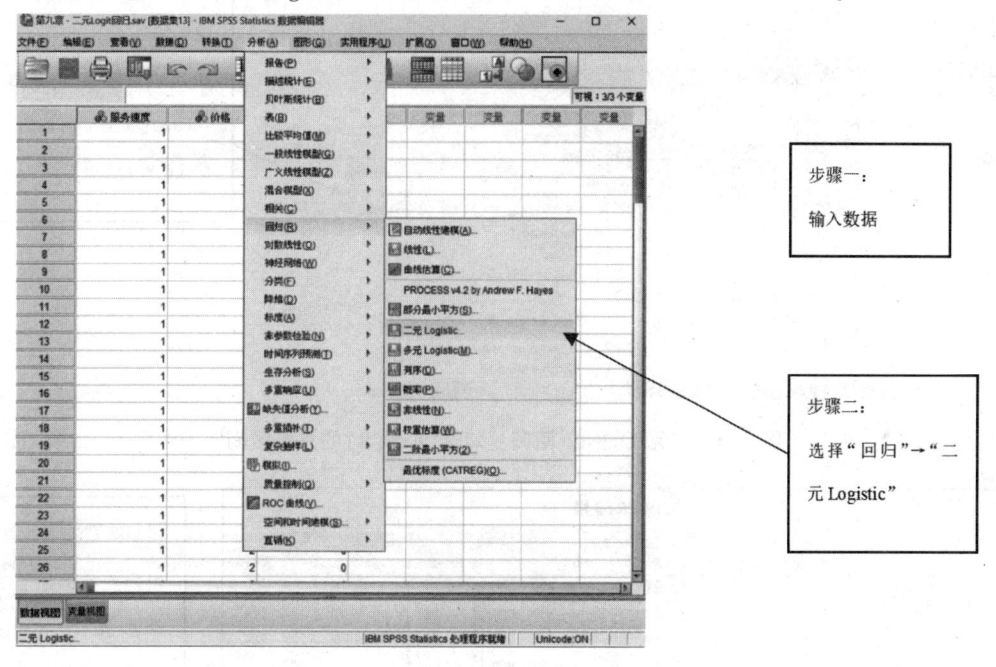

图 9-1 二元 Logistic 回归：选择分析方法

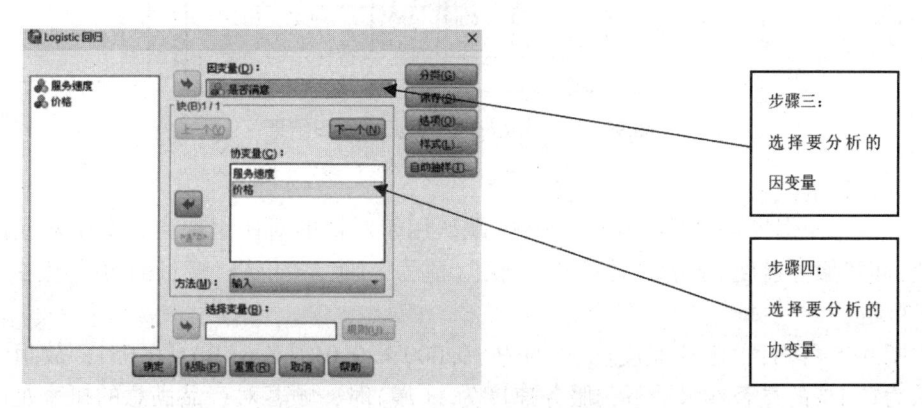

图 9-2 二元 Logistic 回归：选择变量

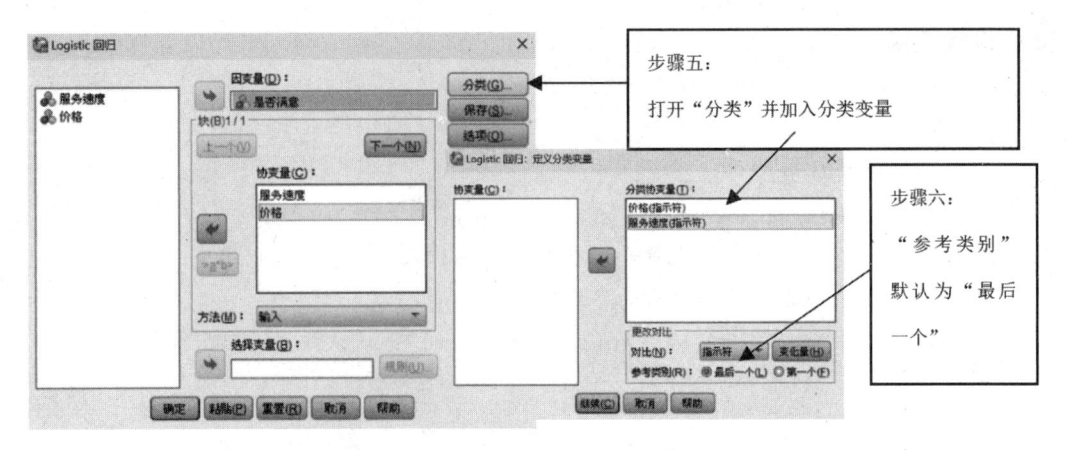

图9-3 二元Logistic回归：设置分类变量

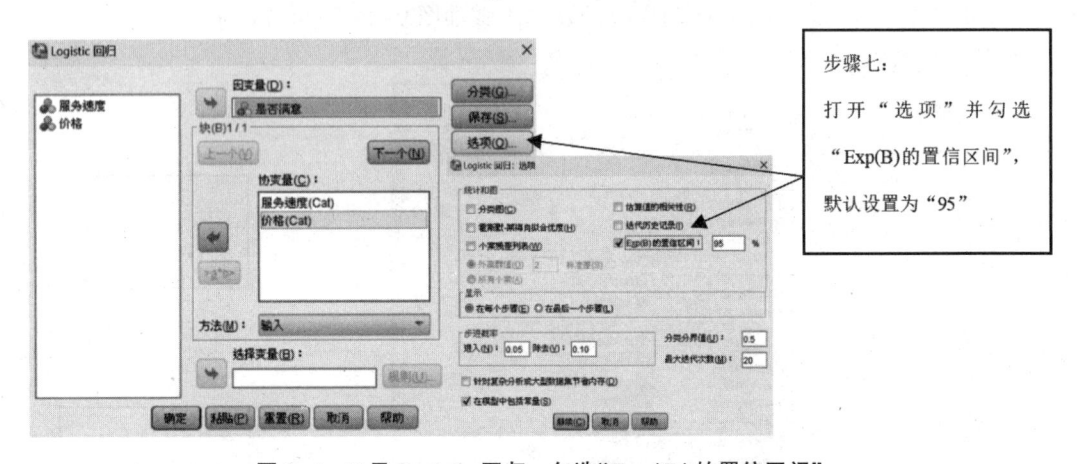

图9-4 二元Logistic回归：勾选"Exp(B)的置信区间"

图9-5 二元Logistic回归：回归结果

③分析结果。

进行以上操作步骤时可以发现，SPSS默认用于对比的对照组取自各变量对应的最后一个值，即"服务速度"变量的对照组为"快"（值为3）组，"价格"变量的对照组为"昂贵"（值为3）组。

由图9-5可知，"服务速度(1)"的$P = 0.000 < 0.01$，$Exp(B) = 0.051$，故拒绝原假设，认为在1%的显著性水平下，服务速度为1（慢）时，顾客对产品满意的概率是服务速度为3（快）的5.1%。"服务速度(2)"的$P = 0.016 < 0.05$，$Exp(B) = 0.277$，故拒绝原假

设，认为在 5% 的显著性水平下，服务速度为 2(一般)时，顾客对产品满意的概率是服务速度为 3(快)的 27.7%。

"价格(1)"的 $P=0.000<0.01$，Exp(B)= 19.689，故拒绝原假设，认为在 1% 的显著性水平下，价格为 1(便宜)时，顾客对产品满意的概率是价格为 3(昂贵)的 19.689 倍。"价格(2)"的 $P=0.02<0.05$，Exp(B)= 5.453，故拒绝原假设，认为在 5% 的显著性水平下，价格为 2(一般)时，顾客对产品满意的概率是价格为 3(昂贵)的 5.453 倍。

9.5.2 多元 Logit 回归

以下实例修改自案例 9-3，其中，"年收入"为三分类变量，分别对应"1 = 50 000 元以下""2 = 50 000~100 000 元"和"3 = 100 000 元以上"；"汽车品牌"为三分类变量，分别对应"1 = A 品牌""2 = B 品牌"和"3 = C 品牌"。本例使用附件"多元 Logit 回归.sav"进行演示，SPSS 检验步骤如下。

①分析步骤。

> 步骤一：输入数据。
> 步骤二：选择"分析"→"回归"→"多元 Logistic"。
> 步骤三：选择要分析的自变量和因变量，将其选入"自变量"和"因变量"列表中。
> 步骤四：设置因变量的参考类别。
> 步骤五：单击"确定"执行命令。

②步骤图示。

利用 SPSS 进行多元 Logit 回归检验的具体步骤如图 9-6~图 9-9 所示。

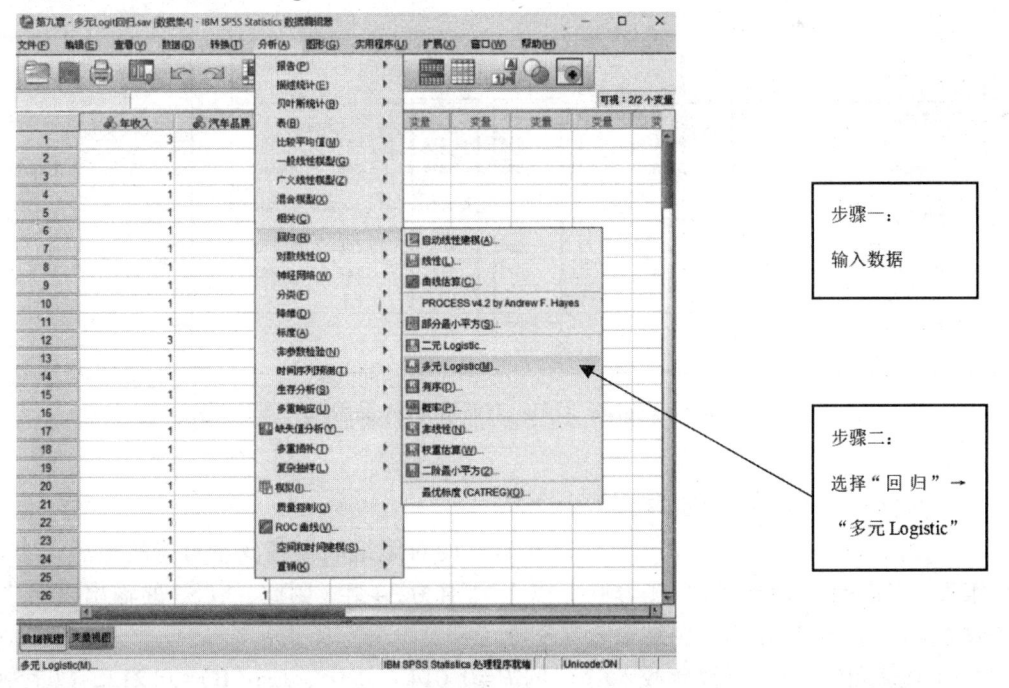

图 9-6　多元 Logistic 回归：选择分析方法

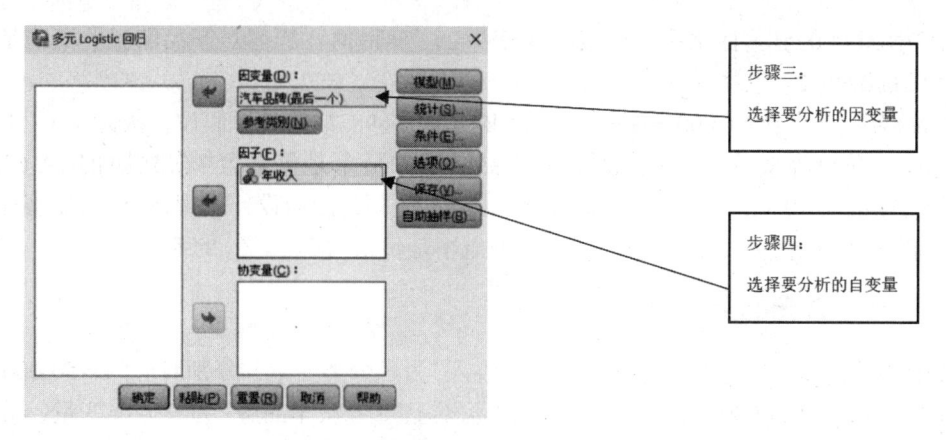

图 9-7 多元 Logistic 回归：选择变量

步骤三：选择要分析的因变量

步骤四：选择要分析的自变量

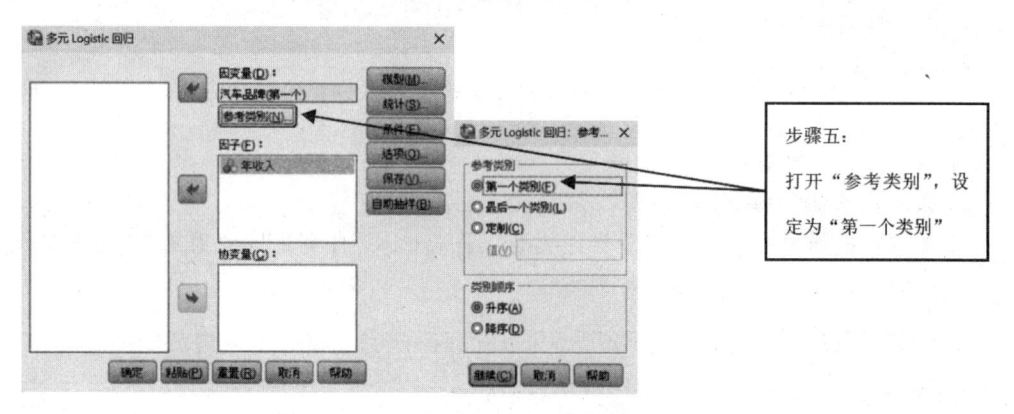

图 9-8 多元 Logistic 回归：设定因变量参考类别

步骤五：打开"参考类别"，设定为"第一个类别"

参数估算值

汽车品牌[a]		B	标准错误	瓦尔德	自由度	显著性	Exp(B)	Exp(B) 的 95% 置信区间 下限	上限
B品牌	截距	.251	.504	.249	1	.618			
	[年收入=1]	-1.551	.629	6.081	1	.014	.212	.062	.727
	[年收入=2]	1.103	.641	2.960	1	.085	3.014	.858	10.592
	[年收入=3]	0[b]	.	.	0	.	.	.	.
C品牌	截距	1.421	.421	11.392	1	.001			
	[年收入=1]	-3.819	.736	26.964	1	.000	.022	.005	.093
	[年收入=2]	-1.709	.685	6.228	1	.013	.181	.047	.693
	[年收入=3]	0[b]	.	.	0	.	.	.	.

a. 参考类别为：^1
b. 此参数冗余，因此设置为零。

回归结果：得到变量的显著性（P 值）、Exp(B)（OR 值）和对应的置信区间

图 9-9 多元 Logistic 回归：对照组为"A 品牌"的回归结果

③分析结果。

a. 对照组为"A 品牌"的回归结果。

与二元 Logit 回归一样，SPSS 默认用于对比的对照组取自各变量对应的最后一个值，即"年收入"变量的对照组为"100 000 元以上"（值为 3）组。因此，SPSS 的输出表格中在"年收入=3"的行上输出为空白结果。

由上述表可知，第二行"年收入（1）"的 $P=0.014 < 0.05$，$\text{Exp}(B)=0.212$，故拒绝原假设，认为在 5% 的显著性水平下，消费者的年收入为 1（50 000 元以下）时，相对于年收

入为 3(100 000 元以上)的消费者而言,其购买"B 品牌"汽车的概率只有购买"A 品牌"汽车概率的 21.2%,表明年收入不足 50 000 元的消费者会更倾向于购买 A 品牌的汽车而不是 B 品牌。

第六行中"年收入(1)"的 $P=0.000<0.01$,Exp(B)= 0.022,故拒绝原假设,认为在 1%的显著性水平下,消费者的年收入为 1(50 000 元以下)时,相对于年收入为 3(100 000 元以上)的消费者而言,其购买"C 品牌"汽车的概率只有购买"A 品牌"汽车概率的 2.2%,表明年收入不足 50 000 元的消费者会更倾向于购买 A 品牌的汽车而不是 C 品牌。

第三行"年收入(2)"的 $P=0.085<0.1$,Exp(B)= 3.014,故拒绝原假设,认为在 10%的显著性水平下,消费者的年收入为 2(50 000~100 000 元)时,相对于年收入为 3 (100 000 元以上)的消费者而言,其购买"B 品牌"汽车的概率为购买"A 品牌"汽车概率的 3.014 倍,表明年收入在 50 000~100 000 元的消费者会更倾向于购买 B 品牌的汽车而不是 A 品牌。

第七行"年收入(2)"的 $P=0.013<0.05$,Exp(B)= 0.181,故拒绝原假设,认为在 5%的显著性水平下,消费者的年收入为 2(50 000~100 000 元)时,相对于年收入为 3 (100 000 元以上)的消费者而言,其购买"C 品牌"汽车的概率只有购买"A 品牌"汽车概率的 18.1%,表明年收入在 50 000~100 000 元的消费者会更倾向于购买 A 品牌的汽车而不是 C 品牌。

b. 对照组为"C 品牌"的回归结果。

以上结果仅把"A 品牌"与"B 品牌"和"C 品牌"进行了对比,若想比较"B 品牌"与"C 品牌"之间的消费者选择是否有差异,可以在"参考类别"中将其设置为"最后一个类别",此时 SPSS 将把因变量最后一个类别(即值为 3 的"C 品牌")作为对照组,从而得到消费者选择中以"C 品牌"作为对照组的检验结果,如图 9-10 所示。

参数估算值

汽车品牌[a]		B	标准 错误	瓦尔德	自由度	显著性	Exp(B)	Exp(B) 的 95% 置信区间 下限	上限
A品牌	截距	-1.421	.421	11.392	1	.001			
	[年收入=1]	3.819	.736	26.964	1	.000	45.571	10.780	192.646
	[年收入=2]	1.709	.685	6.228	1	.013	5.524	1.443	21.143
	[年收入=3]	0[b]	.	.	0	.			
B品牌	截距	-1.170	.382	9.403	1	.002			
	[年收入=1]	2.269	.768	8.723	1	.003	9.667	2.145	43.563
	[年收入=2]	2.812	.587	22.957	1	.000	16.648	5.269	52.600
	[年收入=3]	0[b]	.	.	0	.			

a. 参考类别为:^1。
b. 此参数冗余,因此设置为零。

回归结果:
得到变量的显著性(P 值)、Exp(B)(OR 值)和对应的置信区间

图 9-10 多元 Logistic 回归:对照组为"C 品牌"的回归结果

由图 9-10 可知,第六行中"年收入(1)"的 $P=0.003<0.01$,Exp(B)= 9.667,故拒绝原假设,认为在 1%的显著性水平下,消费者的年收入为 1(50 000 元以下)时,相对于年收入为 3(100 000 元以上)的消费者而言,其购买"B 品牌"汽车的概率为购买"C 品牌"汽车概率的 9.667 倍,表明年收入不足 50 000 元的消费者会更倾向于购买 B 品牌的汽车而不是 C 品牌。

第七行"年收入(2)"的 P=0.000<0.1,Exp(B)= 16.648,故拒绝原假设,认为在

1%的显著性水平下，消费者的年收入为 2（50 000~100 000 元）时，相对于年收入为 3（100 000 元以上）的消费者而言，其购买"B 品牌"汽车的概率为购买"C 品牌"汽车概率的 16.648 倍，表明年收入在 50 000~100 000 元的消费者会更倾向于购买 B 品牌的汽车而不是 C 品牌。

9.5.3 有序 Logit 回归

以下实例与 9.5.2 多元 Logit 回归实例一致，使用附件"有序 Logit.sav"进行演示，SPSS 检验步骤如下。

①分析步骤。

> 步骤一：输入数据。
> 步骤二：选择"分析"→"回归"→"有序"。
> 步骤三：选择要分析的自变量和因变量，将其选入"自变量"和"因变量"列表中。
> 步骤四：打开"输出"，勾选"平行线检验"。
> 步骤五：单击"确定"执行命令。

②步骤图示。

利用 SPSS 进行有序 Logit 回归检验的具体步骤如图 9-11~图 9-15 所示。

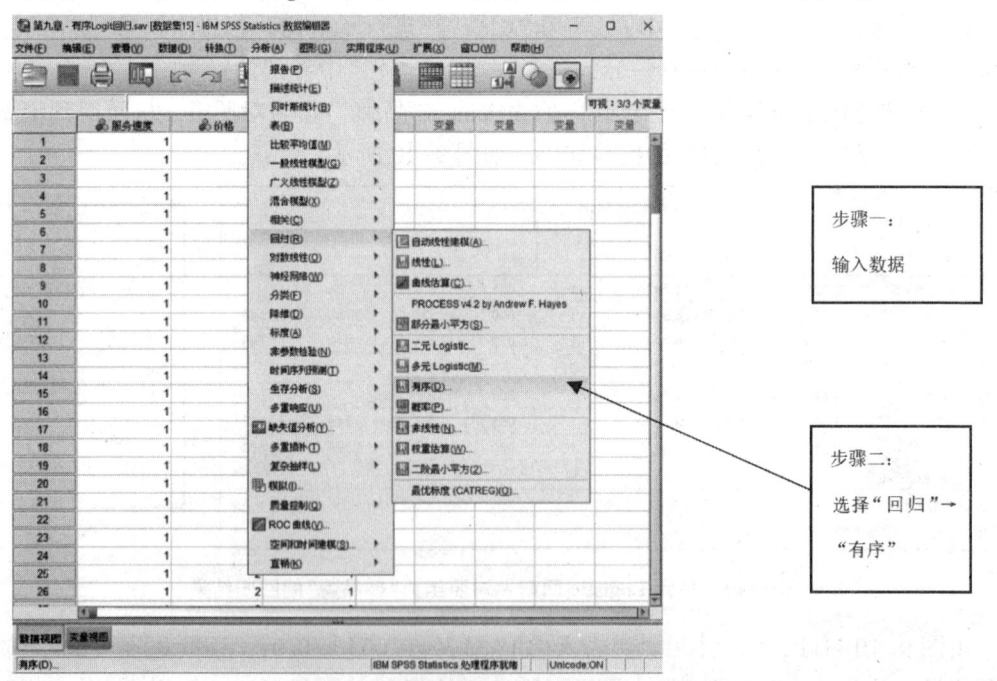

图 9-11 有序 Logistic 回归：选择分析方法

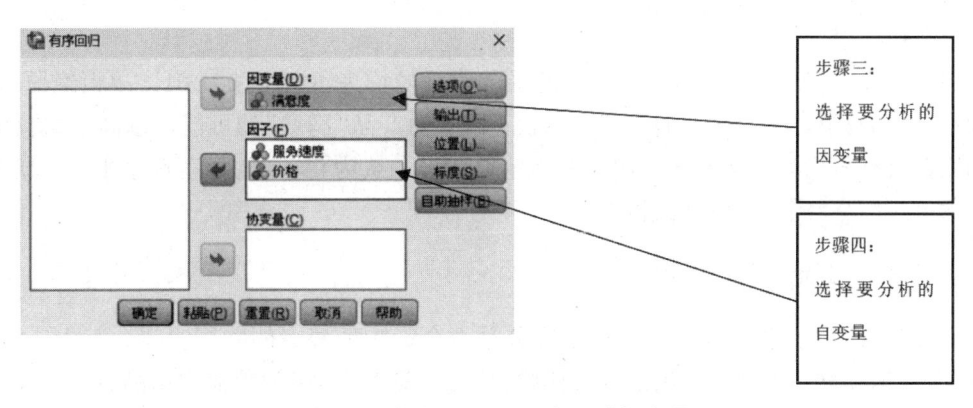

图 9-12　有序 Logistic 回归：选择变量

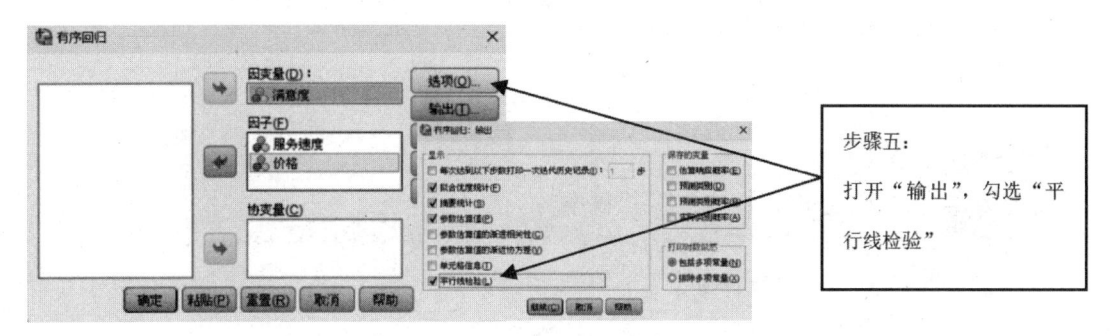

图 9-13　有序 Logistic 回归：勾选"平行线检验"

图 9-14　有序 Logistic 回归：平行线检验结果

图 9-15　有序 Logistic 回归：回归结果

③分析结果。

由图 9-15 可知，"服务速度"变量的系数值符号均为负且 $P<0.01$，故拒绝原假设，认为在 1% 的显著性水平下，服务速度越快，顾客对产品"满意"的可能性越高；"价格"变量的系数值符号均为正且 $P<0.01$，故拒绝原假设，认为在 1% 的显著性水平下，价格越低，顾客对产品"满意"的可能性越高。

9.5.4　二元 Probit 回归

研究者试图研究网购平台中的店铺评分是否会影响消费者的购买决策，其中，"店铺评分"为店铺在网站上评估得出的综合体验得分，"浏览次数"为店铺中单品页面的浏览次数，"下单次数"为消费者进入单品页面后进行购买的次数。本案例使用附件"二元 Probit 回归.sav"进行演示，SPSS 检验步骤如下。

①分析步骤。

> 步骤一：输入数据。
> 步骤二：选择"分析"→"回归"→"概率"。
> 步骤三：将对应变量放置进"响应频率""实测值总数"和"协变量"中。
> 步骤四：单击"确定"执行命令。

②步骤图示。

利用 SPSS 进行二元 Probit 回归检验的具体步骤如图 9-16~图 9-19 所示。

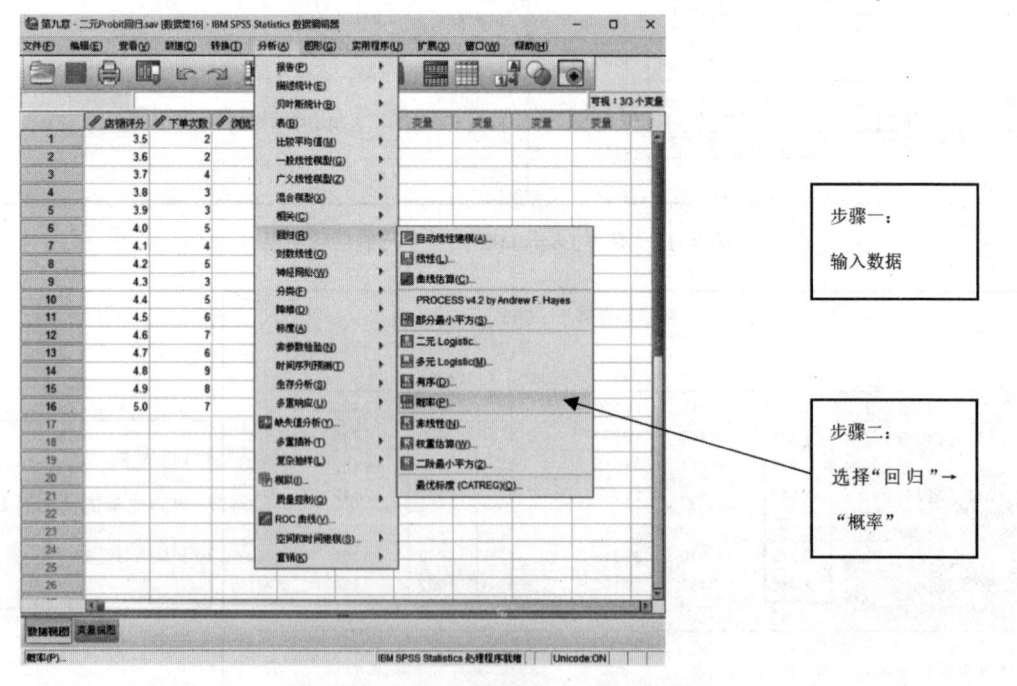

图 9-16　二元 Probit 回归：选择分析方法

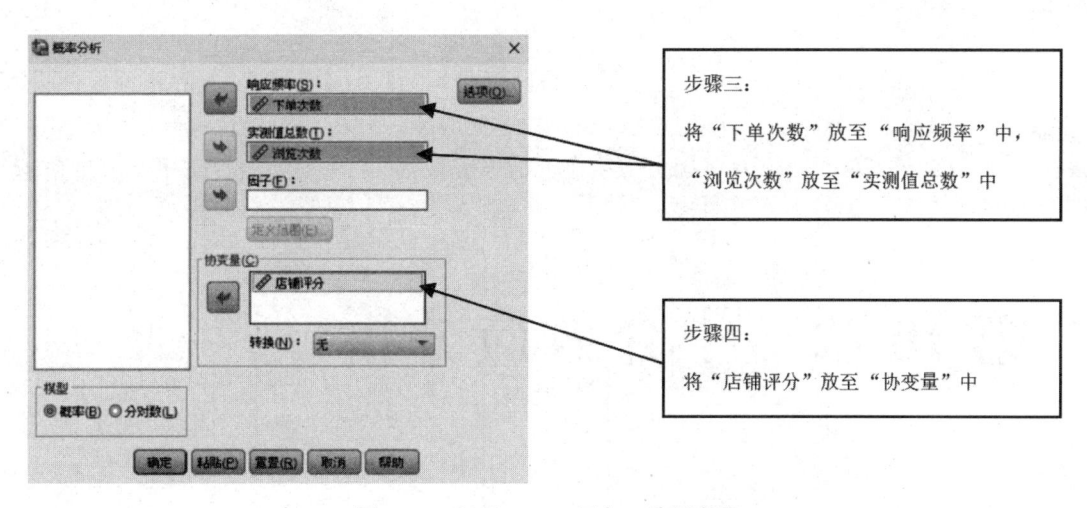

图 9-17　二元 Probit 回归：选择变量

图 9-18　二元 Probit 回归：卡方检验结果

图 9-19　二元 Probit 回归：回归结果

③分析结果。

由图 9-19 可知，"店铺评分"变量的系数值符号为正且 $P=0.001<0.01$，故拒绝原假设，认为在 1% 的显著性水平下，店铺评分越高，顾客进入单品页面浏览后进行购买的可能性越大。

思考题

1. 什么是二元因变量模型？请解释其在管理研究中的应用场景和重要性。

2. 请解释多元 Logit 模型的基本概念和应用场景，为什么在某些研究中需要使用多元 Logit 模型？

3. 什么是有序 Logit 模型？请解释其适用条件和应用场景。

4. 请解释 Tobit 模型的基本原理和应用场景，为什么需要使用 Tobit 模型？

第10章 中介效应分析

10.1 中介效应的基本概念和作用

10.1.1 中介效应的基本概念

中介效应分析是一种研究自变量与因变量之间关系的方法,它通过引入第三个变量——中介变量(Mediator)来解释这两个变量之间的关系。中介变量的作用是连接自变量和因变量,从而揭示自变量对因变量的影响路径,以及这两者之间的关系是直接的还是通过其他机制实现的。在这种情况下,我们说中介变量传递了自变量对因变量的影响。例如,研究者想研究某员工就一项当前在企业中出现的管理问题主动向领导谏言(以下简称员工谏言)的行为是否取决于该员工认为其他同事有无同样意识到这项管理问题(以下简称问题感知),但在对现实和理论的分析后,研究者认为其中可能存在中介效应,因为企业员工是否认为其他同事也意识到这个问题会影响到该员工认为其他同事是否也有向领导谏言的责任(以下简称责任分摊),而这个想法又会影响到该员工是否会主动向领导谏言。在这种情况下,责任分摊传递了问题感知对员工谏言的影响,因此责任分摊是中介变量。

中介效应分为完全中介效应和部分中介效应。仍以员工谏言为例,如果问题感知对员工谏言的影响完全通过责任分摊——没有责任分摊的作用,问题感知就不会影响员工谏言($c'=0$),则为完全中介效应;如果问题感知对员工谏言的影响中有一部分是直接的,另一部分是通过责任分摊进行传递的($c'>0$),则为部分中介效应。因此,中介效应 $c = a \cdot b \cdot c'$,其中 c 为总效应,c' 为考虑中介效应后的直接效应,$a \cdot b$ 为中介效应,也称间接效应(图10-1)。

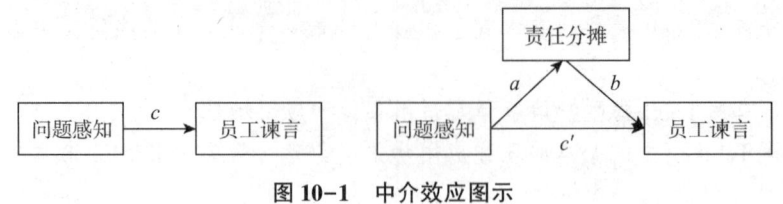

图10-1 中介效应图示

10.1.2 中介效应的假设

中介效应分析通过引入第三个变量——中介变量来解释或调节自变量和因变量之间的关系。为了确保中介效应分析的有效性，进行分析时需要满足以下几个假设。

(1) 自变量(X)对因变量(Y)有显著影响。这是中介效应分析的基础假设之一，它意味着自变量X对结果变量Y有直接影响，并且这种影响是可观测且显著的。通过这个假设，研究者能够明确自变量与因变量之间的关系路径，从而奠定整个分析的基础。

(2) 自变量(X)对中介变量(M)有显著影响。中介效应的另一个关键假设是自变量X对中介变量M有显著影响。这意味着解释自变量X对中介变量M产生直接作用。这种影响解释了中介变量M的部分变异，为间接效应的产生打下了基础。例如，在关于员工谏言的例子中，自变量X可能代表问题感知，中介变量M代表责任分摊，因变量Y代表员工谏言，这个假设意味着问题感知对责任分摊有显著影响。

(3) 中介变量(M)对因变量(Y)有显著影响。这个假设强调了中介变量M对结果变量Y有直接影响，说明中介变量可以解释因变量的一部分变异。例如，在关于员工谏言的例子中，责任分摊(M)对员工谏言(Y)有直接影响，这一影响的显著性进一步支持了M作为中介变量的角色。

(4) 控制自变量(X)后，中介变量(M)对因变量(Y)的影响仍然显著。这个假设指出，在控制了自变量X之后，中介变量M仍然对因变量Y产生独立的影响，这意味着M在X和Y之间起到了中介作用。例如，在关于员工谏言的例子中，当控制了问题感知之后，责任分摊仍然对员工谏言产生显著影响，这进一步证明了责任分摊的中介角色。

10.1.3 中介变量的选择

在中介效应分析中，选择合适的中介变量是揭示自变量与因变量之间关系的关键步骤。以下是选择中介变量时需要考虑的几个因素。

(1) 相关性。中介变量应该与自变量和因变量都有显著的相关性。这意味着中介变量不仅要能够解释自变量对因变量的影响，还要能够在解释变量与结果变量之间架起桥梁。例如，在研究员工培训对工作满意度的影响时，中介变量可以是"技能提升"——如果员工培训显著提升了其技能水平，那么这种技能提升将会进一步影响员工的工作满意度，从而使"技能提升"成为一个有效的中介变量。

(2) 因果关系。中介变量应当在自变量与因变量之间发挥作用，而不是反过来。为了确保中介变量起到解释和调节自变量与因变量关系的作用，中介变量应当发生在自变量之后且在因变量之前，这种因果关系保证了中介变量在整个关系链中的合理位置。例如，在研究领导风格对员工绩效的影响时，中介变量"工作满意度"应该受到领导风格影响，并进一步影响绩效。

(3) 独立性。中介变量应该与其他可能解释自变量与因变量之间关系的变量无关。这意味着中介变量应当是解释自变量与因变量之间关系的唯一有效变量。这种独立性保证了中介效应的解释力，并避免了其他变量对关系路径的影响。例如，在研究市场营销策略对销售额的影响时，营销策略对销售额的影响可能通过广告投放量来实现。因此，广告投放量应该是唯一解释营销策略对销售额影响的中介变量，而不是其他变量。

(4) 可检验性。中介变量的效应应当是可检验的。这意味着研究者需要能够通过统计分析来验证中介变量在自变量与因变量之间所发挥的作用。这种可检验性确保了中介效应分析的有效性和合理性。常用的检验方法包括 Baron & Kenny 的三步法、Sobel 检验、Bootstrap 检验等。例如，在研究教育水平对收入的影响时，可以通过回归分析来检验中介变量"工作经验"是否在两者之间起到中介作用。

10.2 中介效应的检验方法

10.2.1 层次回归

层次回归（Hierarchical Regression）是一种有效的检验方法，用于检验中介效应并揭示自变量、因变量以及中介变量之间的关系。层次回归通过逐步添加自变量来评估新增自变量对因变量的解释力，并揭示中介变量在其中所起的作用。层次回归的回归方程如式10-1~式10-3 所示，由于该过程可以分为三步进行，因此也叫"三步法"。

$$Y = \alpha_1 + aX + e_1 \qquad (10-1)$$

$$M = \alpha_2 + cX + e_2 \qquad (10-2)$$

$$Y = \alpha_3 + dX + bM + e_3 \qquad (10-3)$$

"三步法"具体的做法如下。

第一步，构建一个基础模型（式10-1），其中包含自变量 X 和因变量 Y，用于揭示 X 对 Y 的直接影响，并作为后续检验中介效应的起点：

- 观察模型的解释力（如 R^2）以及 X 对 Y 的回归系数；
- 评估 X 对 Y 的显著性，以判断基础模型中的关系。

第二步，通过构建模型来分析 X 对 M 的影响（式10-2），观察 X 对 M 的回归系数和显著性。这一步揭示了 X 对 M 的直接效应，如果显著，说明 X 可以通过 M 影响 Y，并为后续的中介效应分析提供基础。

第三步，在基础模型之上，添加中介变量 M，构建新的模型来检验 M 在 X 与 Y 之间的中介作用（式10-3）。新模型的拟合度以及 R^2 的变化可以显示中介变量 M 对模型解释力的贡献。在这个模型中，研究者可以通过两个路径来检验中介效应。

- 路径一：$X \to M \to Y$。通过观察 X 对 M 的回归系数，以及 M 对 Y 的回归系数，评估 M 在 X 与 Y 之间的间接效应。
- 路径二：$X \to Y$。观察 X 对 Y 的直接效应，在加入 M 后是否发生变化。

通过比较模型加入 M 前后的变化，对中介效应的类型进行分析。

- 完全中介：如果在加入中介变量 M 后，X 对 Y 的直接效应消失或变得不显著，则表明 M 在 X 与 Y 之间起到了完整中介的作用。
- 部分中介：如果在加入 M 后，X 对 Y 的直接效应依然显著但有所减弱，那么 M 起到了部分中介的作用。

由于利用层次回归的三步法检验中介效应直观、易懂，因此在过去几十年里，大部分关于中介效应的研究都采用了这种方法。然而，三步法也存在缺点，并因此遭受批评。其中一个最主要的缺点是遗漏变量问题：如果一个未观察到的变量 X 对 e_1 和 e_2 都有影响，它将反映在两个误差项中（e_1 和 e_2），导致这些误差项相关，最终对式 10-3 中的 b 和 d 的估计产生偏误。

10.2.2　Sobel 检验

Sobel 检验是一种基于标准误(Standard Error)和系数的统计检验方法，用于分析中介路径中的间接效应。Sobel 检验通过对路径 $X \to M \to Y$ 的间接效应进行统计检验，揭示 M 在其中的作用，具体步骤如下。

第一步，估计中介路径的系数。首先，通过两步回归模型，分别估计路径 $X \to M$ 的系数 a 以及路径 $M \to Y$ 的系数 b。

- 路径 $X \to M$：回归模型 $M = aX + e_1$，用于估计 X 对 M 的直接影响，得到系数 a。
- 路径 $M \to Y$：回归模型 $Y = bM + e_2$，用于估计 M 对 Y 的直接影响，得到系数 b。

第二步，计算间接效应。通过中介路径 $X \to M \to Y$ 的系数，可以计算间接效应 $a \cdot b$（X 通过 M 对 Y 的影响，即中介效应）。

第三步，估计间接效应 $a \cdot b$ 的标准误。为了检验间接效应的显著性，需要估计间接效应的标准误。间接效应标准误的计算公式为：

$$SE_{ab} = \sqrt{a^2 SE_b^2 + b^2 SE_a^2} \qquad (10-4)$$

式 10-4 中，SE_a 和 SE_b 分别是路径 $X \to M$ 的系数 a 和路径 $M \to Y$ 的系数 b 的标准误。

第四步，计算 Sobel 统计量。有了间接效应和其标准误之后，就可以计算 Sobel 统计量：

$$z = \frac{ab}{SE_{ab}} \qquad (10-5)$$

通过对 Sobel 统计量进行 Z 检验，可以得到中介效应的显著性水平（P 值）。

基于回归模型的系数和标准误，Sobel 检验可以快速评估中介效应，Sobel 检验简单直接，为研究者提供了明确的中介效应指标。不过，Sobel 检验也有其劣势，如依赖于正态分布假设，而在实际中，数据可能呈现偏态或峰态分布，这就可能导致影响检验结果。此外，Sobel 检验的结果对样本量敏感，较小样本可能导致检验结果不稳定或显著性不足。

10.2.3　Bootstrap 方法

作为一种非参数统计方法，Bootstrap 方法通过从样本数据中进行反复采样，计算每次采样的统计量，以估计统计量的分布和置信区间。Bootstrap 方法在中介效应检验中可以用来估计间接效应的分布，并检验其显著性。

利用 Bootstrap 方法检验中介效应，首先同样要计算 Sobel 检验第二步中的间接效应 $a \cdot b$。接下来是采用 Bootstrap 方法进行重复采样：从原始样本中进行反复采样（如 1 000 次或更多），每次采样产生一个新样本。对每个新样本，重复地得到对应的间接效应 $a \cdot b$ 值，对 $a \cdot b$ 值进行排序，可以估计其分布。根据这个分布，可以进一步估计间接效应的平均值、中位数、标准误以及其他统计量。进一步地，通过 Bootstrap 分布，可以检验间接效应的显著性，即通过计算间接效应分布的上下百分位点，可以得到其 95% 或 99% 的置信区间。研究者也可以通过观察分布中零点所在的位置，估计间接效应的 P 值，以判断其显著性。

和 Sobel 检验比起来，Bootstrap 方法不依赖于数据的分布假设，可以处理非正态分布、偏态分布等情况，为中介效应检验提供了更灵活的手段。通过反复采样，Bootstrap 方法可以估计间接效应的分布，并提供精确的置信区间和 P 值，因此提升了估计的精确性。此外，Bootstrap 方法适用于各种类型的数据和模型，尤其对于样本量小或不均衡的数据集，Bootstrap 方法可以提供更准确的检验结果。也正因如此，近年来 Bootstrap 方法得到了广泛的应用。Andrew F. Hayes 基于 Bootstrap 方法，开发了应用于 SPSS、SAS 等统计软件的 Process 插件，为研究者提供了简便且完整的中介效应分析流程。

10.3 实例展示

10.3.1 层次回归

我们也可直接利用 SPSS 软件进行检验。以下实例修改自 *The Voice Bystander Effect How Information Redundancy* 一文，使用附件"第十章.sav"进行演示，SPSS 检验步骤如下。

①分析步骤。

> 步骤一：输入数据。
> 步骤二：选择"分析"→"回归"→"线性"。
> 步骤三：选择要分析的自变量和因变量，将其选入"自变量"和"因变量"列表中。
> 步骤四：单击"确定"执行命令。

②步骤图示。

首先检验层次回归中的第一步(式 10-1)，具体步骤如图 10-2~图 10-4 所示。

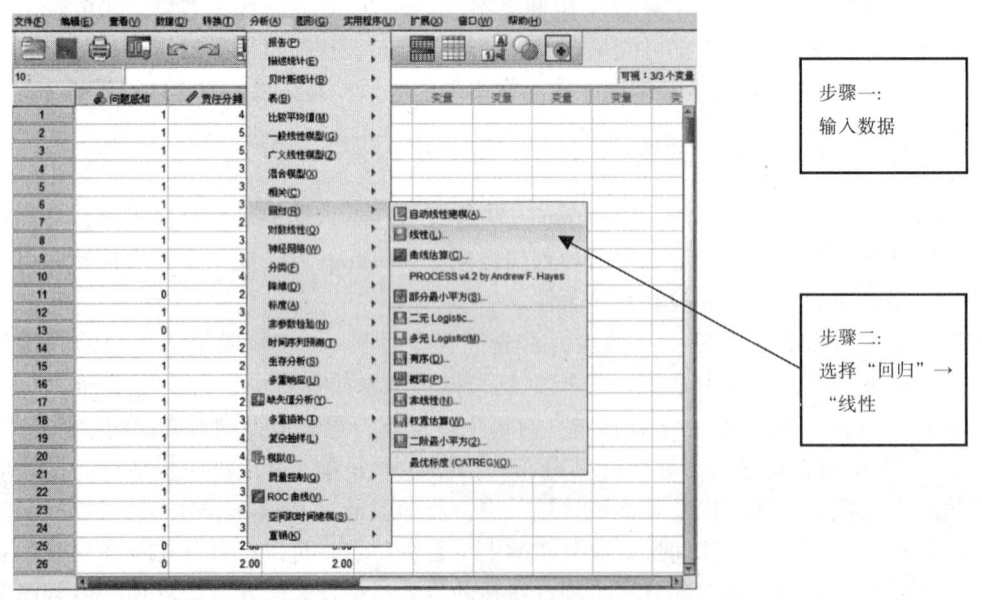

图 10-2 选择分析方法

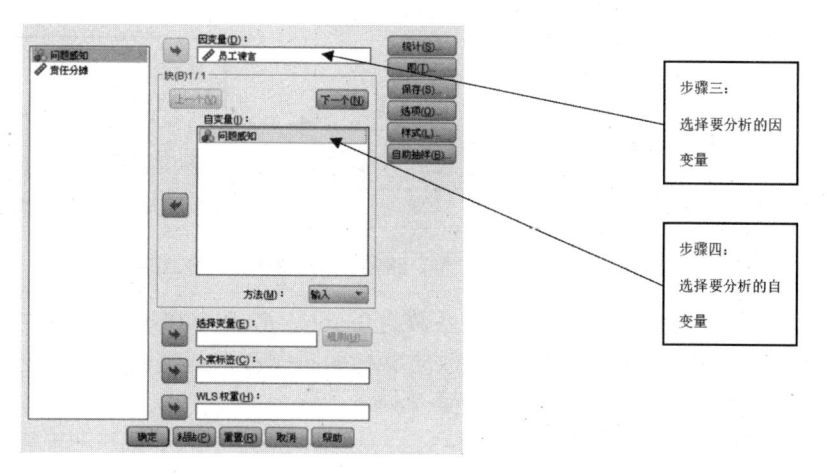

图 10-3　层次回归第一步：选择变量

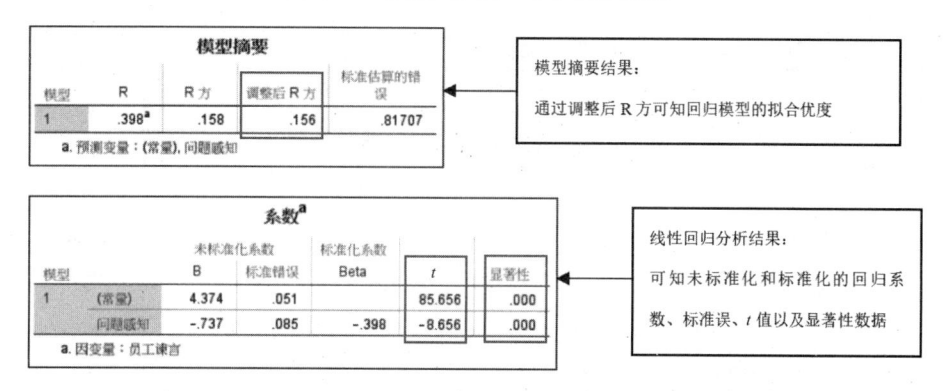

图 10-4　层次回归第一步：路径 $X \rightarrow Y$ 的模型摘要及线性回归结果

由图 10-4 可知，"问题感知"的回归系数为 -0.737，$P = 0.000 < 0.01$，故拒绝原假设，认为在 1% 的显著性水平下，员工认为其他同事有无同样意识到这项管理问题对该员工主动向领导谏言具有显著影响。

接下来检验层次回归中的第二步(式 10-2)。完成图 10-2 中的步骤一和步骤二后，后续操作如图 10-5 和图 10-6 所示。

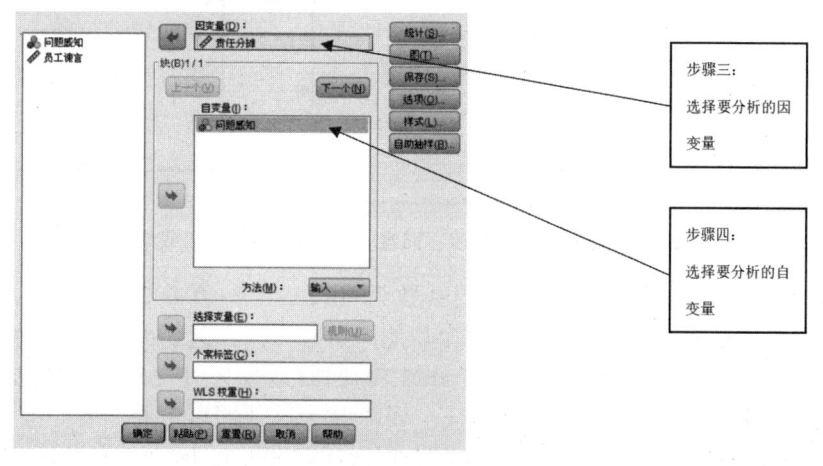

图 10-5　层次回归第二步：选择变量

系数ª

模型		未标准化系数 B	标准错误	标准化系数 Beta	t	显著性
1	(常量)	2.064	.046		44.410	.000
	问题感知	.766	.077	.444	9.895	.000

a. 因变量：责任分摊

> 线性回归分析结果：可知未标准化和标准化的回归系数、标准误、t 值以及显著性数据

图 10-6　层次回归第二步：路径 $X \rightarrow M$ 的线性回归结果

由图 10-6 可知，"问题感知"的回归系数为 0.766，$P=0.000<0.01$，故拒绝原假设，认为在 1% 的显著性水平下，员工认为其他同事有无同样意识到这项管理问题对该员工认为其他同事也有向领导谏言的责任具有显著影响。

最后检验层次回归中的第二步（式 10-3）。完成图 10-2 中的步骤一和步骤二后，后续操作如图 10-7 和图 10-8 所示。

> 步骤三：选择要分析的因变量
>
> 步骤四：选择要分析的自变量

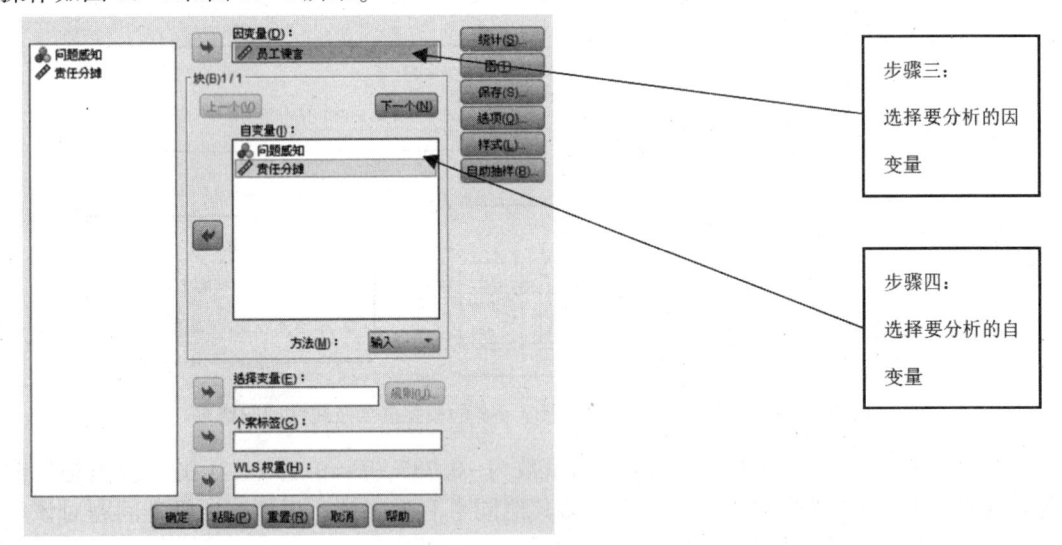

图 10-7　层次回归第三步：选择变量

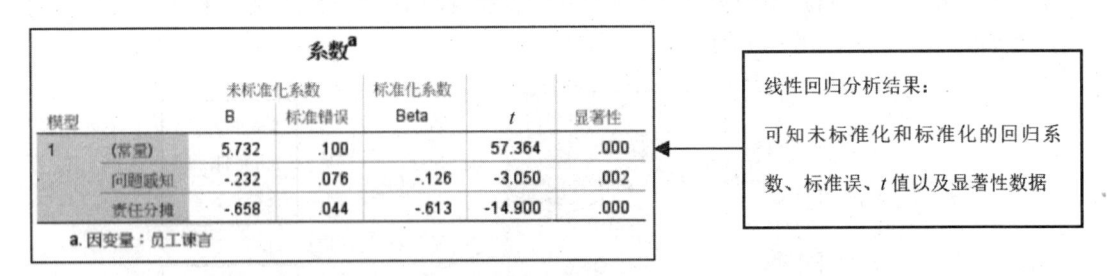

系数ª

模型		未标准化系数 B	标准错误	标准化系数 Beta	t	显著性
1	(常量)	5.732	.100		57.364	.000
	问题感知	-.232	.076	-.126	-3.050	.002
	责任分摊	-.658	.044	-.613	-14.900	.000

a. 因变量：员工谏言

> 线性回归分析结果：可知未标准化和标准化的回归系数、标准误、t 值以及显著性数据

图 10-8　层次回归第三步：路径 $X+M \rightarrow Y$ 的线性回归结果

由图 10-8 可知，"问题感知"的回归系数为 -0.232，$P=0.002<0.01$，故拒绝原假设，认为在 1% 的显著性水平下，员工认为其他同事有无同样意识到这项管理问题对该员工主动向领导谏言具有显著影响。"责任分摊"的回归系数为 -0.658，$P=0.000<0.01$，故拒绝原假设，认为在 1% 的显著性水平下，员工认为其他同事也有向领导谏言的责任对该员工主动向领导谏言具有显著影响。此外，层次回归结果表明，"责任分摊"部分中介了"问题感知"对"员工谏言"的影响。

10.3.2 Sobel 检验

在层次回归中,我们已在第二步对路径 X→M 进行了线性回归检验并得到了 X 的系数 a 以及标准误 SE_a。接下来我们对路径 M→Y 进行回归检验并从 SPSS 输出结果中获取 M 的系数 b 以及标准误 SE_b。

与前述案例相关,利用 SPSS 进行 Sobel 检验时,首先要完成图 10-2 中的步骤一和步骤二,后续操作如图 10-9 和图 10-10 所示。

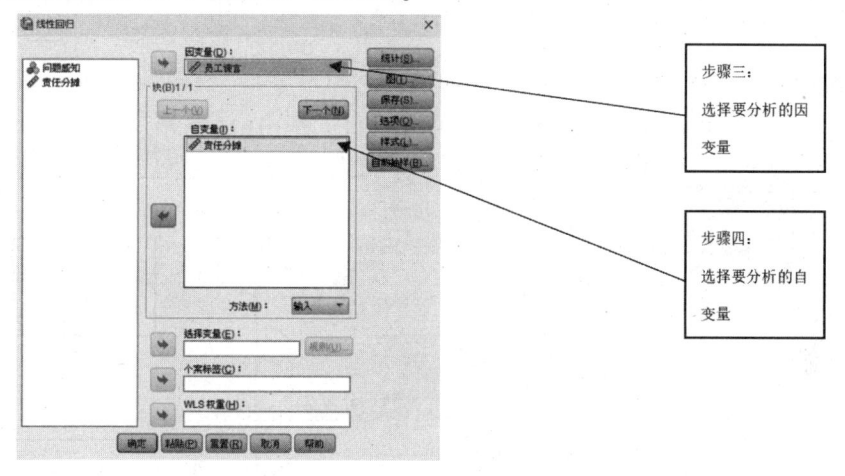

图 10-9 Sobel 检验:选择变量

图 10-10 Sobel 检验:路径 M→Y 的线性回归结果

到此,我们已获得了 X 与 M 各自的回归系数及标准误。由于 SPSS 中并没有 Sobel 检验的选项,因此我们需要手动进行 Sobel 检验的计算。根据式 10-4 可得出 SE_{ab} = $\sqrt{0.766^2 \times 0.04^2 + (-0.718)^2 \times 0.077^2}$ =0.004;由式 10-5 对 Sobel 统计量进行 Z 检验可得出 z 值为-137.497,通过查表可知其显著性在 1% 下通过检验,说明"责任分摊"在方程中起到了显著的中介作用。

10.3.3 基于 Process 的 Bootstrap 方法

接下来我们使用 SPSS 中的 Process 插件对以上实例进行中介效应检验,使用附件"第十章.sav"进行演示,检验步骤如下。

①分析步骤。

步骤一:输入数据。
步骤二:选择"分析"→"回归"→"PROCESS v4.2 by Andrew Hayes"。

步骤三：选择要分析的自变量、中介变量和因变量，将其选入"X variable""Mediator (s)M"和"Y variable"列表中。

步骤四："Model number"选择"4"。

步骤五：设定置信区间为"95"。

步骤六："Number of bootstrap samples"选择为默认的5 000。

步骤七：点击"Long variable names"并勾选"I accept the risk of incorrect output"。

步骤八：单击"确定"执行命令。

②步骤图示。

利用SPSS进行Bootstrap的具体操作如图10-11~图10-14所示。

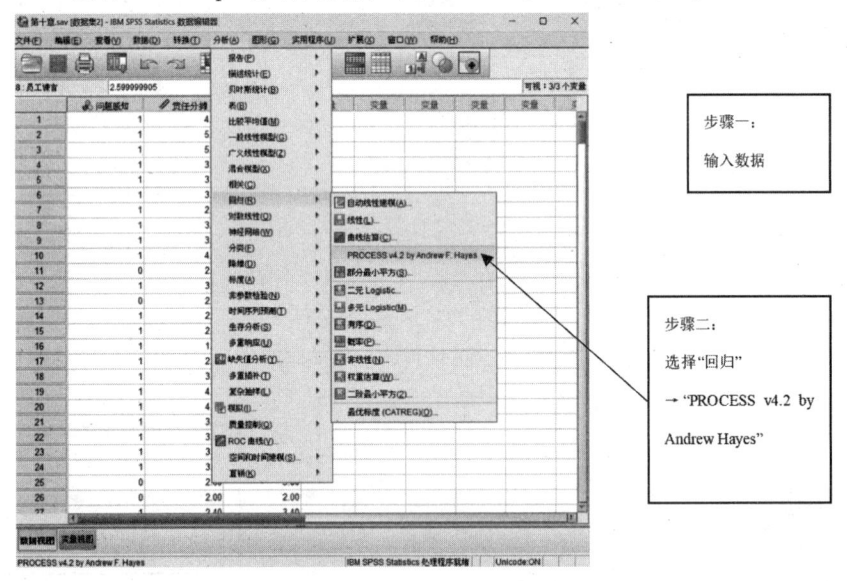

图10-11 基于Process的Bootstrap方法：选择分析方法

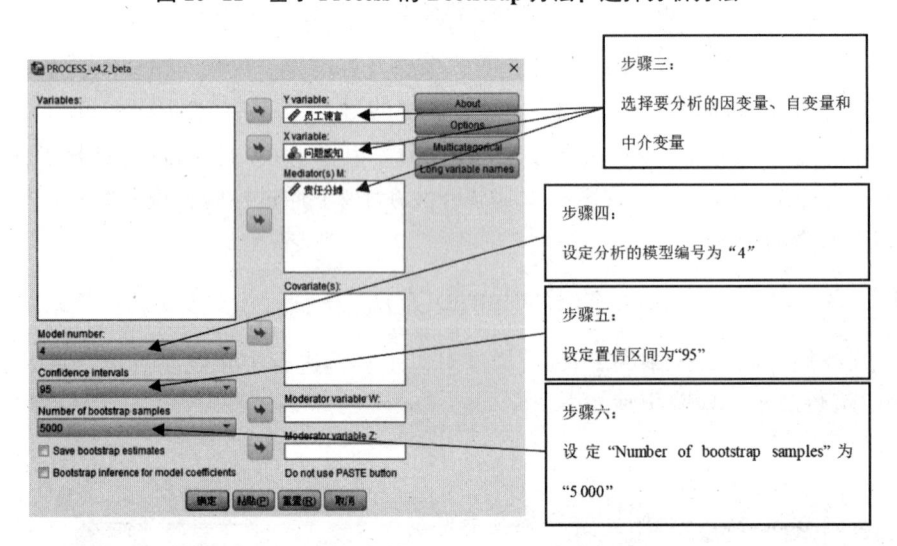

图10-12 基于Process的Bootstrap方法：选择变量及设定Process模型参数

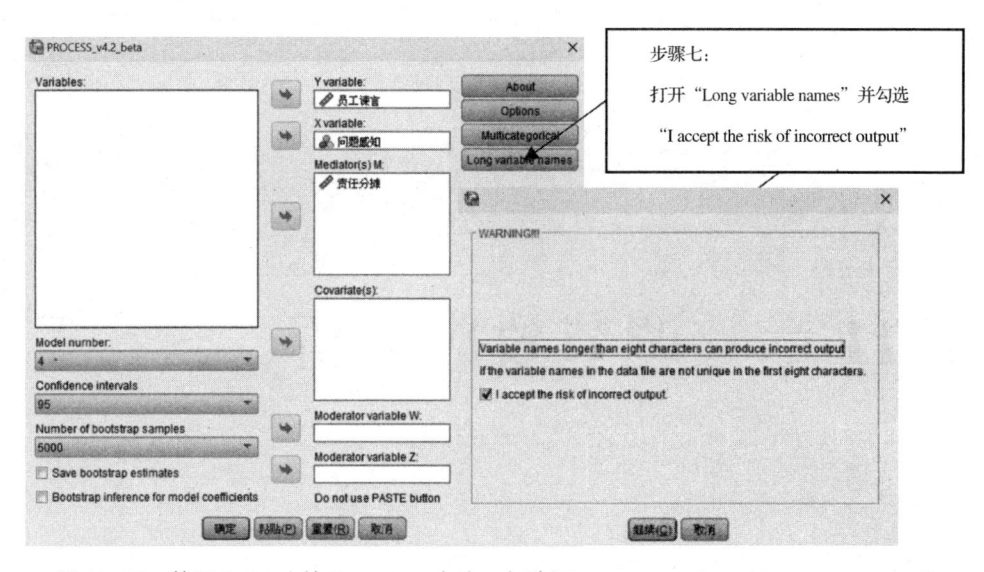

图 10-13　基于 Process 的 Bootstrap 方法：勾选"I accept the risk of incorrect output"

注：由于 Process 在进行回归分析时对变量名称的最大识别长度为 8 个字符，因此对于变量名称程度大于 8 个字符的情况，若这些变量名称的前 8 个字符是完全一致的，Process 可能会出现混淆并输出错误结果。因此对于前 8 个字符不完全一致的长变量名，我们可以勾选"Long variable names"中的"我同意"进行强制回归。

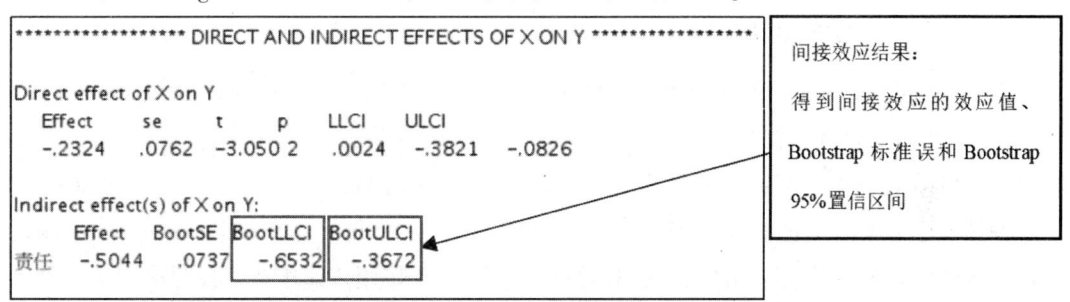

图 10-14　基于 Process 的 bootstrap 方法：间接效应检验结果

由结果可知，"责任分摊"的效应值为-0.504 4，Bootstrap 标准误为 0.073 7，Bootstrap 95% 置信区间下限为-0.653 2，上限为-0.367 2。置信区间完全在 0 之下支持了间接效应为负的结论，即中介变量"责任分摊"在方程中起到显著为负的中介效应。

思考题

1. 在中介效应分析中，需要提出哪些假设？这些假设为什么是必要的？
2. 什么是层次回归？请解释其在中介效应检验中的应用和具体操作步骤。
3. 请解释 Sobel 检验的基本原理和适用条件，为什么选择 Sobel 检验来检验中介效应？
4. 什么是 Bootstrap 方法？请解释其在中介效应检验中的应用和优势。

第 11 章 调节效应分析

11.1 调节变量的内涵

11.1.1 无条件效应

调节效应(Moderation Effect)是研究两个变量之间关系时引入的一个重要概念,用于解释一个变量(自变量 X)对另一个变量(因变量 Y)的影响受第三个变量(调节变量 W)调节的情况。在调节效应中,变量 W 可以决定或预测自变量 X 对因变量 Y 的影响的符号和大小。在这种情况下,X 对 Y 的影响受到了 W 的调节,W 被称为调节变量(Moderator Variable)。这种影响通常被称为交互效应,因为 W 通过与 X 的交互作用来影响 Y。我们可以从条件效应与无条件效应的角度来理解调节效应。给出一个多元回归模型,如式 11-1 所示。

$$Y = \beta_0 + \beta_1 X + \beta_2 W + \varepsilon \tag{11-1}$$

假设式中的 $\beta_0 = 3, \beta_1 = 1, \beta_2 = 2$,则方程变为:

$$\hat{Y} = 3 + X + 2W \tag{11-2}$$

式 11-2 中当 X 和 W 取不同值时,$\hat{Y}$ 的值如表 11-1 所示。

表 11-1 式 11-2 中不同情况下 $\hat{Y}$ 的取值

X	W	$\hat{Y}$
0	1	5
1	1	6
0	2	7
1	2	8

从表中的数据不难发现，X 每增加一个单位对 $\hat{Y}$ 的影响与 W 并没有关系，即 X 增加一个单位最终会转化为 $\hat{Y}$ 增加 β_1 个单位，这被称作无条件效应，即 X 对 $\hat{Y}$ 的影响并不依赖于 W。

11.1.2 条件效应

若想使回归模型中 X 对 Y 的影响受到 W 的影响，就意味着当 W 取不同值时，X 对 Y 的影响也不同。据此，可以写出如下回归模型，如式 11-3 所示。

$$Y = \beta_0 + f(W)X + \beta_2 W + \varepsilon \tag{11-3}$$

式 11-3 中，$f(W)$ 是关于 W 的函数。举一个简单的例子，如 $f(W) = \beta_1 + \beta_3 W$，将这个 $f(W)$ 代入式 11-3 中，则可以得到式 11-4：

$$Y = \beta_0 + (\beta_1 + \beta_3 W)X + \beta_2 W + \varepsilon \tag{11-4}$$

对 11-4 进行整理，得：

$$Y = \beta_0 + \beta_1 X + \beta_2 W + \beta_3 WX + \varepsilon \tag{11-5}$$

假设式中的 $\beta_0 = 3, \beta_1 = 1, \beta_2 = 2, \beta_3 = 4$，则方程变为：

$$\hat{Y} = 3 + X + 2W + 4WX \tag{11-6}$$

式 11-6 与式 11-2 相比，除多出了 $4WX$ 这一项外并没有其他区别，而多出的这一项则可以让我们观察到 X 和 W 的乘积作为前因变量时会对 $\hat{Y}$ 产生什么样的影响。式 11-6 中的 X 和 W 取不同值时，$\hat{Y}$ 的值如表 11-2 所示。

表 11-2 式 11-6 中不同情况下 $\hat{Y}$ 的取值

X	W	$\hat{Y}$
0	1	5
1	1	10
0	2	7
1	2	16

从表中的数据不难发现，X 每增加一个单位对 $\hat{Y}$ 的影响受到 W 的影响，X 增加一个单位最终会转化为 $\hat{Y}$ 增加 $f(W) = \beta_1 + \beta_3 W$ 个单位，$\beta_1 + \beta_3 W$ 被称作条件效应，记为 θ。

图 11-1 清晰展示了无条件效应与条件效应下两模型间的差异，其中，(a) 为无条件效应的图示，(b) 为条件效应的图示。可以看出，在无条件效应下，X 与 $\hat{Y}$ 之间的关系线在 $W=1$ 和 $W=2$ 时是平行的；在条件效应下，X 与 $\hat{Y}$ 之间的关系线在 $W=1$ 和 $W=2$ 时不平行。

现在回看式 11-5 和式 11-6，当我们把 W 作为调节变量时，β_3 表示斜率的变化。

图 11-2 清楚地显示了调节变量 W 是如何通过改变 X 对 Y 的影响来发挥作用的。其中，自变量 X 对因变量 Y 的影响路径被标记为 $X \rightarrow Y$；调节变量 W 对这条路径的调节作用以一个从 W 指向 X 至 Y 路径的箭头表示。

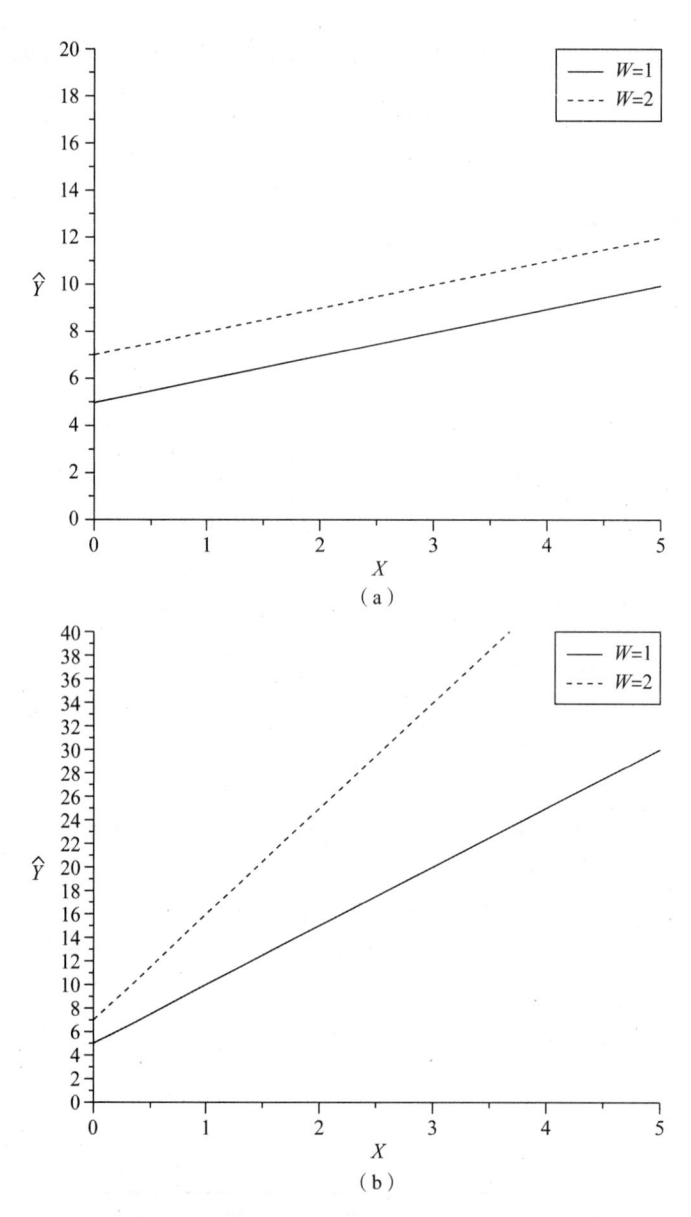

图 11-1　无条件效应与条件效应图示

(a)无条件效应；(b)条件效应

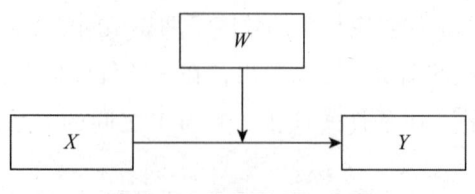

图 11-2　调节效应概念图

调节效应的类型一般包括以下几种。

(1)正向调节。当调节变量 W 的作用增强了自变量 X 对因变量 Y 的影响时，称为正向调节。这意味着随着 W 的值增加，X 对 Y 的影响会变得更强。例如，在一个研究员工培训对工作绩效的影响中，W可以是员工的工作经验，经验丰富的员工在接受培训后，可能比经验不足的员工表现出更大的绩效提升。

(2) 负向调节。当调节变量W的作用减弱了自变量X对因变量Y的影响时，称为负向调节。这意味着随着W的值增加，X对Y的影响会变得更弱。例如，在研究市场营销策略对销售额的影响时，W可以是市场竞争的程度，在竞争激烈的市场中，营销策略对销售额的影响可能比在竞争较小的市场中要小得多。

(3) 非线性调节。在一些情况下，调节变量W的影响可能是非线性的，即W对X和Y之间关系的影响不是简单的增加或减少。例如，在研究培训对绩效的影响时，可以将W(经验水平)分为高、中、低三个层次，分别计算X对Y的回归系数，从而发现不同经验水平下调节效应的作用可能是复杂的。

11.2 调节效应的检验方法

除了用于检验中介效应，层次回归分析还可以用于检验变量间的调节效应。在利用层次回归分析调节效应时，研究者首先应该构造交互项，然后按照一定的顺序逐步将这些变量(包括主效应和交互效应)引入回归模型。这样做可以清晰地展示模型在不同阶段的改变，尤其是交互项的引入对模型的影响。调节效应检验的步骤如下。

第一步，构建基本模型。

在进行层次回归分析的第一步中，研究者需要构建一个包含主要自变量(X)的回归模型来预测因变量(Y)。这一模型通常被视为基线模型，反映了没有任何调节变量影响下自变量对因变量的直接效应，为之后引入调节变量和交互项提供了比较基础。

第二步，引入调节变量。

在模型中加入调节变量(W)。此时，模型不仅反映了自变量对因变量的影响，也展示了调节变量自身的影响及其与自变量的独立效应。这一步是调节效应检验的关键，因为它能帮助研究者理解在不同水平的调节变量下自变量的效应是否发生变化。

第三步，加入交互项。

最关键的一步是加入构造好的交互项($X \cdot W$)。这一步是评估调节效应的核心，因为交互项的系数提供了调节变量如何影响自变量和因变量关系的直接证据。

在应用层次回归分析检验调节效应时，每一步的模型变化都是关键的。首先，研究者应当密切关注模型拟合度的改善情况，特别是调整后的R^2(Adjusted R-squared)的变化。这一统计量反映了模型对数据的解释力，其增加表明新加入的变量(如交互项)为模型提供了额外的解释力。此外，F统计量的变化同样重要，因为它反映了整个模型的统计显著性是否因新变量的加入而提升，这有助于确认模型的整体有效性。

第四步，应当重点检查交互项的系数是否显著，以及这些系数的符号和大小。

交互项系数的显著性通过t检验来确定，如果t值显著，则表明自变量和调节变量的交互效应在统计上显著，这意味着调节变量对自变量和因变量之间关系的影响是显著的。此外，系数的符号(正或负)会告诉我们调节效应的方向：正系数表示随着调节变量的增加，自变量对因变量的正向影响增强，负系数则表明自变量的影响减弱。

对于系数的大小，它提供了调节效应强度的量化信息。一个大的正系数表明调节变量显著增强了自变量对因变量的正向影响；相反，一个大的负系数则表示调节变量显著削弱了这种影响。这些信息对于理解自变量如何在不同条件下影响因变量至关重要。

此外，置信区间的检查也非常重要。如果交互项系数的95%置信区间不包括零，这进一步确认了交互效应的显著性。此外，置信区间的宽度可以为系数的估计提供精确度的指示，较窄的置信区间表明估计更为精确。

最终，通过这些详细的分析步骤，研究者可以充分理解和解释调节变量如何具体影响自变量与因变量之间的关系。通过深入分析交互项的显著性、符号和大小，可以更准确地指导未来的研究方向和实践策略。

Process 也可以用于检验调节效应，其检验结果直接且系统。

案例 11-1

调节效应的检验步骤

假设我们要研究工作压力（自变量 X）对员工离职意愿（因变量 Y）的影响，并探讨员工的情绪调节能力（调节变量 W）如何影响这一关系。

第一步，我们首先构建一个基础模型，只包括工作压力对离职意愿的直接影响。假设结果显示工作压力与离职意愿正相关，即工作压力越大，离职意愿越强。

第二步，引入情绪调节能力作为另一个自变量，考察它对离职意愿的影响以及它是否改变了工作压力的基本效应。结果显示，情绪调节能力本身与离职意愿负相关，即调节能力越强，离职意愿越弱。

第三步，加入交互项（工作压力 × 情绪调节能力），检查情绪调节能力是否能调节工作压力对离职意愿的影响。假设发现交互项显著，且系数为负。这表明情绪调节能力越高，工作压力对离职意愿的影响越小。

在具体的操作中，我们可以使用 Process 模型 1，设置工作压力为自变量，工作满意度为因变量，情绪调节能力为调节变量。这个研究的交互项的显著性说明，情绪调节能力确实调节了工作压力与离职意愿之间的关系。此外，系数的负符号表示情绪调节能力的提高能够减缓工作压力导致的离职意愿增加。

11.3 调节效应的应用情境

11.3.1 多层次影响因素

多层次影响因素是管理和社会科学研究中的一个重要概念，它考虑了影响个体行为和结果的不同层次的因素。当研究问题涉及如个体、团队、组织等多个层次的影响因素时，调节效应分析变得尤为重要，因为它可以帮助研究者理解这些不同层次因素如何相互作用并最终影响结果变量。

在多层次研究中，如组织行为学和人力资源管理领域，个体层面的因素可能包括员工的态度、技能和行为，而团队层面的因素可能涉及团队合作、领导风格和团队凝聚力。组织层面的因素则可能包括组织文化、结构和政策等。这些因素都可能在不同的层次上对员工满意度、绩效和离职率等关键结果产生影响。

调节效应在这种多层次框架中的作用体现在它能够揭示一个层次的因素如何影响另一个层次因素与结果变量之间的关系。例如，组织文化（组织层面）可能调节团队领导风格（团队层面）与员工绩效（个体层面）之间的关系，如果组织文化倾向于高度自主和创新，它可能增强积极的领导风格对员工绩效的正面影响；而在一个高度规范和控制的文化中，同样的领导风格可能不那么有效。

通过应用调节效应分析，研究者可以更准确地识别和解释这些复杂的相互作用关系，从而提供更为深入的洞察，帮助组织制定更有效的管理策略和干预措施。这种分析不仅增加了研究的理论深度，也增强了其实际应用的相关性，使研究结果能够直接支持针对特定层次或情境的决策和政策制定。

案例 11-2

多层次影响因素的调节效应

1. 员工参与度与组织文化的相互作用

假设一项研究旨在探讨员工参与决策（个体层次）如何影响其工作满意度（个体层次）。这里，组织文化（组织层次），特别是支持创新和自主的文化，可以作为一个调节变量。在支持自主的文化中，员工参与决策可能更加显著地提升工作满意度，因为员工感受到了更高程度的尊重和自我效能。

2. 工作压力与支持系统的复合作用

考虑到工作压力（个体层次）对员工健康（个体层次）的潜在负面影响，组织提供的支持系统，如员工援助计划（组织层次），可能起到调节作用。在强大的支持系统下，高工作压力的负面影响可能被缓解，因为员工有更多资源来应对压力，从而减轻了压力对健康的直接影响。

11.3.2 环境敏感性问题

环境敏感性问题是管理研究中的一个关键领域，涉及环境变量（如市场状况和经济条件等）因素，这些因素对管理实践和决策的影响极其显著。通过探讨这些外部因素的调节效应，研究者能够更深入地理解其如何影响组织和个体行为。

在实际应用中，如在研究市场营销策略的有效性时，市场状况（如消费者信心指数、市场饱和度）可以作为一个调节变量来检验特定营销策略与销售绩效之间的关系。在消费者信心高涨时，某些类型的广告活动可能更有效，而在市场竞争激烈或消费者信心不足时，相同的策略可能效果不佳。

经济条件同样影响着组织策略的成功率。在经济衰退期间，消费者的购买行为和公司的投资策略可能发生变化，这时，通过调节效应分析，可以揭示经济环境如何影响价格策略与消费者响应之间的关系。在战略管理的研究中，外部经济条件是一个关键的调节变量，可以影响不同战略选择的效果。例如，研究者可能探索经济周期对扩张战略的影响；在经济繁荣时期，企业们可能更倾向于进行并购，扩大市场份额，因为市场条件支持增长和扩张；在经济衰退期，相同的并购战略可能需要调整，转而更加注重成本控制和运营效率的策略。因此，通过研究外部经济条件的调节作用，有助于研究者更深入地理解不同的经济环境下并购战略与企业绩效之间的关系变化。

案例 11-3

环境因素的调节效应

随着经济全球化和市场的不断波动,企业必须适应不同的经济环境以保持竞争力。并购通常被视为企业扩展市场份额、增加资本和技术获取的重要战略。然而,并购的成功往往受到多种因素的影响,其中,经济环境的波动是一个重要的外部因素。假设一项研究旨在探索经济环境作为调节变量影响企业并购战略的成功与否。

这项研究的假设如下。

主效应假设:实施并购战略有助于提升企业绩效。

调节效应假设:经济环境将调节实施并购战略对企业绩效的影响。具体来说,在经济环境良好时,实施并购战略的正向影响将更加显著。

这项研究的变量测量和定义如下。

因变量(Y):并购成功的度量(如并购后的市场份额增加、财务绩效提升)。

自变量(X):实施并购战略(如并购的规模和频率)。

调节变量(W):经济环境指标(如 GDP 增长率、市场利率、消费者信心指数等)。

数据的收集和分析方法如下。

研究者可以收集上市公司的企业并购数据和相关经济指标,使用层次回归分析来检验假设。首先,将并购战略实施的相关数据(自变量)输入模型,然后添加企业绩效的度量(因变量),最后引入经济环境指标作为调节变量,构造交互项($X \cdot W$),来评估经济环境如何影响并购战略与企业绩效之间的关系。

该研究有助于我们更好地理解在不同经济环境下,如何调整企业的并购战略以适应市场变化,从而提高并购成功率。

11.3.3 策略实施的条件限制

在管理研究中,深入了解特定管理策略的实施(处理效应)对于确保其成功至关重要。管理策略的有效性往往取决于各种内部和外部因素的相互作用,这些因素包括但不限于组织结构、市场环境、技术进步以及员工的技能和态度。通过调节效应分析,研究者可以揭示这些变量如何影响策略的效果,从而为决策者提供实施策略的最佳环境和条件。

调节效应分析不仅可以揭示在某些条件下策略可能表现得最好的情况,还指出了可能增强或削弱策略效果的特定环境因素。例如,在高度竞争的市场中,创新策略的成功可能依赖于公司的快速适应能力和技术采纳率;一个旨在提升员工满意度的人力资源政策,在员工参与度高的组织文化中可能更有效。

调节变量在这种分析中发挥着核心作用,可以是组织的规模、市场竞争程度、技术接受度或文化差异等。例如,较大的组织可能更能承受战略变革带来的短期成本;而在技术接受度高的企业中,技术相关的策略可能更容易获得成功。此外,文化差异也是一个关键调节因素,它决定了组织内部对市场营销策略的接受程度。

研究者通过实证研究分析这些调节变量,可以更全面地理解策略实施的多维度复杂性。通过这种方式,调节效应分析不仅可以帮助研究者识别和测试影响策略效果的关键变量，还可以为实践者提供量身定制的策略建议，确保策略在特定环境下的最优表现。

> **案例 11-4**

实验设计中的调节效应

假设研究者设计了一个实验，以研究灵活工作环境对员工满意度的影响，并探索员工的抗压能力作为调节变量如何影响灵活工作环境与员工满意度之间的关系。

1. 实验的变量定义

自变量：工作环境(固定工作环境 VS 灵活工作环境)

因变量：员工满意度(通过问卷调查得出的满意度评分)

调节变量：员工的抗压能力(低、中、高)

2. 实验过程

从一家大型企业中随机选择 200 名员工，确保样本在职位、年龄、性别等方面具有代表性。在实验开始前，使用标准化心理测试工具(如抗压能力量表)评估所有参与者的抗压能力，并根据得分将员工分类为低、中、高三个级别。

然后，将员工随机分配到控制组和实验组。

控制组：员工在固定的办公室工作。

实验组：员工可以选择在家办公或使用共享工作空间。

作为干预措施，实验组员工将在为期三个月的试验期内实行灵活工作政策。

3. 数据收集与分析

在实验开始前(基线)和实验结束后，通过电子问卷收集所有员工的工作满意度数据。问卷应包括对工作环境、工作压力、工作生活平衡等方面的满意度评价。

在获得数据后，使用层次回归分析来评估工作环境对员工满意度的影响，并特别关注抗压能力在其中的调节作用。

第一步，分析只包含自变量(工作环境)对因变量(员工满意度)的影响。

第二步，分析加入调节变量(抗压能力)，以及调节变量和自变量的交互项后的调节效应。

通过这种实验设计，研究者可以详细了解的不仅仅有工作环境对员工满意度的直接影响，还包括个体差异(如抗压能力)如何在这种关系中起调节作用。

11.3.4 消费者特征的多样性

调节效应分析在消费者行为研究中扮演着重要角色，尤其是在探索不同的消费者特征(如年龄、性别、文化背景)影响市场策略效果时。通过此分析，研究者可以更深入地理解消费者行为的多样性，从而设计更有效的市场策略来满足不同消费者群体的需求。

在营销和广告领域，消费者的个体差异对品牌忠诚度、购买决策和产品偏好等方面都有显著影响。例如，年轻消费者可能对数字营销和社交媒体广告更为敏感，而老年消费者可能更倾向于传统媒体(如电视和广播)的广告；性别也是一个影响因素，一些产品或品牌可能在女性中更受欢迎，而另一些则可能在男性中找到更多的共鸣。

文化背景对消费者行为的影响也很重要，不同文化背景的消费者对广告的诉求和价值观可能完全不同。例如，在西方国家，消费者可能更倾向于个性化和自我表达的广告信息；而在东方文化中，社会和谐与家庭价值可能是更加有效的广告策略。这些差异要求营销策略师在设计广告和推广活动时要考虑文化的调节效应。

除了基本的人口统计变量，生活方式和心理特征（如个人价值观、生活方式以及媒体使用习惯）也可以作为调节变量进行研究。例如，对于寻求健康和环境友好产品的消费者，绿色营销策略可能会更有效，而这种策略的成功实施可能还取决于消费者的教育背景和收入水平。

案例 11-5

消费者年龄作为调节变量在手机广告效果上的影响

对于智能电子市场，研究者可能希望了解不同消费者群体对不同类型广告的响应。为此，研究者设计了两种不同风格的广告。

A 型广告：强调产品的技术创新和高性能，使用专业术语和高科技图像。

B 型广告：强调产品如何增强社交互动，使用日常语言和温馨的家庭场景。

研究者通过在线调查，收集了包括参与者的年龄、观看广告后的购买意向以及对广告内容的评价等数据。在获得数据后，研究者使用层次回归模型来测试年龄是否能调节广告类型对购买意向的影响。

实证结果可能发现，年龄显著调节了广告类型对购买意向的影响。具体来说，年轻消费者（如18~25岁）对技术导向的 A 型广告反应更积极，而年长消费者（如45岁以上）则更倾向于 B 型广告，购买意向也更高。这种差异的产生可能是由于不同年龄段的消费者有不同的价值观和技术熟练度：年轻消费者可能更关注最新科技，而年长消费者可能更看重产品在日常生活中的应用。

11.3.5 人力资源管理中的个体差异

在人力资源管理的相关研究中，培训、领导风格以及员工满意度等变量对于提升员工能力及组织绩效至关重要，一些诸如个体性格、工作态度和职业发展阶段等调节变量则可能影响这些因素对 HR 策略成效的作用。通过引入这些调节变量，研究者可以更深入地了解不同条件下人力资源管理策略的效果。例如，在员工培训方面，培训的成效往往受到员工个性类型的影响。性格外向的员工可能更喜欢群体互动频繁的培训环境，因为这种环境可以满足他们的社交需求和外部刺激需求，使他们在培训中获得更多的积极反馈和学习成果；相反，内向的员工可能更倾向于单独学习或在静态环境中深入思考，因此，为这类员工设计的培训方案可能需要更多个别化内容和自我引导学习环节。

工作态度也是一个关键的调节变量，它直接影响员工对工作的总体满意度和投入程度。积极的工作态度可能增强员工对人力资源政策的接受度，如绩效激励和职业发展机会；而消极的工作态度可能抑制这些政策的潜在正效果，导致 HR 策略无法充分发挥预期效能。

职业发展阶段是影响 HR 策略成效的另一个重要调节变量。不同职业阶段的员工对于培训与发展机会的需求和反应各不相同。例如，职业生涯初期的员工可能更看重技能提升和职业成长的机会，而资深员工可能更倾向于寻求工作的稳定性和认可。因此，设计 HR

策略时将职业发展阶段加入考虑可以提高策略的针对性和效果。

案例 11-6

个体性格调节员工对领导风格的反应

假设研究者注意到不同部门员工对管理措施的满意度和绩效有显著差异，为了探索这种差异背后的原因，他们决定进行一项研究，旨在评估个体性格如何调节领导风格对员工满意度和工作绩效的影响。

数据来源：从一个大型跨国公司内随机选取不同部门的 500 名员工作为研究对象。

变量测量：

(1) 个体性格。使用"五大性格量表"(Big Five Inventory) 来评估员工的性格特质，包括开放性、责任心、外向性、宜人性和神经质。

(2) 领导风格。通过"多维领导问卷"(Multifactor Leadership Questionnaire, MLQ) 评估直接上级的领导风格，主要区分为变革型领导和交易型领导。

(3) 员工满意度和绩效。通过员工满意度调查和绩效评估报告来收集数据。

研究结果可能表明，外向性高的员工在变革型领导下表现出更高的满意度和绩效，因为这种领导风格鼓励开放和动态的交流，与外向性员工的特点相匹配；而对于神经质较高的员工，变革型领导的不确定性可能导致他们的满意度和绩效下降。这一研究结果显示出领导风格与个体性格的交互影响显著。

11.4 实例展示

我们也可直接利用 SPSS 软件进行检验。以下实例与"10.3 实例展示"同样，修改自 *The Voice Bystander Effect How Information Redundancy* 一文，本实例试图研究员工身边的同事与领导关系的疏密程度(称为"上下级关系"，其连续型变量在数据集中的均值为 5.0，数据集中已根据样本中的值是否高于均值设置了对应的二分类变量，其中，赋值为"0"表示低于均值，代表关系疏远；赋值为"1"表示高于均值，代表关系亲密)会调节"问题感知"对"员工谏言"的影响。本实例使用附件"调节效应检验.sav"进行演示，SPSS 检验步骤如下。

11.4.1 层次回归

① 分析步骤。

步骤一：输入数据。
步骤二：构造交互项。
步骤三：选择"分析"→"回归"→"线性"。
步骤四：选择要分析的自变量和因变量，将其选入"自变量"和"因变量"列表中。
步骤五：单击"确定"执行命令。

②步骤图示。

首先根据模型需要构造所需的交互项，如图 11-3 和图 11-4 所示。

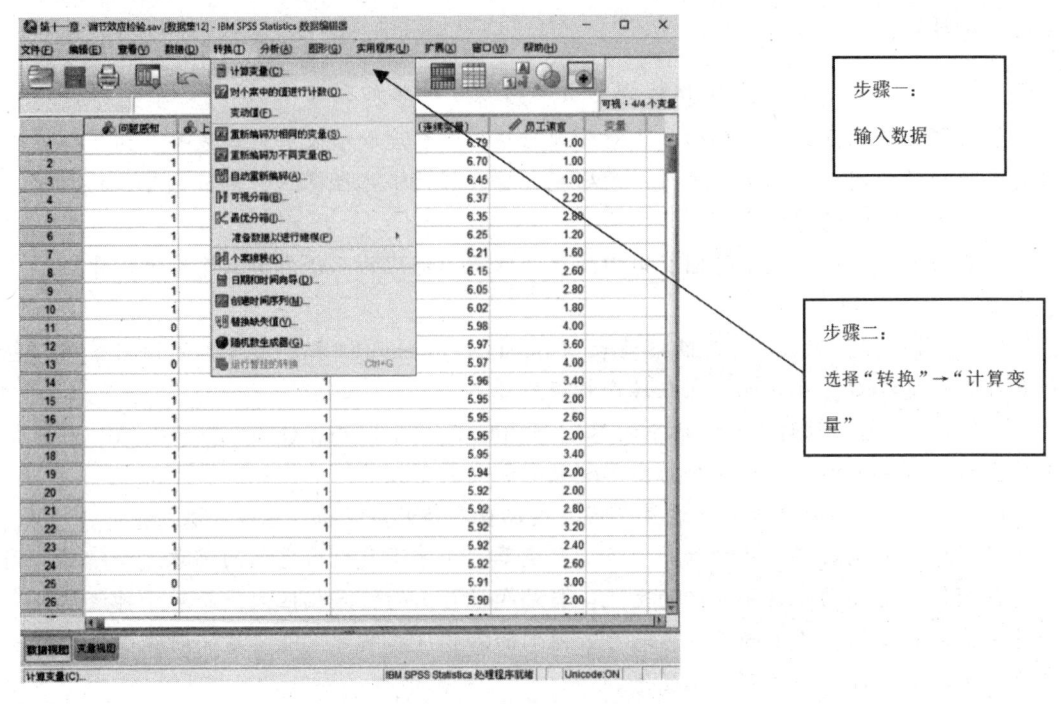

图 11-3　选择变量构造方法

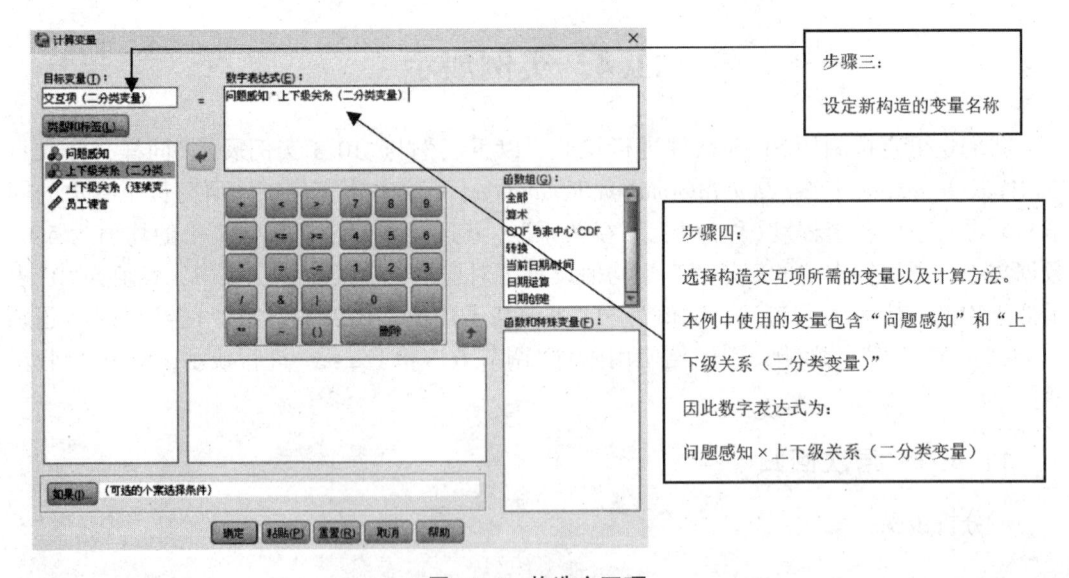

图 11-4　构造交互项

单击"确定"后即可成功生成变量"交互项(二分类变量)"，并通过同样的步骤构造"问题感知"与"上下级关系(连续变量)"的交互项。

然后检验层次回归中的第一步，如图 11-5～图 11-7 所示。

第 11 章 调节效应分析

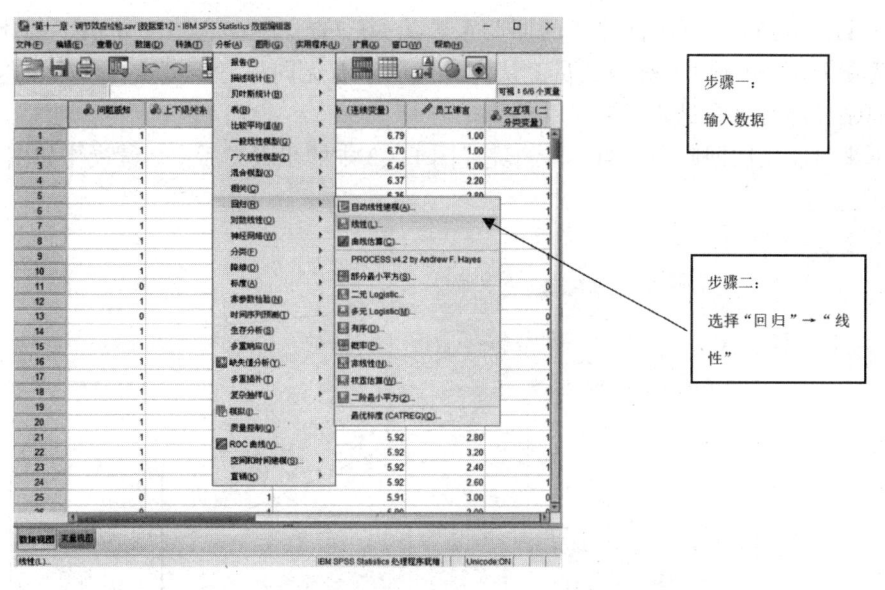

图 11-5 选择分析方法

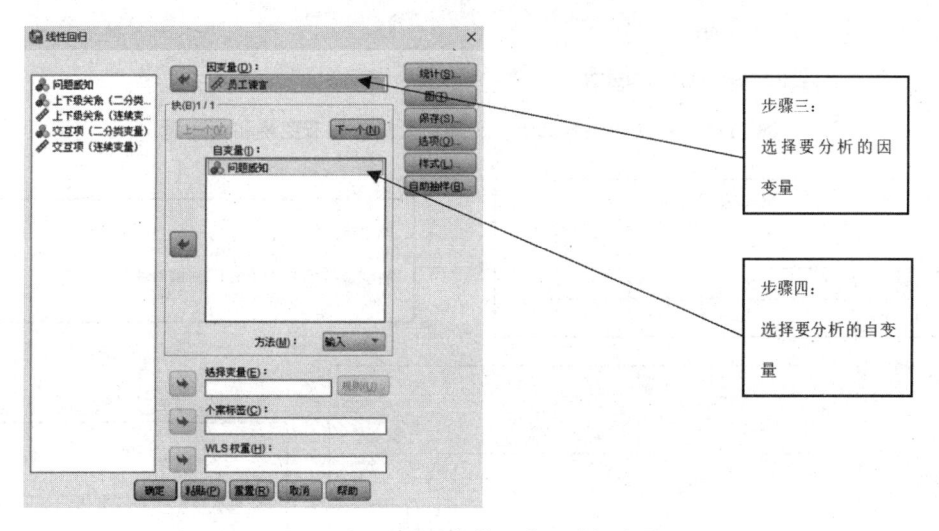

图 11-6 层次回归第一步：选择变量

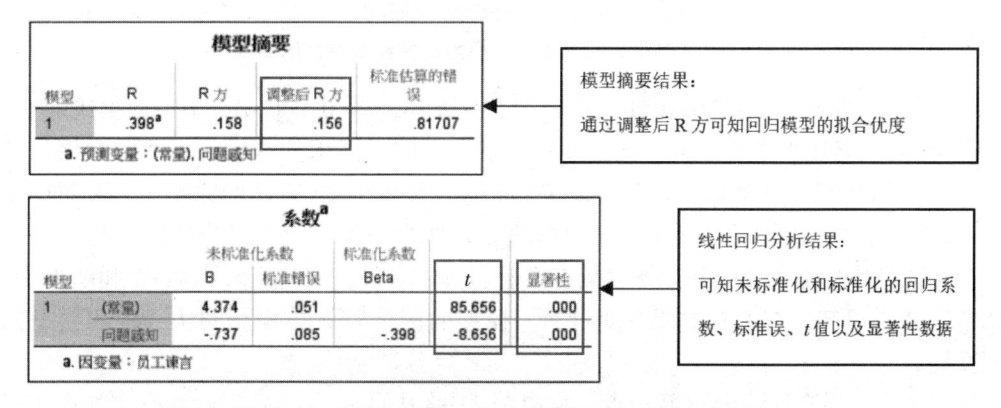

模型摘要

模型	R	R 方	调整后 R 方	标准估算的错误
1	.398ª	.158	.156	.81707

a. 预测变量：(常量), 问题感知

模型摘要结果：
通过调整后 R 方可知回归模型的拟合优度

系数ª

模型		未标准化系数 B	标准错误	标准化系数 Beta	t	显著性
1	(常量)	4.374	.051		85.656	.000
	问题感知	-.737	.085	-.398	-8.656	.000

a. 因变量：员工谏言

线性回归分析结果：
可知未标准化和标准化的回归系数、标准误、t 值以及显著性数据

图 11-7 层次回归第一步：模型摘要和线性回归结果

由图 11-7 可知，"问题感知"的回归系数为 -0.737，$P = 0.000 < 0.01$，故拒绝原假设，认为在 1% 的显著性水平下，员工认为其他同事有无同样意识到这项管理问题对该员工主动向领导谏言具有显著影响。

接下来检验层次回归中的第二步，完成图 11-3 中的步骤二后，后续操作如图 11-8 和图 11-9 所示。

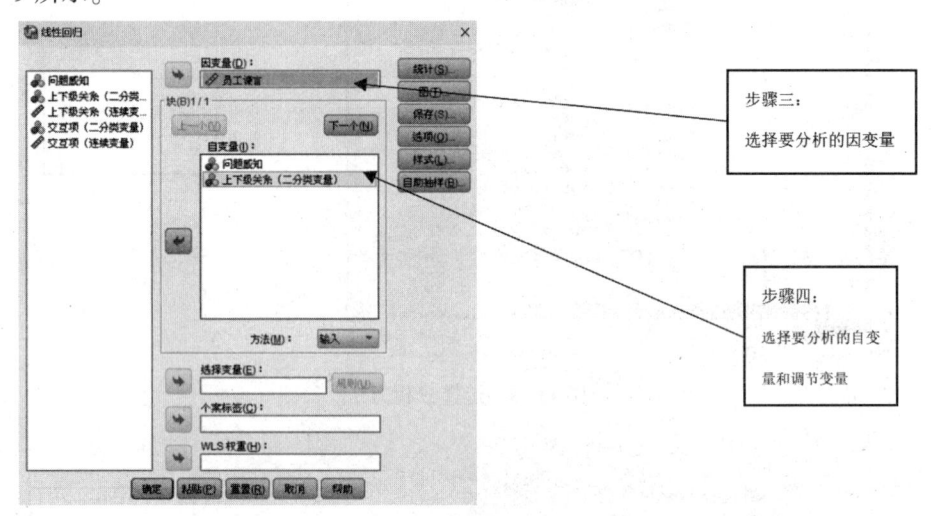

图 11-8　层次回归第二步：选择自变量、调节变量和因变量

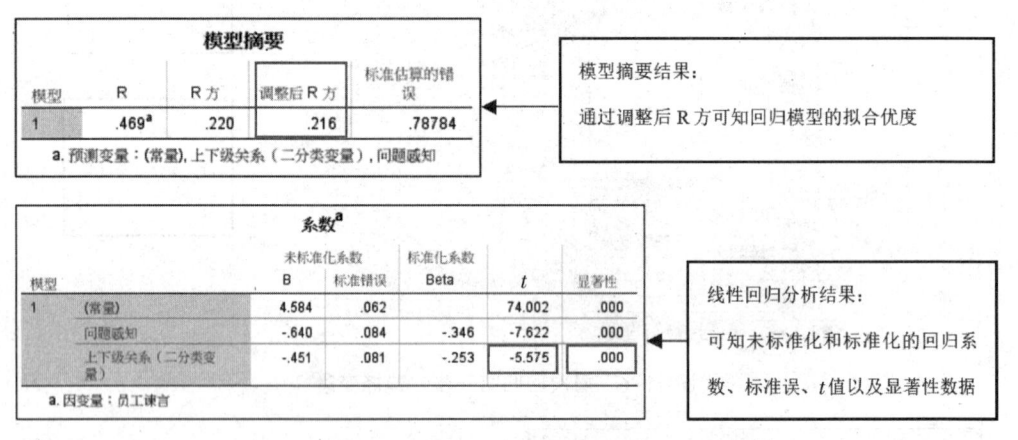

图 11-9　层次回归第二步：模型摘要和线性回归结果

由图 11-9 可知，"问题感知"的回归系数为 -0.64，$P = 0.000 < 0.01$，故拒绝原假设，认为在 1% 的显著性水平下，员工认为其他同事有无同样意识到这项管理问题对该员工主动向领导谏言具有显著影响。"上下级关系（二分类变量）"的回归系数为 -0.451，$P = 0.000 < 0.01$，故拒绝原假设，认为在 1% 的显著性水平下，员工身边的同事与领导关系的疏密程度对该员工主动向领导谏言具有显著影响。另外，通过比较图 11-7 和图 11-9 中的调整后 R 方可知，在加入了调节变量后，模型的调整后 R 方数值更大，说明模型拟合优度变好。

接下来检验层次回归中的第三步，完成图 11-3 中的步骤二后，后续操作如图 11-10 和图 11-11 所示。

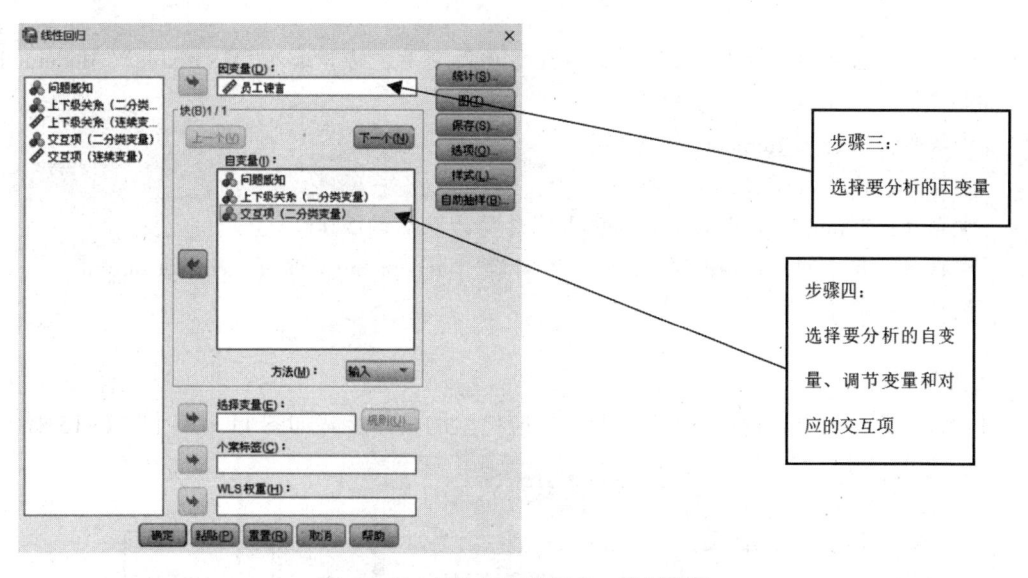

图 11-10　层次回归第三步：选择变量

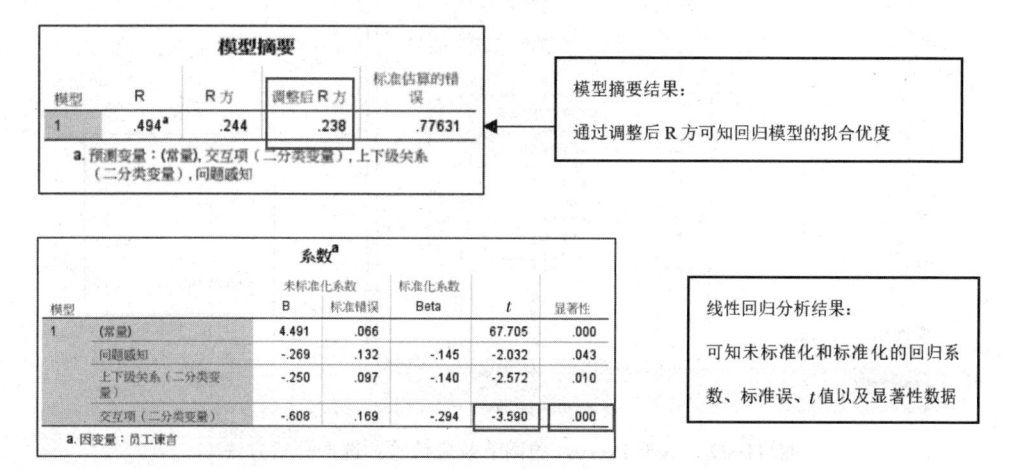

图 11-11　层次回归第三步：模型摘要和线性回归结果

由图 11-11 可知，"交互项（二分类变量）"的回归系数为 -0.608，$P=0.000<0.01$，故拒绝原假设，认为在 1% 的显著性水平下，员工身边的同事与领导关系的疏密程度显著调节了"问题感知"对"员工谏言"的影响。另外，通过比较图 11-7 和图 11-9 中的调整后 R 方可知，在加入了调节变量后，模型的调整后 R 方数值更大，说明模型拟合优度变好。

11.4.2　基于 Process 的调节效应检验

接下来我们使用 SPSS 中的 Process 插件对 11.4.2 中的例子进行调节效应检验，使用附件"调节效应检验.sav"进行演示，检验步骤如下。

①分析步骤。

步骤一：输入数据。
步骤二：选择"分析"→"回归"→"PROCESS v4.2 by Andrew Hayes"。

步骤三：选择要分析的自变量、调节变量和因变量，将其选入"X variable""Moderator variable W"和"Y variable"列表中。

步骤四："Model number"选择"1"。

步骤五：设定置信区间为"95"。

步骤六："Number of bootstrap samples"选择为默认的 5 000。

步骤七：单击"Long variable names"并勾选"I accept the risk of incorrect output"。

步骤八：单击"确定"执行命令。

②步骤图示。

利用 SPSS 中的 Process 插件进行调节效应检验的具体步骤如图 11-12~图 11-15 所示。

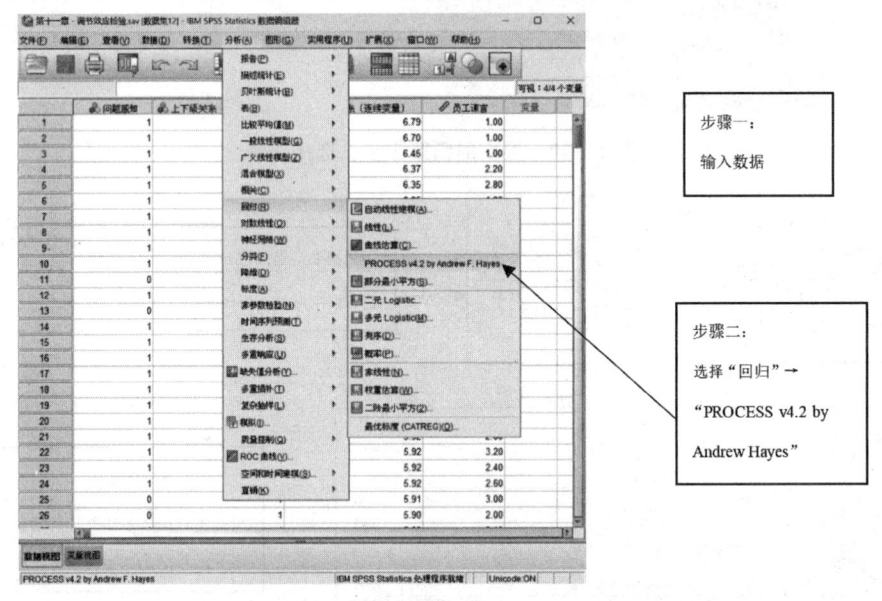

图 11-12　基于 Process 的调节效应检验：选择分析方法

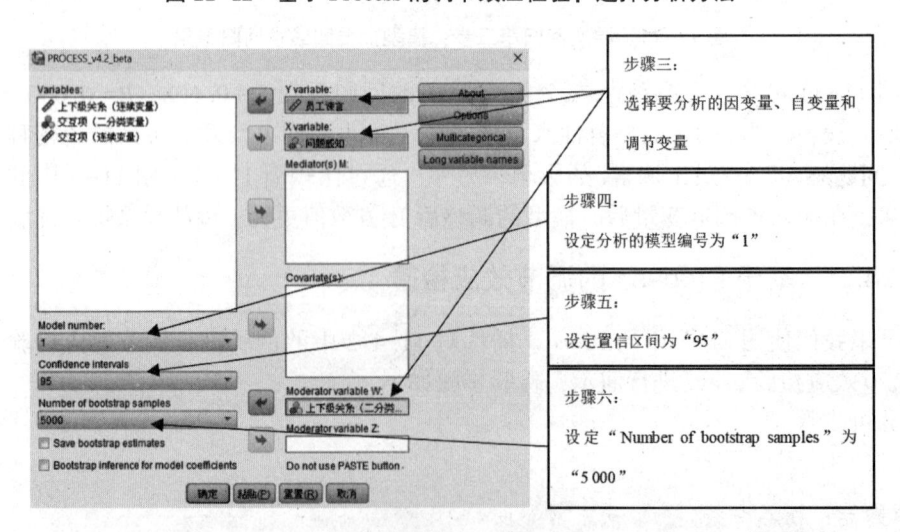

图 11-13　基于 Process 的调节效应检验：选择变量及设定 Process 模型参数

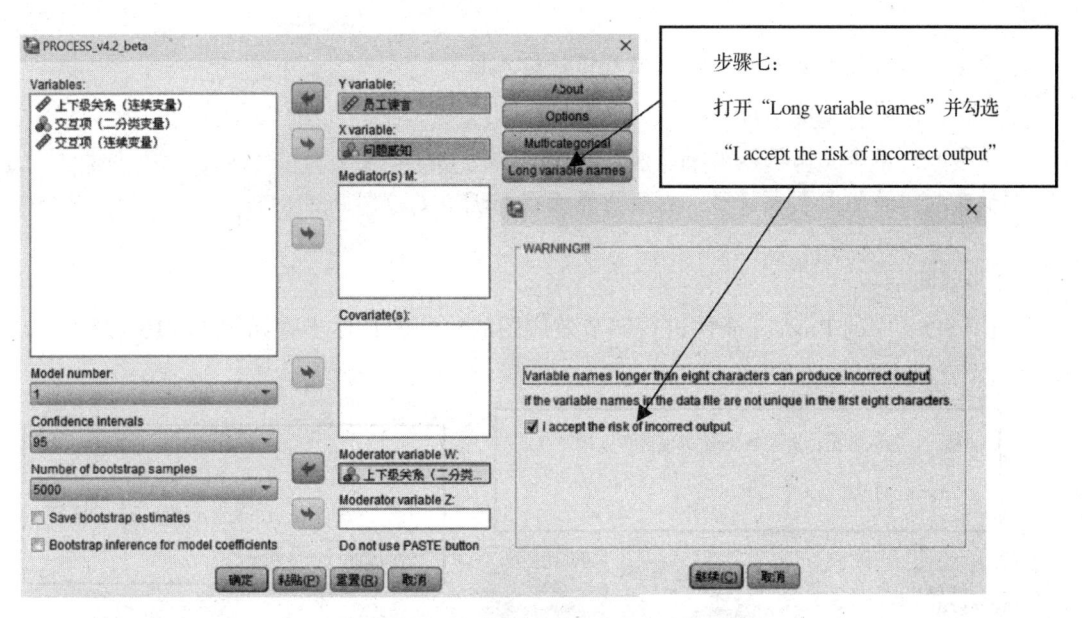

图 11-14　基于 Process 的调节效应检验：勾选"I accept the risk of incorrect output"

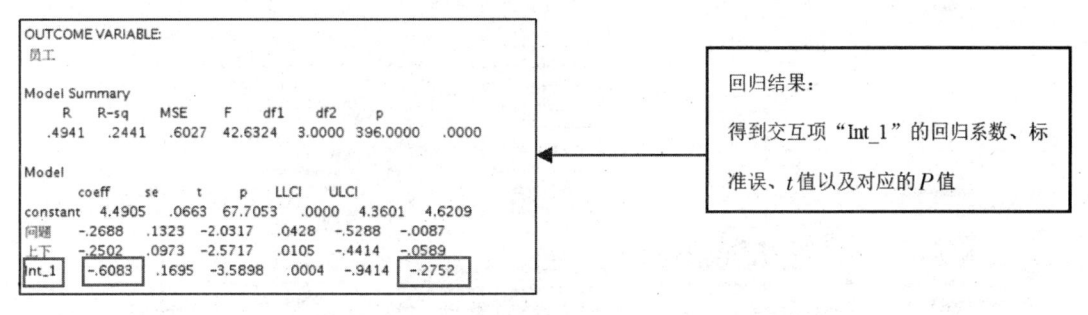

图 11-15　基于 Process 的调节效应检验：调节效应检验结果

与之前的层次回归不同，Process 会自动构造并命名所需的交互项(图 11-15 中为"Int_1")进行回归。由图 11-15 可知，"Int_1"的回归系数为-0.608 3，$P=0.000<0.01$，故拒绝原假设，认为在 1% 的显著性水平下，员工身边的同事与领导关系的疏密程度显著调节了"问题感知"对"员工谏言"的影响。

11.4.3　调节效应结果的绘图

Process 除了可以检验调节效应，还可以辅助我们进行调节效应图的绘制。绘制步骤如下。

①绘制步骤。

> 步骤一：输入数据，进入 Process 界面选择变量并设定好 Process 的参数。
> 步骤二：单击"Options"→勾选"Generate code for visualizing interactions"。
> 步骤三：在 Process 的输出内容中复制相关数据及命令。
> 步骤四：返回至 SPSS 主界面中选择"文件"→"新建"→"语法"。

步骤五：将先前复制的内容粘贴到语法输入区。
步骤六：运行语法，得到点图。
步骤七：双击点图进入编辑界面，点击"添加内插线"。
步骤八：关闭图表编辑器，在输出界面得到调节效应图。

②步骤图示。

利用 SPSS 中的 Process 插件进行调节效应图的绘制的具体步骤如图 11-16~图 11-22 所示。

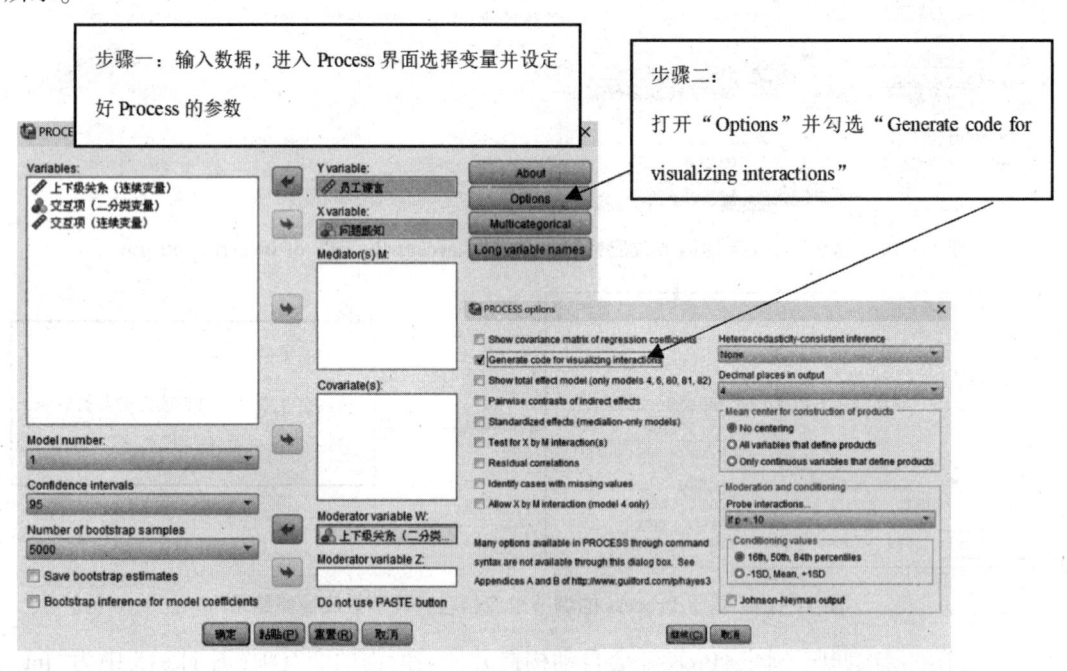

图 11-16 调节效应结果的画图：勾选"Generate code for visualizing interactions"

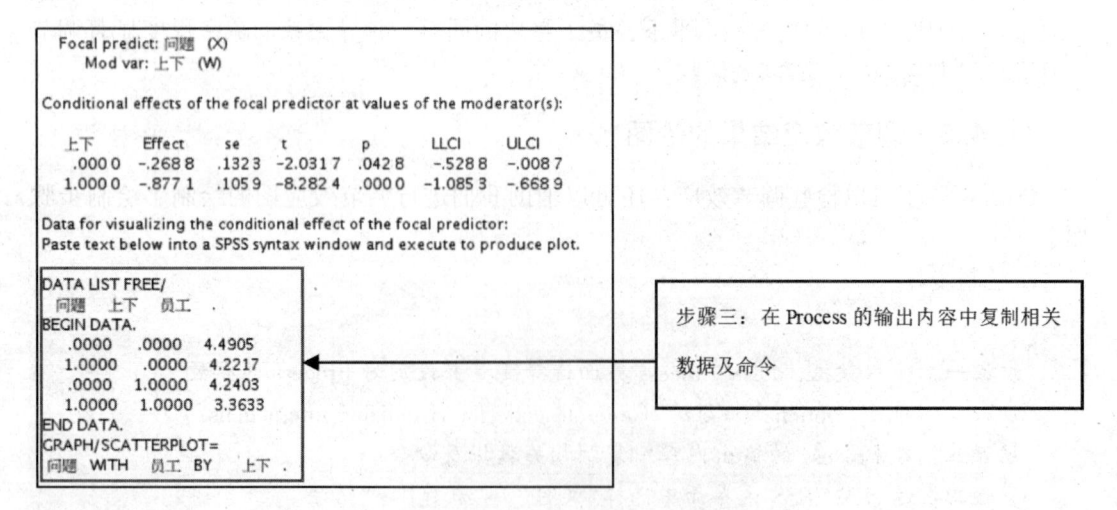

图 11-17 调节效应结果的画图：复制绘图命令

图 11-18　调节效应结果的画图：新建语法

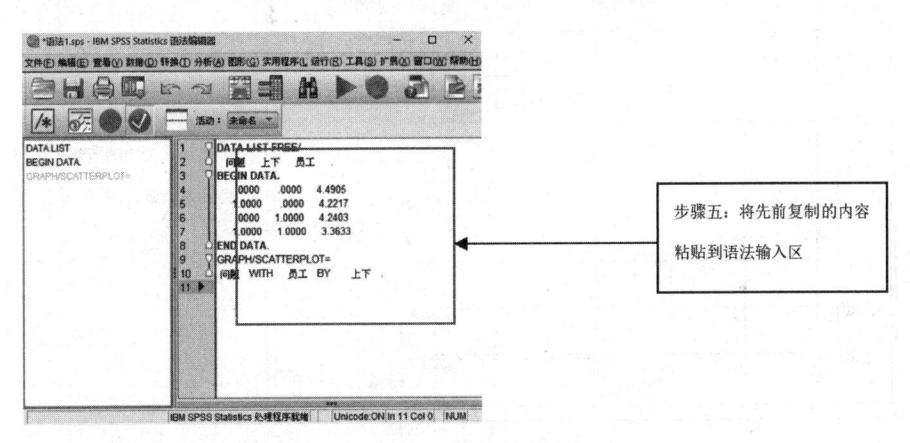

图 11-19　调节效应结果的画图：粘贴语法

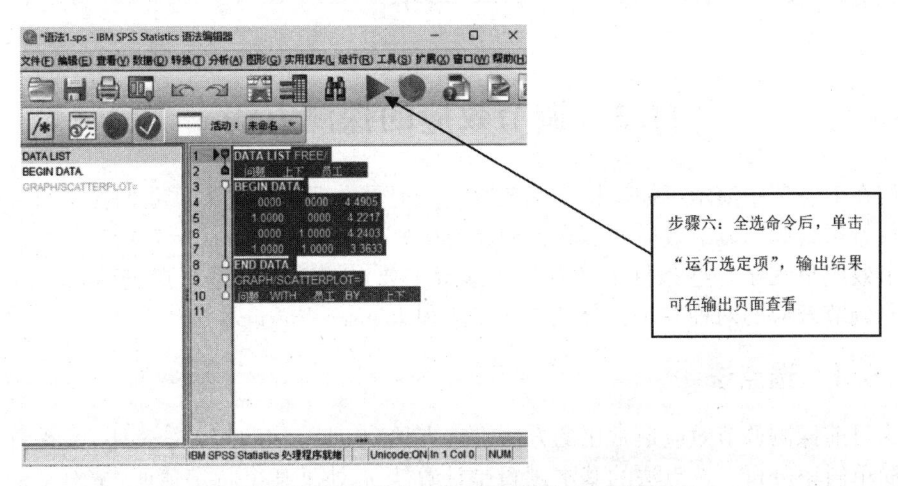

图 11-20　调节效应结果的画图：运行语法

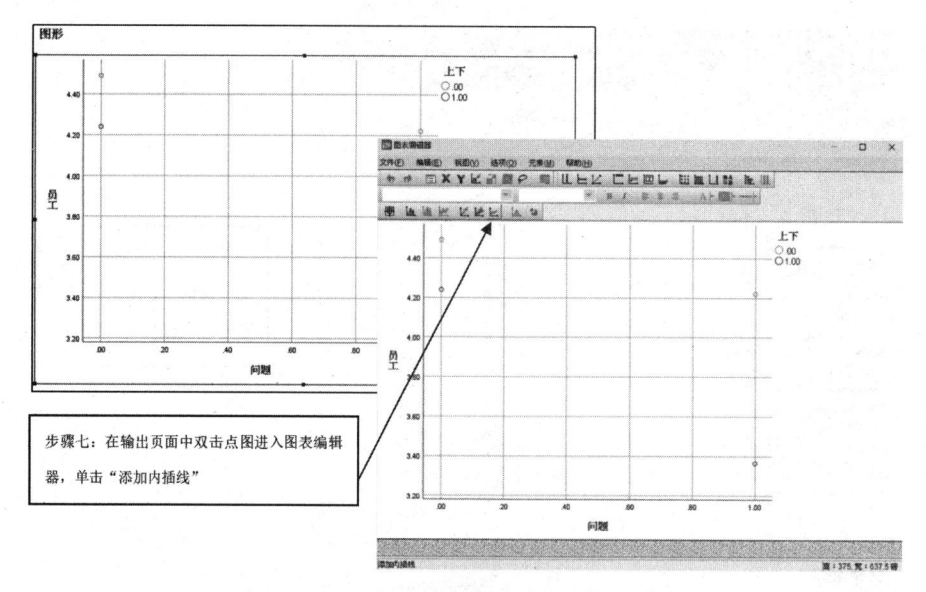

图 11-21　调节效应结果的画图：添加内插线

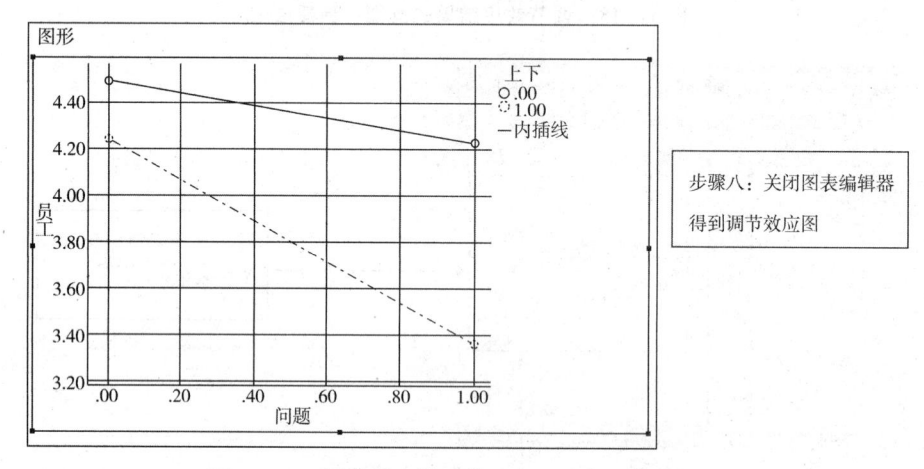

图 11-22　调节效应结果的画图：输出调节效应图

11.5　调节效应的探测方法

我们在上一节中演示了如何检验调节效应。但是在现实情况下，我们在进行一项研究时，不仅希望检验出调节效应的存在，而且希望发现调节效应是在所有情况下都存在，还是说调节效应只在某一些条件下才存在。这就需要对调节效应进行探测（Probing）。下面介绍探测调节效应的两种方法，分别是选点法和 Johnson-Neyman 法[24]。

11.5.1　选点法

作为目前探测调节效应最常用的方法，选点法（Pick-a-Point Approach）又被称为焦点分析或简单斜率分析。选点法的基本逻辑是计算当 w 处于某个特定值时，x 对 y 的条件效应，并且对此时的调节效应进行推断检验。

由于选点法可以计算 w 在特定值下 x 对 y 的条件效应(如式 11-3 中的 $\beta_1+\beta_3 w$)是否显著,因此需要计算出条件效应的标准误,计算公式如下。

$$se_\theta = \sqrt{se_{\beta_1}^2 + 2w \cdot Cov(\beta_1, \beta_3) + w^2 se_{\beta_3}^2} \qquad (11-7)$$

在得到了 w 在特定值下 x 对 y 的条件效应 θ 及其标准误 se_θ 后,就可以计算出 θ 对应的 t 值,通过查表比较该 t 值与 $t_{0.05}(n-k-1)$ 间的大小(其中 n 为样本容量,k 为方程中自变量的个数)。若 $|t|>t_{0.05}(n-k-1)$,则说明在 5%水平上,x 对 y 的条件效应 θ 显著。

使用选点法进行条件效应的计算之前,通常还需要先把自变量 x 与调节变量 w 进行均值中心化($x'=x-\bar{x}$,$w'=w-\bar{w}$),由于计算过程较复杂,而且出现计算错误的可能性较大,因此我们可以通过 SPSS 中的 Process 宏代替手工运算轻松实现选点法的计算。

本实例使用附件"调节效应探测.sav"进行演示,SPSS 检验步骤如下。

①分析步骤。

> 步骤一:输入数据。
> 步骤二:选择"分析"→"回归"→"PROCESS v4.2 by Andrew Hayes"。
> 步骤三:选择要分析的自变量、调节变量和因变量,将其选入"X variable""Moderator variable W"和"Y variable"列表中。
> 步骤四:"Model number"选择"1"。
> 步骤五:设定置信区间为"95"。
> 步骤六:"Number of bootstrap samples"选择为默认的"5000"。
> 步骤七:单击"Long variable names"并勾选"I accept the risk of incorrect output"。
> 步骤八:单击"确定"执行命令。

②步骤图示。

利用 SPSS 中的 Process 宏进行选点法的计算的具体步骤如图 11-23~图 11-26 所示。

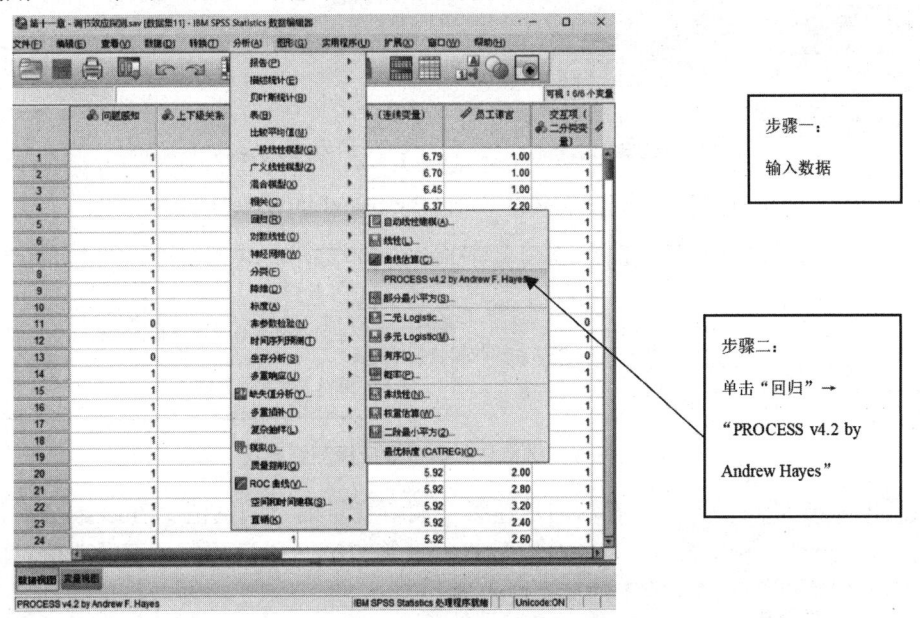

图 11-23 选点法:选择分析方法

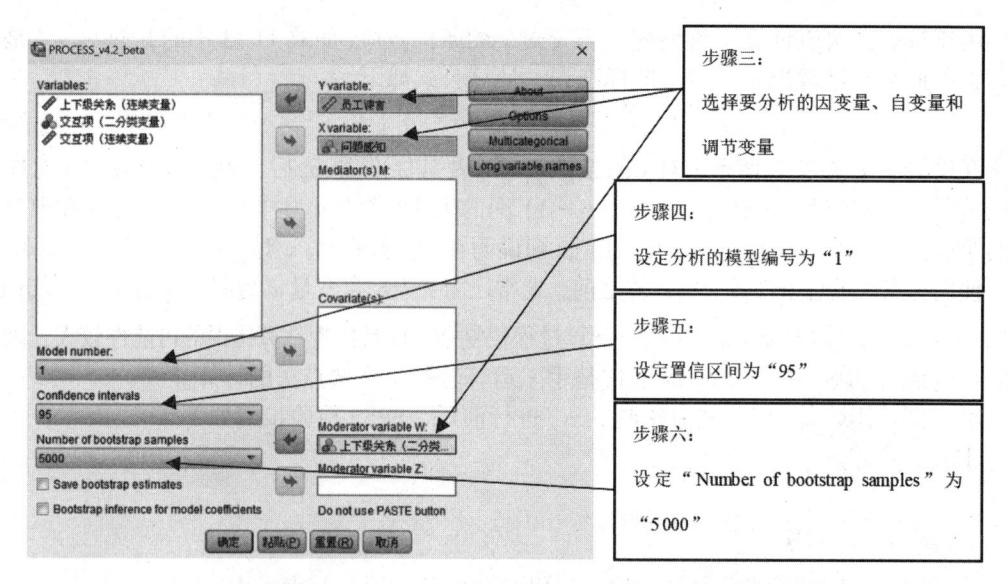

图 11-24　选点法：选择变量及设定 Process 模型参数

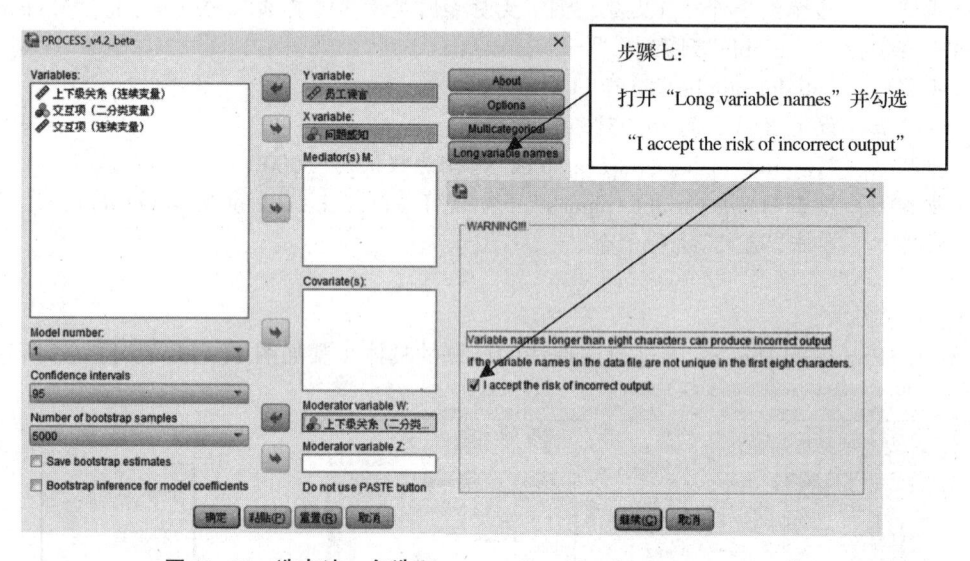

图 11-25　选点法：勾选"I accept the risk of incorrect output"

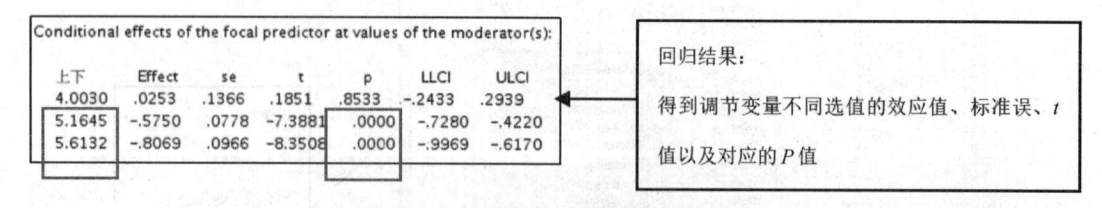

图 11-26　选点法：调节效应探测结果

由图 11-26 可知，第一列展示的是连续型调节变量的不同选值，Process 会默认选择调节变量 w 分布中的第 16、50、84 分位数进行计算。第二列显示的是不同选值对应的效应值，第五列给出了不同选值下的显著性水平。

可以看到，当调节变量的取值较低（$w = 4.003$）时，x 对 y 的条件效应并不显著

($P = 0.8533$),选值越大,对应效应值的绝对值越大且越发显著。

11.5.2 Johnson-Neyman 法

通过上文中对选点法的介绍,不难发现该方法存在一个较为明显的问题——调节变量 w 的选值。

从选点法的实例中可以发现,选取不同的 w 值会导致不同的研究结论。若调节变量为二分类变量或多分类变量时,我们可以直接对该调节变量的所有取值进行调节效应的检测;而如果调节变量为连续型变量,由于其值在不同研究中的选取原则可能不同,即使我们可以使用惯例做法,如选择均值及均值加减一个标准差,选择使用调节变量取值分布中的百分位数来表示调节变量的低、中、高水平,但是这样做也没有使得这些选值看起来对我们的研究更具有针对性。

如果我们想实现对 w 选值的随机性,可以使用 Johnson-Neyman 法(以下简称 J-N 法)。与选点法不同,J-N 法给出的是 x 对 y 的条件效应显著时 w 的取值范围,这意味着 J-N 法只适用于调节变量为连续变量时的情形。

选点法中 w 特定取值对条件效应的 t 值计算公式如式 11-8 所示。

$$t = \frac{\beta_1 + \beta_3 w}{\sqrt{se_{\beta_1}^2 + 2w \cdot Cov(\beta_1, \beta_3) + w^2 se_{\beta_3}^2}} \tag{11-8}$$

现在,以 w 为主项,把式 11-8 变形成式 11-9 的形式。

$$(t^2 \cdot se_{\beta_3}^2 - \beta_3^2) w^2 + (2t^2 \cdot Cov(\beta_1, \beta_3) - 2\beta_1\beta_3) w + (t^2 \cdot se_{\beta_1}^2 - \beta_1^2) = 0 \tag{11-9}$$

令 $A = t^2 \cdot se_{\beta_3}^2 - \beta_3^2$,$B = 2t^2 \cdot Cov(\beta_1, \beta_3) - 2\beta_1\beta_3$,$C = t^2 \cdot se_{\beta_1}^2 - \beta_1^2$,整理得式 11-10。

$$A w^2 + Bw + C = 0 \tag{11-10}$$

该二元一次方程的解为:

$$w = \frac{-B \pm \sqrt{B^2 - 4AC}}{2A} \tag{11-11}$$

假设我们将通过 J-N 法得到的两个解表示为 w_1 以及 w_2($w_1 < w_2$),下面我们通过分析三种情况来介绍当 x 对 y 的条件效应显著时,w 的取值范围。

(1)当只有其中一个解 w_1(或 w_2,下面以 w_1 为例进行介绍)位于 w 的取值区间内时,x 对 y 的条件效应显著区域为 $[w_{min}, w_1]$ 或 $[w_1, w_{max}]$。

(2)当两个解 w_1 和 w_2 均位于 w 的取值区间内,x 对 y 的条件效应显著区域为 $[w_1, w_2]$ 或 $[w_{min}, w_1] \cup [w_2, w_{max}]$。

(3)当两个解都不在 w 的取值区间内,x 对 y 的条件效应显著区域为 $[w_{min}, w_{max}]$,或者在 w 的取值区间内,x 对 y 的条件效应均不显著。

以第一种情况为例,若想确定 x 对 y 的条件效应显著区域究竟是哪个,可以在其中一个区间,如 $[w_{min}, w_1]$ 内选取一个 w 值使用选点法进行计算,判断出该点下的 x 对 y 的条件效应是否显著。若显著,则 x 对 y 的条件效应显著区域为 $[w_{min}, w_1]$;若不显著,则 x 对 y 的条件效应显著区域为 $[w_1, w_{max}]$。

显然,J-N 法的计算过程甚至比选点法更复杂烦琐,手工计算费时费力。但是,我们可以借助 SPSS 的 Process 宏轻松实现 J-N 法的计算。

下面通过一个实例进行介绍。使用附件"调节效应探测.sav"进行演示，SPSS 检验步骤如下。

①分析步骤。

步骤一：输入数据。
步骤二：选择"分析"→"回归"→"PROCESS v4.2 by Andrew Hayes"。
步骤三：选择要分析的自变量、调节变量和因变量，将其选入"X variable""Moderator variable W"和"Y variable"列表中。
步骤四："Model number"选择"1"。
步骤五：设定置信区间为"95"。
步骤六："Number of bootstrap samples"选择为默认的"5 000"。
步骤七：单击"Options"并勾选"Johnson-Neyman output"。
步骤八：单击"Long variable names"并勾选"I accept the risk of incorrect output"。
步骤九：单击"确定"执行命令。

②步骤图示。

使用 SPSS 中的 Process 宏实现 J-N 法计算的具体步骤如图 11-27~图 11-31 所示。

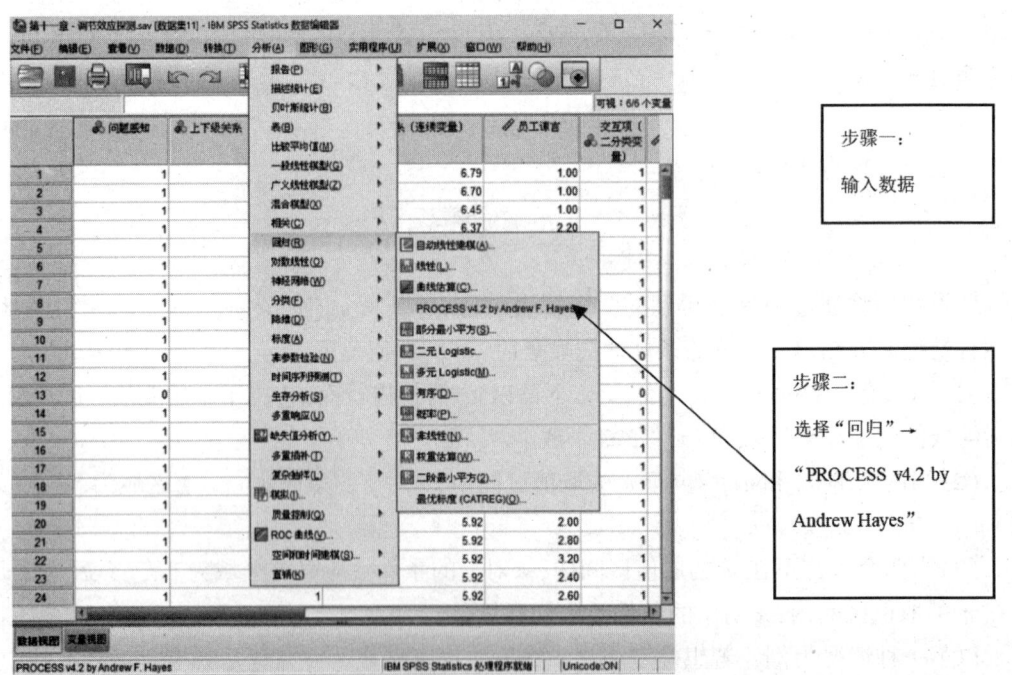

图 11-27　Johnson-Neyman 法：选择分析方法

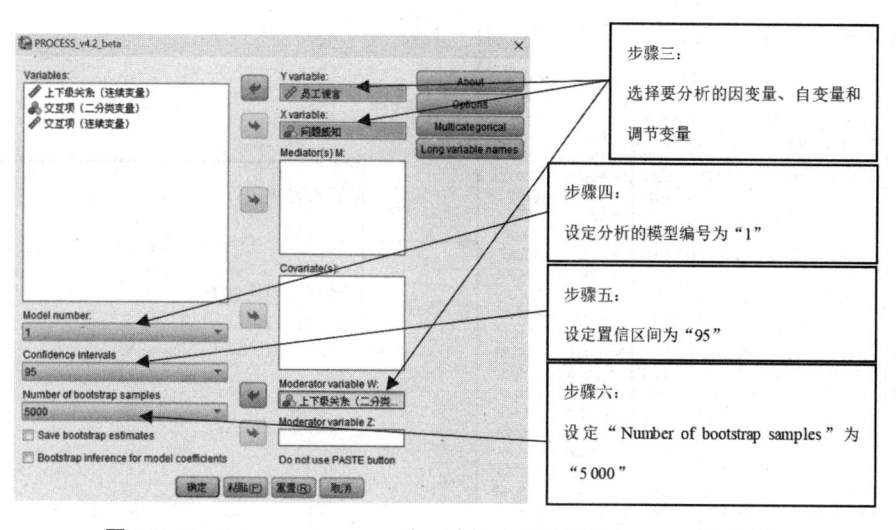

图 11-28　Johnson-Neyman 法：选择变量及设定 Process 模型参数

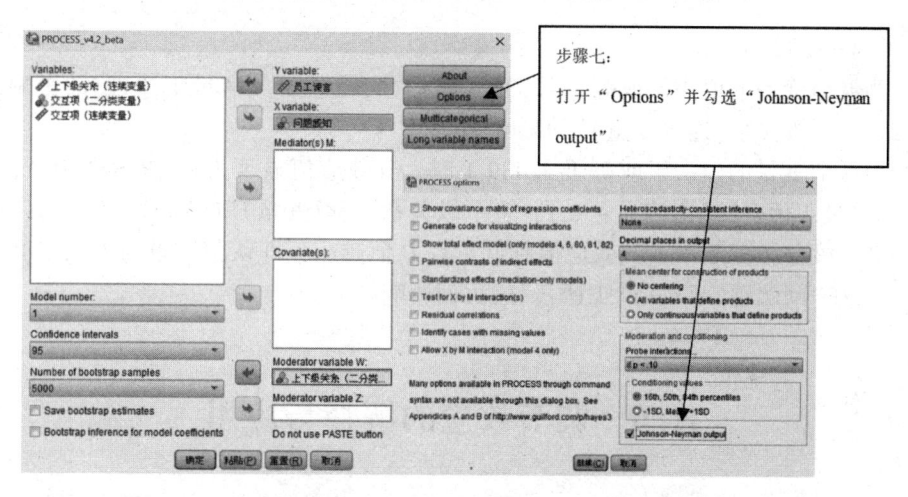

图 11-29　Johnson-Neyman 法：勾选"Johnson-Neyman output"

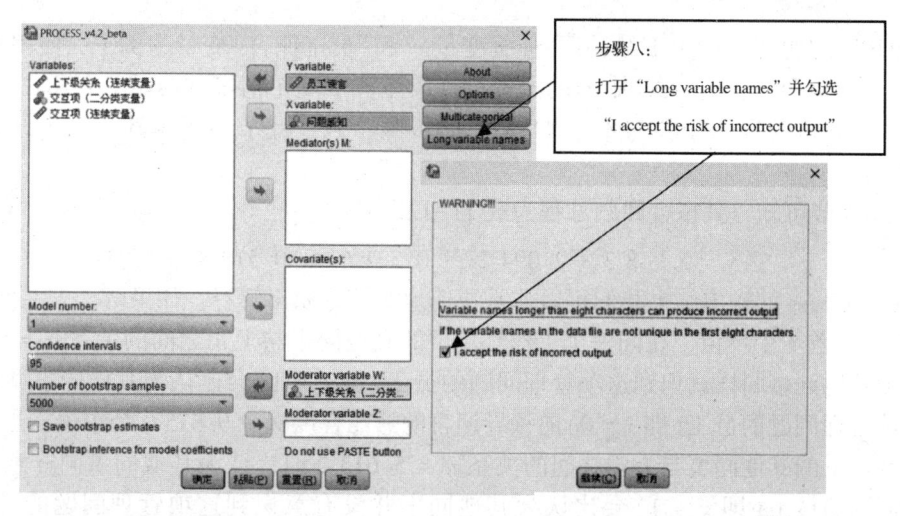

图 11-30　Johnson-Neyman 法：勾选"I accept the risk of incorrect output"

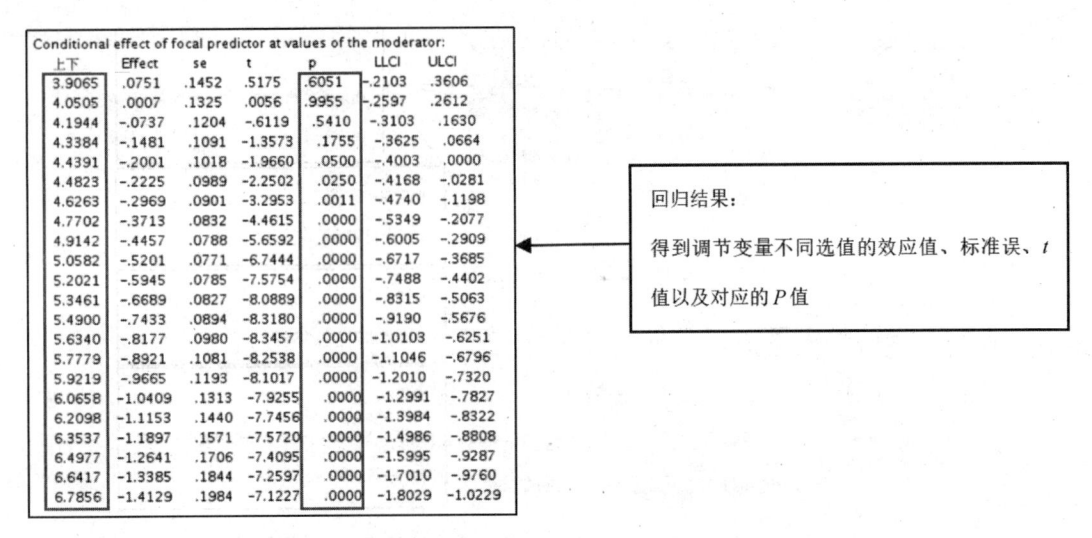

```
Conditional effect of focal predictor at values of the moderator:
    上下    Effect    se      t        p       LLCI    ULCI
  3.9065   .0751   .1452    .5175   .6051   -.2103   .3606
  4.0505   .0007   .1325    .0056   .9955   -.2597   .2612
  4.1944  -.0737   .1204   -.6119   .5410   -.3103   .1630
  4.3384  -.1481   .1091  -1.3573   .1755   -.3625   .0664
  4.4391  -.2001   .1018  -1.9660   .0500   -.4003   .0000
  4.4823  -.2225   .0989  -2.2502   .0250   -.4168  -.0281
  4.6263  -.2969   .0901  -3.2953   .0011   -.4740  -.1198
  4.7702  -.3713   .0832  -4.4615   .0000   -.5349  -.2077
  4.9142  -.4457   .0788  -5.6592   .0000   -.6005  -.2909
  5.0582  -.5201   .0771  -6.7444   .0000   -.6717  -.3685
  5.2021  -.5945   .0785  -7.5754   .0000   -.7488  -.4402
  5.3461  -.6689   .0827  -8.0889   .0000   -.8315  -.5063
  5.4900  -.7433   .0894  -8.3180   .0000   -.9190  -.5676
  5.6340  -.8177   .0980  -8.3457   .0000  -1.0103  -.6251
  5.7779  -.8921   .1081  -8.2538   .0000  -1.1046  -.6796
  5.9219  -.9665   .1193  -8.1017   .0000  -1.2010  -.7320
  6.0658 -1.0409   .1313  -7.9255   .0000  -1.2991  -.7827
  6.2098 -1.1153   .1440  -7.7456   .0000  -1.3984  -.8322
  6.3537 -1.1897   .1571  -7.5720   .0000  -1.4986  -.8808
  6.4977 -1.2641   .1706  -7.4095   .0000  -1.5995  -.9287
  6.6417 -1.3385   .1844  -7.2597   .0000  -1.7010  -.9760
  6.7856 -1.4129   .1984  -7.1227   .0000  -1.8029 -1.0229
```

回归结果：

得到调节变量不同选值的效应值、标准误、t 值以及对应的 P 值

图 11-31 Johnson-Neyman 法：调节效应探测结果

由图 11-31 可知：

(1) 当调节变量的值小于或等于 4.338 4 时，"问题感知"对"员工谏言"的影响并没有显著受到"上下级关系(连续变量)"的影响。

(2) 当调节变量的值大于或等于 4.439 1 时，其效应值显著为负（$P \leqslant 0.05$），即"问题感知"对"员工谏言"的影响显著受到"上下级关系(连续变量)"的影响。

(3) 调节变量取值越高，其效应值越低，且 P 值越小，即认为同事与上司之间的关系越亲密，其在"问题感知"对"员工谏言"的负面影响越大。

11.6 调节效应的解释与应用

11.6.1 连续型调节变量

我们以"问题感知""上下级关系(连续变量)"和"员工谏言"变量为例子，使用 Process 对附件"连续型调节变量.sav"中的例子进行连续型调节变量情境的演示。利用 Process 进行调节效应分析的操作步骤与本章 11.4 中的步骤一致，此节不再赘述，输出结果如图 11-32 所示。

由 11.4 节可知，其拟合回归方程为式 11-12。

$$\hat{y} = 5.968\ 3 + 2.094\ 2x - 0.331\ 6w - 0.518\ 8xw \tag{11-12}$$

根据 Process 的输出结果我们可以非常快速地对结论做出解释：如果两个人在"问题感知"程度上相差 1 个单位，在同一个工作环境下的其他同事与上司之间的关系 $w = 5.164\ 5$ 时，认为其他同事同样意识到这项管理问题的员工(即 $x = 1$)会比认为其他同事并没有意识到这项管理问题的员工(即 $x = 0$)向领导谏言的意愿程度减少 0.575 0 个单位；当在同一个工作环境下的其他同事与上司之间的关系 $w = 5.613\ 2$ 时，认为其他同事同样意识到这项管理问题的员工(即 $x = 1$)会比认为其他同事并没有意识到这项管理问题的员工(即 $x = 0$)向领导谏言的意愿程度减少 0.806 9 个单位。

这个例子可以看出，同一个工作环境下的其他同事与上司之间的关系越好时，员工在向领导谏言上将变得更加不积极。

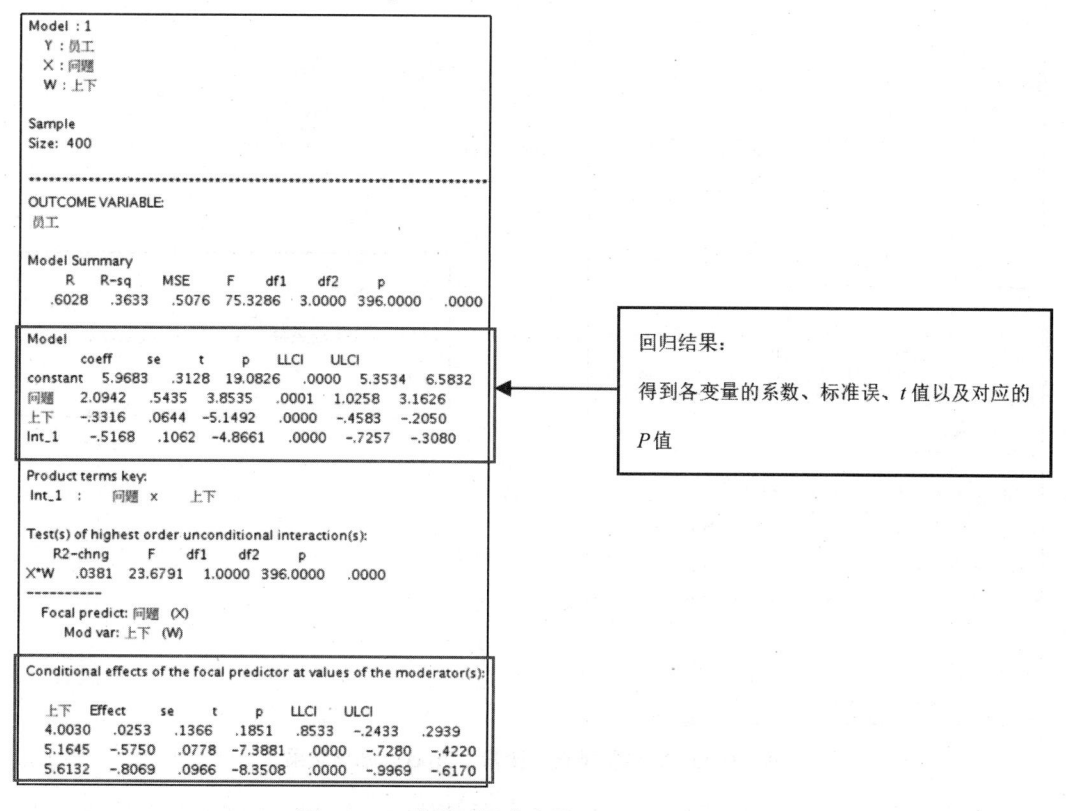

```
Model : 1
    Y : 员工
    X : 问题
    W : 上下

Sample
Size: 400

**************************************************
OUTCOME VARIABLE:
 员工

Model Summary
          R      R-sq    MSE      F       df1      df2       p
       .6028    .3633   .5076  75.3286  3.0000  396.0000   .0000

Model
             coeff     se       t       p      LLCI     ULCI
constant    5.9683  .3128  19.0826   .0000    5.3534   6.5832
问题         2.0942  .5435   3.8535   .0001    1.0258   3.1626
上下        -.3316  .0644  -5.1492   .0000    -.4583  -.2050
Int_1       -.5168  .1062  -4.8661   .0000    -.7257  -.3080

Product terms key:
 Int_1  :   问题   x   上下

Test(s) of highest order unconditional interaction(s):
       R2-chng      F       df1      df2       p
X*W     .0381   23.6791   1.0000  396.0000   .0000
----------
 Focal predict: 问题 (X)
      Mod var: 上下 (W)

Conditional effects of the focal predictor at values of the moderator(s):
   上下   Effect    se       t       p      LLCI     ULCI
 4.0030   .0253  .1366   .1851   .8533    -.2433   .2939
 5.1645  -.5750  .0778  -7.3881   .0000    -.7280  -.4220
 5.6132  -.8069  .0966  -8.3508   .0000    -.9969  -.6170
```

回归结果：
得到各变量的系数、标准误、t 值以及对应的 P 值

图 11-32　连续型调节变量：Process 输出结果

11.6.2　二分类调节变量

接下来，我们以"问题感知""上下级关系(二分类变量)"和"员工谏言"变量为例子，使用 Process 对附件"第十一章-二分类型调节变量.sav"中的例子进行二分类型调节变量情境的演示。利用 Process 进行调节效应分析的操作步骤与本章 11.4 中的步骤一致，此节不再赘述，输出结果如图 11-33 所示。

由上述表可知，其拟合回归方程为式 11-13。

$$\hat{y} = 4.490\,5 - 0.268\,8x - 0.250\,2w - 0.608\,3xw \tag{11-13}$$

模型中的调节变量 w 为二分类调节变量，其中，当 $w=0$ 时，代表的是同一个工作环境下的同事与上司之间的关系质量较疏远；当 $w=1$ 时，则代表关系较亲密。自变量 x 也为二分类变量，当 $x=0$ 时，代表的是该员工认为其他同事并没有意识到这项管理问题；当 $x=1$ 时，则代表该员工认为其他同事同样意识到这项管理问题。

根据 Process 的输出结果，我们可以非常快速地对结论做出解释：对于两个身边的同事与领导关系较为疏远(即 $w=0$)的员工而言，认为其他同事同样意识到这项管理问题的员工(即 $x=1$)会比认为其他同事并没有意识到这项管理问题的员工(即 $x=0$)向领导谏言的意愿程度减少 0.268 8 个单位；对于两个身边的同事与领导关系较为亲密(即 $w=1$)的员工而言，认为其他同事同样意识到这项管理问题的员工(即 $x=1$)会比认为其他同事并没有意识到这项管理问题的员工（即 $x = 0$）向领导谏言的意愿程度减少 0.877 1 个单位。

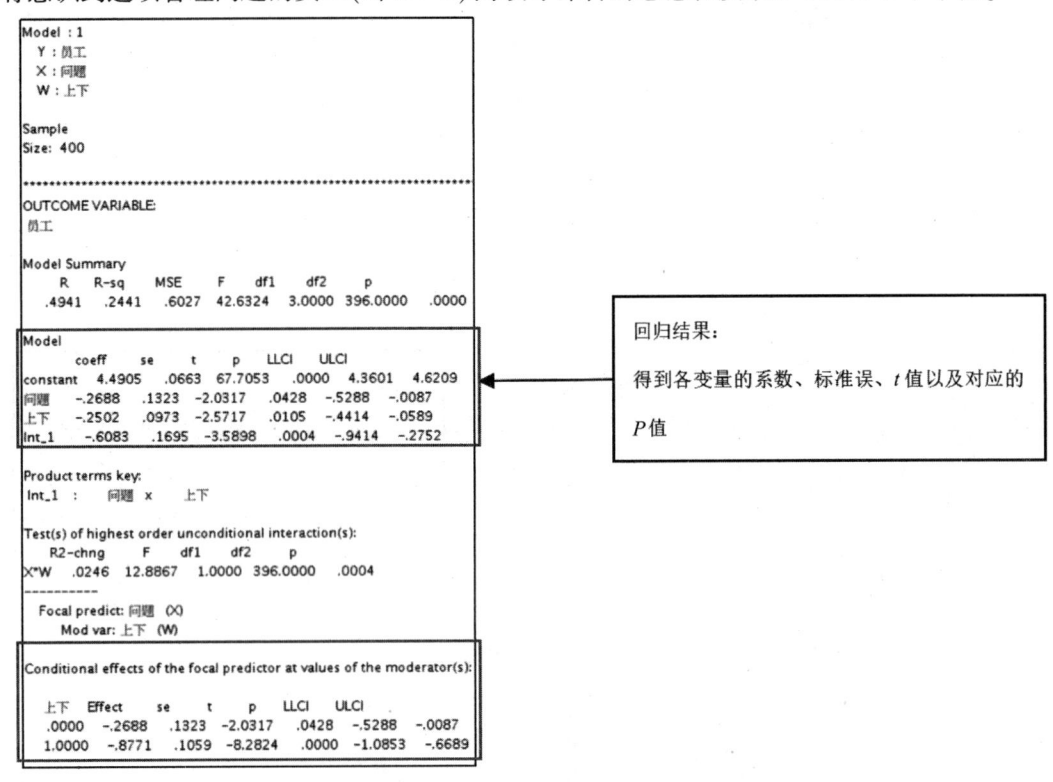

```
Model : 1
    Y : 员工
    X : 问题
    W : 上下

Sample
Size: 400

****************************************************
OUTCOME VARIABLE:
 员工

Model Summary
          R      R-sq     MSE       F       df1      df2        p
       .4941    .2441   .6027   42.6324   3.0000  396.0000    .0000

Model
              coeff      se        t        p       LLCI     ULCI
constant     4.4905    .0663   67.7053   .0000    4.3601   4.6209
问题          -.2688   .1323   -2.0317   .0428    -.5288   -.0087
上下          -.2502   .0973   -2.5717   .0105    -.4414   -.0589
Int_1        -.6083   .1695   -3.5898   .0004    -.9414   -.2752

Product terms key:
 Int_1  :  问题  x  上下

Test(s) of highest order unconditional interaction(s):
        R2-chng      F       df1      df2       p
X*W      .0246   12.8867   1.0000  396.0000   .0004
----------
    Focal predict: 问题  (X)
     Mod var: 上下  (W)

Conditional effects of the focal predictor at values of the moderator(s):
  上下   Effect    se        t        p      LLCI     ULCI
 .0000   -.2688  .1323   -2.0317   .0428   -.5288   -.0087
1.0000   -.8771  .1059   -8.2824   .0000  -1.0853   -.6689
```

回归结果：
得到各变量的系数、标准误、t 值以及对应的 P 值

图 11-33　二分类型调节变量：Process 输出结果

以上例子同样可以看出，同一个工作环境下的其他同事与上司之间的关系越好，员工在向领导谏言上将变得更加不积极。

思考题

1. 请解释条件效应的概念，并讨论其与无条件效应的区别。
2. 讨论调节效应的基本检验方法，并解释每种方法的适用条件。
3. 请解释环境敏感性问题中的调节效应，并讨论其在管理决策中的重要性。

第 12 章　因果推断

12.1　因果推断的重要性

因果推断是社会科学研究中的核心问题之一。统计学早期的研究主要集中在相关性上。在因果概念未被明确界定之前，相关性和因果性常常是互换使用的，但二者有着不可忽略的本质区别。

相关关系是指变量间存在着数量上的联系，但关系值是不确定的。社会科学将因果关系定义为一种事件或因素对另一种事件或因素产生影响的关系，是一种确定的联系。从实证的角度看，因果关系是一个变量的变化导致另一个变量的变化，作为结果的变量是由作为原因的变量所决定的，原因变量的变化引起结果变量的变化，具体来说就是变量 X 对于变量 Y 的影响，其中，X 被称为"因"，Y 被称为"果"。以线性回归模型为例，在模型中设定自变量与因变量，是人为地设定了"因"和"果"，以及它们之间关系的方向，即自变量为因变量的原因，因变量为自变量的结果。

在处理观察数据时，区分相关性和因果关系是一项挑战。相关性指的是两个或多个变量间的统计联系，这种联系并不意味着一种变量的变化会引起另一种变量的变化。然而，因果关系指的是一种变量（因）直接影响另一种变量（果）。例如，虽然研究可能发现冰激凌销量与游泳池溺水事件数量之间有高度相关性，但这并不意味着增加冰激凌销量会导致更多的溺水事故，两者之间的关联很可能是由于第三个变量（如气温升高）引起的。也就是说，相关关系不等于因果关系。但在实际研究中，因果关系可能会与相关关系混淆，这大幅增加了识别因果的难度。

通过引入严格的因果推断方法，研究者能更准确地识别和验证影响政策和个人决策的关键变量。这不仅有助于科学进步，也是制定基于证据的政策和实践的基石。因果推断的应用跨越了科学研究的多个领域，从社会科学、医学研究到经济政策分析，其作用不容小觑。通过精确的因果推断，研究者能够更有效地区分变量间的直接作用与偶然关联，从而为政策制定提供坚实的科学依据。

因果推断方法能够帮助研究人员识别出哪些干预措施是有效的，哪些是无效的，或者是可能带来负面影响的。例如，在医学领域，通过随机对照试验（RCT）来推断新药物的效果，可以直接观察到在随机分配接受或不接受治疗的患者群体间的健康结果差异。同样，在社会科学中，利用工具变量方法可以解决实验设计中无法随机分配的问题，从而有效评估教育或经济政策的实际效果。

在政策制定方面，因果推断尤为重要。政策制定者根据因果关系的证据来决定哪些政策值得投资，哪些可能需要调整或放弃。例如，如果研究发现提高最低工资能够在不引起显著失业的情况下增加低收入人群的收入，政策制定者就可能会采用这一策略来减少贫困。在环保政策领域，因果推断能帮助研究者评估减排措施对空气质量的直接影响，为制定更有效的环保法规提供科学依据。

尽管因果推断具有广泛的作用，但在实际应用中也面临着诸多挑战。观察数据的复杂性、潜在的混淆因素以及数据收集的限制都可能影响因果关系的准确识别。为了克服这些挑战，研究人员不断发展和完善统计方法，如倾向得分匹配、断点回归设计等，这些方法为因果效应提供了更为精确的估计。

12.2 因果推断的理论基础

潜在结果模型，也称 Neyman-Rubin 模型，是一种在因果推断领域广泛使用的方法论，它通过为研究者提供一个结构化的框架来估算某一特定干预（如政策变更、治疗方案等）的因果效应。潜在结果模型通过假设每个研究对象在不同的干预条件下会有不同的潜在结果来定义因果关系，但每个研究对象在一个时间点上只能观察到其中一种结果。这种方法的重要性在于它提供了一种区分观察数据中的相关性与因果关系的系统性方法。

潜在结果模型的历史可以追溯到 20 世纪初，最初由统计学家 Jerzy Neyman 提出，并在后来由 Donald Rubin 进一步发展完善。尽管 Neyman 在 1923 年的博士论文中就已经引入了潜在结果的概念，但这一模型在当时并未受到广泛关注。直到 20 世纪 70 年代，Rubin 重新提出并广泛推广这一模型，它才开始在统计学和经济学等领域得到广泛应用。

Rubin 的贡献在于他不仅系统地定义了潜在结果模型，还将其推广到观测研究中，并构建了适用于随机化实验和观测研究的基本分析框架。他强调，没有干预就无法讨论因果关系。在他的框架中，潜在结果模型关注的是个体在接受干预与否的两种情况下可能会出现的结果，其中，未观察到的结果被称为反事实结果。

潜在结果模型的发展也受到了哲学家的影响。哲学家（如休谟和刘易斯）对因果关系的讨论为潜在结果模型提供了理论基础。休谟提出的因果关系定义强调了原因和结果之间有必然的联系，而刘易斯则在此基础上进一步发展了反事实条件语句的理论，这些理论后来被统计学家用于构建形式化因果推断的数学模型。

在应用方面，潜在结果模型不仅用于评估医疗干预的效果，还广泛应用于社会科学、经济政策评估等领域。例如，通过比较接受某种教育干预与未接受教育干预的学生的学业表现，研究者可以评估该教育干预的效果。潜在结果模型的核心优势在于其能够提供一种结构化的方法来考虑各种干预下的潜在结果，使研究者能够更准确地估计干预的因果效应。

在深入探讨潜在结果模型之前,有必要先明确几个关键的基本概念,这些概念构成了因果推断的基础框架。

(1)处理变量(Treatment Variable)。也称为干预变量,指的是变量是否对个体实施了某种干预措施。在因果效应分析中,处理变量起到原因的角色,是研究者试图分析其对结果的影响。这种干预包括任何形式的行动、政策实施或任何可能改变结果的条件。

(2)处理效应(Treatment Effect)。也称为因果效应,指的是干预措施产生的效果。这种效应描述了在干预存在与否的条件下结果可能的变化。

(3)处理组(Treatment Group)。也称为实验组,包括那些接受了特定干预的研究对象。这组的数据用来评估干预的直接影响。

(4)控制组(Control Group)。与处理组对照的是未接受干预的个体所组成的组。控制组的存在是为了提供一个基线,以便研究者能够评估干预本身而非其他变量的效果。

潜在结果模型由以下三个核心要素构成。

(1)潜在结果(Potential Outcome)。这一概念是模型的核心,代表了在特定干预下每个个体可能达到的各种结果。每个个体在不同干预条件下可能有不同的潜在结果,这些结果构成了因果推断的基础。

(2)分配机制(Assignment Mechanism)。这是一个决定哪些个体接受干预和哪些个体不接受干预的过程。理想情况下,分配机制应当是随机的,这样可以确保处理组和控制组之间除干预以外没有其他系统性的差异。

(3)稳定单元处理值假设(SUTVA)。简称稳定性假设,这个假设认为一个个体的潜在结果只由其接受的干预决定,与其他个体是否接受干预无关。这个假设是确保因果推断有效性的关键。

潜在结果可以被视为在给定一系列干预下,每个研究对象可能达到的一组特定的"干预—结果"。这种方式将每个可能的干预与其相应的结果配对,形成一个完整的因果关系图景,使研究者能够更系统地分析干预的效果。我们以就业培训对工人收入的影响为例,进一步说明潜在结果的含义,处理变量 D_i 是一个虚拟变量,表示个体 i 是否接受干预,则:

$$D_i = \begin{cases} 1, & \text{若个体 } i \text{ 参与就业培训} \\ 0, & \text{若个体 } i \text{ 未参与就业培训} \end{cases} \tag{12-1}$$

对于任意个体 i 均存在两种可能的状态:接受干预($D_i=1$)或者不接受干预($D_i=0$)。我们用 Y_i 表示个体 i 的可观测结果,则:

$$Y_i = \begin{cases} Y_{1i}, & \text{若} D_i = 1 \\ Y_{0i}, & \text{若} D_i = 0 \end{cases} \tag{12-2}$$

在同一时点,任意个体不可能同时处于两种状态。每一状态对应一个潜在结果:Y_{1i} 表示个体 i 接受干预($D_i=1$)状态下的潜在结果,即参与就业培训的潜在收入;Y_{0i} 个体 i 不接受干预($D_i=0$)状态下的潜在结果,即未参与就业培训的潜在收入。

对于任意个体 i 而言,均同时存在两个潜在结果 Y_{1i} 和 Y_{0i},我们只能观测到其中一个潜在结果,永远无法同时观测到两个潜在结果。对于接受干预的个体 i,只能观测到潜在结果 Y_{1i},此时 Y_{0i} 被称为"反事实";对于不接受干预的个体 i,只能观测到潜在结果 Y_{0i},此时 Y_{1i} 被称为"反事实"。

对于个体 i，干预的因果效应（或处理效应）是两种状态下潜在结果的比较，我们用 τ_i 表示因果效应，则：

$$\tau_i = Y_{1i} - Y_{0i} \tag{12-3}$$

需要明确的是，因果效应的定义本质上依赖于潜在结果的比较，而与特定潜在结果是否被观测无关。具体来说，因果效应衡量的是在相同时间点，同一实体在干预发生后的潜在结果之间的差异。这种定义方式表明，因果效应基于在不同干预状态下潜在结果的理论比较，而非仅仅是观察到的结果。实际操作中，研究者只能观察到个体在某一状态下的结果，因此在单一个体层面无法直接测得因果效应。因果推断的核心任务是估算未观测的潜在结果（反事实结果），通常需要依靠统计推断和合适的设计来实现。

潜在结果模型的关键组成部分之一是分配机制，即处理变量（Di）的分配规则。分配机制决定了哪些个体接受干预，哪些不接受，从而决定哪个潜在结果可以被观测。为了深入理解分配机制，研究中常涉及干预前变量（Pretreatment Variables）或协变量（Covariates），它们帮助阐释个体如何被分配到实验组或对照组。这些变量包括个体固有属性，如性别、民族，这类属性在干预前后保持不变；以及干预前的经济社会特征，如收入水平，这些特征决定了个体的干预状态，但不受干预影响。根据分配机制的透明度，分配机制可分为随机化实验和观测研究。在随机化实验中，分配由研究者控制且已知，而在观测研究中，分配机制未知，研究的核心即是揭示这一机制，以估计因果效应。

第三个要素是稳定单元处理值假设（SUTVA）。这一假设包括两个主要内容：首先，假设研究对象之间不存在互相影响，即每个个体的潜在结果只依赖于该个体而非其他个体的干预状态。其次，假设所有个体接受的干预是一致的，没有程度上的差异，这意味着对于任何研究对象，无论其他对象的干预状态如何，其受干预影响的结果是恒定的，这包括了假设干预的性质在所有个体中是相同的，确保了因果效应的一致性和可比性。

12.3 因果推断方法：随机对照试验

12.3.1 定义及其应用

随机对照试验（Randomized Controlled Trial，RCT）是一种严格的科学实验设计，广泛应用于医学、心理学、教育科学以及经济、管理等社会科学领域。该方法通过随机地将研究参与者分配到实验组和对照组，评估某种干预措施的效果。实验组接受特定的干预，而对照组则接受安慰剂、无干预或标准疗法，这种设计的主要目的是确保除干预因素外，其他所有条件在两组之间都尽可能相同，以确保研究结果的准确性和可靠性。

RCT 的目的是准确评估干预措施对一个或多个预定结果的影响。例如，在医学研究中，RCT 可以用来测试新药的效果和安全性。RCT 的目的还包括推广其结果的普遍性，这是因为，由于其随机化的过程，研究结果通常被认为具有较高的外部有效性，即研究发现可以广泛地应用于类似人群。这一特点使得 RCT 成为评估药物、治疗方法或其他干预措施效果的"黄金标准"。

RCT 在经济管理研究领域的应用是近年来的一个重要发展，尤其是在评估政策干预、管理策略和企业实践的效果方面。经济管理学界采用 RCT 来尝试提供更准确的因果推断，确保政策决策和管理实践基于最可靠的证据进行。

首先，RCT 在经济领域的应用通常涉及评估某种经济干预措施，如税收优惠、财政补贴、就业培训程序等对经济行为的影响。通过随机地将受试者分为接受干预的实验组和不接受干预的对照组，研究者能够观察干预措施对特定经济行为或经济指标的影响。例如，研究者可能会探究一个新的就业培训计划是否有效地提高了参与者的就业率和收入水平。

在管理研究领域，RCT 被用来评估组织内部的各种管理实践和战略的有效性。例如，企业可能通过 RCT 来测试不同的人力资源管理策略（如激励措施或员工福利计划）对员工满意度、生产力及留任率的影响。通过这种方法，企业能够基于实验结果来调整或优化其管理策略，提高组织效率和员工福祉。

RCT 在经济管理研究中的另一个应用是市场营销领域。市场营销策略的评估，如不同广告宣传或消费者促销活动的效果，常通过 RCT 来执行。通过随机分配消费者接受不同的市场推广策略，研究者可以准确测量哪些策略在提高品牌认知、销售额或顾客忠诚度方面最为有效。

此外，RCT 也被应用于金融领域，例评估金融产品对消费者行为的影响。金融机构可能利用 RCT 来测试不同的信贷产品、储蓄计划或支付系统对消费者储蓄行为和投资决策的影响。这类研究能帮助金融机构设计更符合消费者需求的产品，同时也能为政策制定者提供关于金融市场规制的洞见。

总之，RCT 为经济管理领域的研究提供了一个强有力的工具，使研究者和决策者能以科学严谨的方式评估各种政策和管理策略的实际效果。通过这种方法，研究者和决策者可以更准确地理解和预测经济干预措施的影响，从而作出更有效的决策。

12.3.2　RCT 的执行流程

1. 研究设计

在进行随机对照试验前，精心的研究设计是确保结果准确性和科学性的关键。以下是研究设计的具体步骤和重要考虑因素。

（1）确定研究问题。

研究设计的首要任务是清晰定义研究问题。这包括明确研究旨在解决的具体问题、研究的目的以及预期达成的目标。良好的研究问题应具有明确性、相关性、可行性和科学价值。

（2）选择目标人群。

选择适当的目标人群是设计 RCT 的关键环节。目标人群的选择应基于研究问题的具体需求，考虑人群的普遍性和特异性。例如，如果研究关注某种激励措施对企业中层管理人员的影响，则该研究的目标人群应是企业中层管理人员。

（3）明确干预和对照条件。

在 RCT 中，干预措施应明确且可操作，对照条件通常为安慰剂或行业标准治疗。明确干预和对照条件不仅涉及干预的性质和持续时间，还包括干预的实施方式和频率。

（4）定义关键的结果变量。

结果变量是衡量干预效果的指标。在设计阶段，必须明确这些变量，并确定如何精确测量这些变量。结果变量应选择能直接反映研究问题的变量，例如，如果研究的是员工培训程序的效果，那么，可能的结果变量包括员工的生产率、工作满意度或员工流失率等。

(5) 计算所需的样本大小。

样本大小的计算至关重要，它能确保研究具有足够的统计功效来检测干预效果存在与否。样本大小的计算应考虑预期效果大小、统计显著性水平、功效和潜在的数据损失。使用统计软件对样本大小进行预估可以更准确地确定所需的参与者数量。

(6) 考虑伦理问题并获得伦理审批。

研究设计必须符合伦理标准，保护参与者的权利和安全。这包括确保研究的所有方面都获得了适当的伦理审查和批准，确保参与者的自愿性和知情同意，以及在研究中采取适当的隐私和数据保护措施。

2. 随机分配

随机分配是随机对照试验中最关键的步骤之一，其目的是确保实验组和对照组在接受干预前在统计上是等效的，从而使研究结果具有更高的内部有效性。随机分配的主要目的是消除选择偏差，确保除干预措施外，实验组和对照组在开始研究时在已知和未知的所有潜在混杂因素上都是相似的。这一点是通过随机化过程实现的，随机化可以有效平衡各组在基线变量上的差异，包括那些可能未被研究者识别的变量。随机分配的方法包括以下几种。

(1) 简单随机分配。这是最基本的随机化方法，每个参与者都有相同的机会被分配到任一组。简单随机分配通常通过使用随机数表或计算机生成的随机数来进行分配。

(2) 分层随机分配。当研究者希望确保实验组和对照组在一个或多个关键变量(如年龄、性别或疾病严重程度)上均衡时，可以使用分层随机分配。分层随机分配是指在每个层次内，参与者被随机分配到不同的组别。

(3) 块随机分配。这种方法确保在每个预定的"块"或组内，参与者平均分配到实验组和对照组。这种方法适用于参与者陆续入组的情况，可保持随机分配的均衡性。

随机分配通常由第三方或研究团队中的一个独立成员使用特定的软件工具执行，以避免任何潜在的偏差。使用计算机软件进行随机分配不仅能提高效率，还能增强过程的透明度和公正性。随机分配的过程和结果应详细记录，并在研究报告中进行透明报告。这包括使用的随机化方法、执行随机化的过程，以及任何可能影响随机化质量的因素(如实验终止的参与者)。

3. 实施干预

在经济管理研究中，实施干预是检验策略、政策或程序效果的核心环节。这一步骤必须精确执行，以确保研究结果的可靠性和有效性。

在经济管理研究中，干预可能包括政策改变、管理策略调整或特定商业实践的引入。为了确保一致性，研究者必须对干预措施进行详细描述，并严格按照预定方案实施。例如，在测试新的员工激励方案时，要确保所有参与的部门或团队接受相同形式和相同强度的激励。执行干预的团队或个人需接受关于如何准确实施干预的培训，包括了解干预的目的、步骤和预期的反应。在组织内部部署新的技术解决方案时，涉及的员工需要了解如何操作新系统并理解其目的。对于其对照组，研究者需提供标准操作或现行政策作为参照。这样可以确保实验组和对照组之间的唯一区别是干预本身，以便有效地测量干预的影响。干预实施期间，必须详细记录所有相关数据，包括干预的时间、地点、参与者反馈以及任何非预期事件。

4. 结果评估

结果评估是随机对照试验中一个至关重要的环节。这一步骤的核心目标是确保从实验中收集的数据能够准确且全面地反映干预措施的效果。为达到这一目标，结果的评估过程需要被设计得既系统又具备高度的方法严谨性。

首先，确保结果数据收集过程中的公正性和准确性。为达到这一目的，通常需要实施盲测（Blind Testing），确保数据收集者和数据分析者不知道哪些参与者属于实验组或对照组，以此来避免偏差的产生。在数据收集方法上，可以采用问卷调查、直接观察、生理测量、工作表现评估等多种方式，但每种方法都需要适当的验证和校准，以确保数据的可靠性。

其次，结果评估还必须考虑到时间点的选择。对于某些干预，短期内可能看不出显著效果，或者效果可能随时间而变化。因此，选择合适的评估时间点，如干预后的立即、中期和长期效果，对于全面理解干预的效益是非常关键的。

5. 数据分析

数据分析是随机对照试验的最终阶段，负责对收集到的数据进行统计处理和解释，以评估干预措施的效果。这一步骤直接关系到研究假设是否得到支持。

首先，数据分析阶段应从数据清理开始，包括处理遗失数据、异常值和错误输入，确保分析数据的质量。完成数据清理后，通常需要进行描述性统计分析，包括计算均值、标准差、频率和百分比等，目的是全面了解研究数据基本特征。

接下来，正式的数据分析可能包括 t 检验、方差分析（ANOVA）、协方差分析（ANCOVA）或其他更为复杂的回归分析或混合模型。这些分析旨在评估实验组和对照组之间在主要结果变量上是否存在统计学上的显著差异。除定量分析外，如果研究数据包括定性数据，如开放式问卷回答或访谈记录，这些数据将需要进行内容分析或主题分析以提炼关键信息。这通常涉及编码过程，从而将定性数据归类为可分析的量化数据。

最后，一旦完成所有统计分析，研究者需要将结果综合起来解释，并利用图表报告出来。在这个过程中，研究者需要将数据分析结果与研究假设相对比，并考虑任何可能影响结果的外部因素。此外，研究者应该讨论研究的局限性，对未来的研究提出建议等。

虽然随机对照试验被认为是因果推断最重要的方法，但仍然面临诸多挑战。例如，试验本身可能存在霍桑效应，即由于参与试验本身而非干预对研究对象产生了影响。同时，进行随机对照试验通常需要大量的时间、人力和资金投入，所以这类试验的样本通常较小，这可能导致样本代表性问题，使试验结果难以推广。干预措施也常常具有环境依赖，因此难以在不同环境下复制或推广。此外，随机对照试验常常被诟病存在伦理问题，比如由农村教育行动计划（Rural Education Action Project，REAP）开展的一项贫血改善计划中，参与试验的小孩被发现存在贫血问题，干预措施是通过补充铁元素改善贫血，对照组中的小孩因为身处试验而不能得到铁元素补充等。

案例 12-1

个体性格调节员工对领导风格的反应

许多企业面临如何通过不同的激励措施来提升员工生产力的问题。为了解决这个问题，研究者决定通过随机对照试验来测试两种不同的激励方案（金钱奖励 VS 职业发展机会）对员工生产力的影响。

步骤 1：研究设计

研究问题：哪种激励方案能更有效地提升员工生产力？

目标人群：选择该公司的 900 名员工作为研究对象。

干预和对照条件：

干预组 A：提供金钱奖励，根据生产率提升的百分比给予额外的现金奖励。

干预组 B：提供职业发展机会，包括培训课程、提升到更高职位的机会等。

对照组 C：不提供额外激励，维持现有的工作条件。

结果变量：生产力的提升，通过比较干预前后的生产数据来评估。

样本大小：根据先前的研究和预期效果大小，进行统计功效分析，确定每组至少需要 300 名员工参与。

步骤 2：随机分配

使用计算机软件生成随机数，将 1 000 名员工随机等分配到三个组别（A，B，C），每组约 300 人。

步骤 3：实施干预

干预组 A 接受基于生产率提升比例的现金奖励方案。

干预组 B 参加特定的职业发展培训，并获得晋升机会。

对照组 C 继续常规的工作和管理模式。

步骤 4：结果评估

在干预后的 6 个月内，通过月度生产数据跟踪和评估每个员工的生产力变化。评估过程中，数据收集者应不知道员工属于哪个实验组，以确保数据收集的客观性和准确性。

步骤 5：数据分析

收集完所有数据后，使用统计软件进行数据清理和初步分析。主要分析方法包括：

(1) 采用描述性统计分析，如均值、标准差等。

(2) 采方差分析（ANOVA）检验三组之间的生产力是否有显著差异。

(3) 若有必要，进行后续的多重比较测试以明确不同组间的具体差异。

通过以上步骤，研究能够有效评估不同激励措施对员工生产力的具体影响，为公司提供科学依据来选择最优的员工激励方案。

12.4　非试验数据的因果推断

虽然 RCT 在方法学上被认为是因果关系研究的"黄金"标准，但现实中经常难以获得进行 RCT 的条件。在无法或不适合进行 RCT 的情况下，其他诸如双重差分法、工具变量法、断点回归以及倾向匹配得分等方法提供了因果推断的替代性方案。

12.4.1　双重差分法

双重差分法（Difference-in-Differences，DID），也叫倍差法，是近年来倍受欢迎的因果推断方法之一，一般用于评估政策或干预措施对因变量的影响，属于非试验性影响评估。该方法主要通过比较政策实施前后以及实验组与对照组之间的变化，来估计政策干预的因果效应。这种方法假设在没有干预的情况下，实验组和对照组的变化趋势将会是一致的。因此，任何实验组和对照组之间的差异的变化都可以归因于干预。我们通过 DID 的基准模型来进一步讲解 DID 的基本原理，模型设定如下：

$$Y_i t = \alpha_0 + \alpha_1 d_i + \alpha_2 d_t + \alpha_3 d_i \cdot d_t + \varepsilon_i t \tag{12-4}$$

式 12-4 中，d_i 为分组虚拟变量，若个体 i 受政策干预影响，则其为实验组，对应 d_i 取值为 1；若个体 i 不受政策干预影响，则个体 i 为对照组，对应 d_i 取值为 0。d_t 为政策干预虚拟变量，政策干预前 d_t 取值为 0，政策干预后 d_t 取值为 1。$d_i \cdot d_t$ 为分组虚拟变量与政策实施虚拟变量的交互项，其系数 α_3 反映政策干预的净效应，是我们在使用双重差分法时最关注的部分。在实际应用时，式 12-4 中还需要加入相关控制变量。我们通过表 12-1 进一步说明系数 α_3 的意义，从表中可以看出，α_3 是时间维度（政策干预前、后）和个体维度（实验组、对照组）两次差分的结果。

表 12-1 双重差分法基本原理

项目	政策干预前	政策干预后	Difference
实验组	$\alpha_0 + \alpha_1$	$\alpha_0 + \alpha_1 + \alpha_2 + \alpha_3$	$\alpha_2 + \alpha_3$
对照组	α_0	$\alpha_0 + \alpha_2$	α_2
Difference	α_1	$\alpha_1 + \alpha_3$	α_3

我们也可以通过更直观的图形来说明 DID 的基本原理和系数 α_3 的意义，如图 12-1 所示，简单画出实验组和对照组的函数图像，虚线表示的是假设政策并未干预时，实验组的变化趋势，即实验组的反事实情况。α_3 是政策的处理效应。由于反事实情况不能直接观测，以对照组作为实验组的反事实参照。双重差分法的基本原理是通过比较在时间上、在干预前后都发生变化的实验组和对照组的差异，来估计处理对因果效应的影响。

实际上，图 12-1 中也反映出了 DID 最为重要和关键的前提条件：共同趋势（Common Trends）。实验组和对照组在政策实施之前必须具有共同的变化趋势，即图中政策干预点前实验组和对照组对应的两条平行直线，否则实验组的反事实趋势不成立，无法进一步准确估算政策的处理效应，对照组和实验组通过平行趋势检验是应用双重差分法的必要前提。

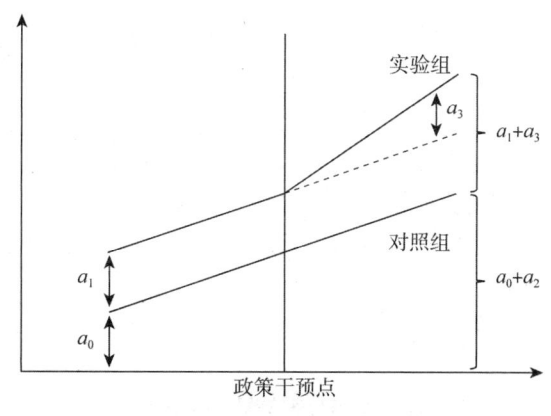

图 12-1 双重差分法图形逻辑

双重差分法的基本原理简单易懂，实际操作中也相对灵活，但仍有以下局限。

（1）DID 适用于至少两年的面板数据，因为 DID 关注样本在政策冲击或干预前后的状态，截面数据无法反映样本的变化情况。

（2）DID 要求并非所有样本同时受到的政策冲击或干预在时间维度或个体维度上有所区分，具有受政策影响的实验组和不受政策影响的对照组。

案例 12-2

利用 DID 评估最低工资政策的影响

考虑一项旨在评估最低工资提高对零售业员工工资和就业水平影响的研究。该政策在 A 地实施，而邻近的 B 地没有实施，所以 A、B 两地的员工可以作为对照组。

研究者收集了两地在政策实施前后的员工工资和就业数据并做了研究设定。

实验组：A 地的零售业员工。

对照组：B 地的零售业员工。

工资水平：平均小时工资。

就业水平：零售行业的就业人数。

控制变量：可能需要控制其他影响工资和就业的变量，如经济周期、行业增长等。

接下来，研究者使用双重差分模型分析数据，确定最低工资提高对工资和就业的影响。如果双重差分估计结果显示正显著影响，表明最低工资的提高提升了零售业员工的工资水平，而对就业的影响则需要根据就业数据的具体变化来判断。此外，在此基础上，研究者还进一步分析了最低工资提升是否会导致零售业就业人数的减少，从而评估政策的整体经济效应。

12.4.2 工具变量法

工具变量法（Instrumental Variables，简称 IV）是计量经济学中重要的估计方法之一，也是目前最流行的解决内生性问题的方法之一。其基本思想是通过引入一个与模型误差项不相关，但与内生解释变量高度相关的变量，以识别出真正的因果关系。首先，我们设定一个典型的线性回归模型：

$$y = \beta_0 + \beta_1 x_1 + \beta_2 X + \varepsilon \tag{12-5}$$

式 12-5 中，y 是被解释变量，x_1 是解释变量，X 是外生控制变量，ε 是误差项。由于遗漏变量的存在，我们的主要估计系数 β_1 往往是有偏的，此时我们关注的解释变量 x_1 被称为"内生"的解释变量，这即是内生性问题，需要引入更多信息来进行无偏估计。工具变量的方法是引入一个或多个外生的工具变量，这些变量必须满足以下两个条件：

（1）相关性条件。工具变量必须与内生解释变量强相关。

（2）排他性条件。工具变量与模型的误差项不相关，即它只通过内生解释变量影响因变量。

实施工具变量方法的步骤如下。

（1）第一阶段回归。

在第一阶段，使用工具变量对内生解释变量进行回归，目的是得到解释变量的预测值。这一步骤检验工具变量与内生解释变量之间的相关性。

(2)第二阶段回归。

在第二阶段，用第一阶段得到的解释变量的预测值替换原来的内生解释变量，然后对因变量进行回归。这一步骤用于估计解释变量对因变量的真实影响。

(3)评估工具变量的有效性。

通过检验工具变量的强度(如 F 统计量是否显著大于10)和排他性条件(通常通过过度识别检验，如 Sargan 检验或 Hansen J 检验)来评估工具变量的有效性。

图12-2简要说明工具变量法的原理，其中，变量 Z 位于模型(即虚线框)之外，为外生工具变量，通过影响内生解释变量 x_1 间接影响被解释变量 y。因为 Z 与 x_1 相关，若 Z 变量有增量变化，必然会对 x_1 产生一个来自模型之外的冲击。如果 x_1 和 y 之间存在因果关系，那么工具变量 Z 对 x_1 带来的冲击也势必会传递到解释变量 y。在这一系列假设下，只要 Z 对 y 的间接冲击在统计上显著，则可以推断出 x_1 和 y 之间存在因果关系。

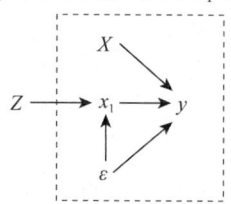

图 12-2 工具变量法图形原理

在应用工具变量方法(IV)解决内生性问题时，研究者常面临两个主要挑战：选择合适的工具变量和验证工具变量的外生性。在实际应用中，研究者很难找到完全符合这些条件的工具变量。工具变量的外生性假设在理论上经常是难以直接验证的，因为它涉及无法直接观测的模型误差项。因此，研究者必须依靠理论推断或使用其他统计方法(如过度识别检验)间接验证外生性。由于外生性很难直接证实，所以工具变量的选择常受到质疑。考虑到很多理论上有效的工具变量在实际数据中可能难以观察到，因此，除满足统计上的要求外，研究者还必须确保工具变量在数据上是可获得的。下面是几种常用的寻找工具变量的途径。

1. 自然实验

自然实验是一种常见的寻找工具变量的方法，它利用自然发生的事件或政策变更进行"实验"，这些事件或政策变更影响某些个体而不影响其他个体。例如政策改革，即不同地区或时间实施的政策变动，如税收法规的改变、教育政策的更新等；经济或政治事件，即战争、自然灾害、贸易禁令等突发事件；这些事件往往随机地影响特定地区或群体，为因果推断提供了机会。

2. 工具变量的法律或制度差异

法律或制度的差异，如不同国家或地区的法律规定，也可作为工具变量。例如，各省之间因法规差异导致的企业经营环境的不同，可以借此研究法规变化对企业决策的影响。

3. 地理或气象因素

地理位置或自然条件经常被用作工具变量，尤其是在研究环境和经济行为的关系时，例如气候变化，如降雨量、温度等对农业生产有显著影响，可以用作农业经济研究中的工具变量；又如地理特征，如河流、山脉等自然地理特征对地区交通和贸易的影响，可以用来研究经济发展模式。

4. 延迟变量

在某些情况下，延迟的自变量（即过去的值）可以作为工具变量，特别是在该变量被认为是外生的时。例如，过去的投资水平有时可以用来作为当前投资决策的工具变量。

5. 行业特有的工具

某些行业特有的因素，如技术创新、供应中断等，也可以作为工具变量。例如，国际市场上的供应冲击可能影响国内价格，但不影响国内的消费偏好。

6. 随机分配

在某些研究或实验中，研究者可能有机会随机分配某些资源或服务，如随机分配访问某种服务的权限，这些也可以作为有效的工具变量。

每种途径都有其独特的优势和局限性，选择合适的工具变量需谨慎评估其适用性和准确性，确保满足研究的统计和理论需求。此外，选用工具变量后，进行过度识别检验和其他相关性检验是必不可少的，以验证所选工具变量的有效性。此外，工具变量识别的仅仅是局部平均处理效应。当我们把模型之外的工具变量 Z 引入模型时，既为模型的识别增加了有效信息，但同时也带来了噪声。其中一个重要的问题就是我们无法得知工具变量和解释变量之间的相关性在样本中是否均匀，如果工具变量对样本的影响分布并不均匀，那么工具变量估计量更多地反映部分样本上的因果效应，即为局部平均处理效应（local average treatment effect，LATE），而我们关注的是平均处理效应。举例来说，我们研究是否去天主教学校对学生成绩的影响，工具变量为学生信仰天主教，但信仰天主教的学生不一定要去天主教学校上学，也就不存在相关性。因此，工具变量只处理了信仰天主教且去了天主教学校的学生的效应，而不包含信仰天主教但没去天主教学校的学生的效应，所以它识别的是局部处理效应。

案例 12-3

利用工具变量评估教育年限对收入的影响

假设一项研究的目的是识别教育年限增长对个体收入的因果效应。由于家庭背景或能力等未观测因素可能与教育选择相关联，同时也可能影响收入，因此教育变量在收入回归模型中可能是内生的。

研究者选择了一种常见的工具变量：学区的入学年龄最低要求政策变动。具体而言，某些地区实行了政策改革，将入学年龄的最低要求提高了一年，这意味着这些地区的儿童将在更年长时才能开始接受正式教育。这种政策变动影响了个体的教育年限，但与个体的收入潜在能力或家庭背景无关。

研究者收集了来自不同学区的个体数据，包括他们的教育水平和收入，以及是否受到入学年龄政策变动的影响。利用这些数据，研究者首先估计一个简单的 OLS 模型，其中，教育作为解释变量来预测收入；之后，使用学区入学年龄政策变动作为工具变量，通过两阶段最小二乘法估计教育对收入的因果效应。研究主要分为两个阶段：

第一阶段，使用工具变量（学区入学政策变动）预测教育年限。

第二阶段，将第一阶段预测的教育年限作为解释变量，来估计其对收入的影响。

如果工具变量有效，第二阶段的回归结果将给出教育对收入的无偏估计。

研究可能发现，通过考虑教育水平的内生性问题后，教育对收入的真实影响可能与初步的 OLS 估计有所不同。

12.4.3 断点回归

断点回归(Regression Discontinuity Design，RDD)被认为是最接近随机实验的非实验研究方法，特别适用于那些由于伦理或实际原因无法实施完全随机化实验的场景。断点回归通过利用自然存在的规则或阈值(即断点)来实现因果推断，有效缓解内生性问题，从而准确反映变量间的因果关系。应用断点回归需要至少包含三个要素。

(1) 断点(Cutoff Point)。断点是确定个体是否接受某种处理的临界值。例如，学生的考试分数可能用来决定其是否有资格获得奖学金；分数高于某个断点的学生获得奖学金，低于该断点则不获得。

(2) 分配变量(Assignment Variable，也叫 Running Variable 或 Forcing Variable)。也译作配置变量、驱动变量、特征变量等，是个体的一个连续特征变量，分配变量值是否大于断点将决定个体是否接受处理。例如，在教育研究中，学生的入学考试成绩可能作为分配变量，根据这个成绩来决定学生是否能进入更高层次的教育程序。

(3) 结果变量(Outcome Variable)。结果变量是用来评估接受处理与否对个体有何种影响的变量。比如在奖学金的例子中，研究者可能会考察获得奖学金与否对学生未来学术成就的影响。

断点回归的设计思想是存在一个分配变量 C 的某一个值，如 $C=X$，可以作为决定个体是否接受处理的临界值。当分配变量大于临界值，即 $C_i > X$ 时，个体归入实验组；反之，当 $C_i < X$ 时，个体进入对照组。由此，根据 $C=X$ 这一临界点形成了一个"中断"，又因为分配变量在临界点两侧是连续的，对分配变量的取值落入临界点任意一侧是随机发生的，即不存在人为操控使得个体进入哪一组的概率更大，则在临界值附近构成了一个准自然实验。通过比较临界值两侧实验组和对照组之间的差异，我们可以估计处理对因果变量的影响，则每当存在有一个固定的门槛或分界点能够划定实验组与对照组时，断点回归就会被考虑使用。

断点回归可以分为两类。

第一类是确定型的断点回归(Sharp RDD)，其临界值是确定的，在临界值一侧的所有个体都接受了处理，反之，在临界值另一侧的所有个体都没有接受处理。此时，接受处理的概率只有 0 和 1 两种取值。这种清晰的分界线使得因果推断变得相对直接。

第二类是模糊型的断点回归(Fuzzy RDD)，其临界点是模糊的，在临界值附近接受处理的概率是单调变化的，而非只有 0 或 1 两种取值。

以往研究发现，在一定的假设下，无论哪一种类型的断点回归，都可以利用临界值附近样本的系统性变化来研究处理和其他变量之间的因果关系。图 12-3 直观地展示了两类断点回归在临界值处的区别。

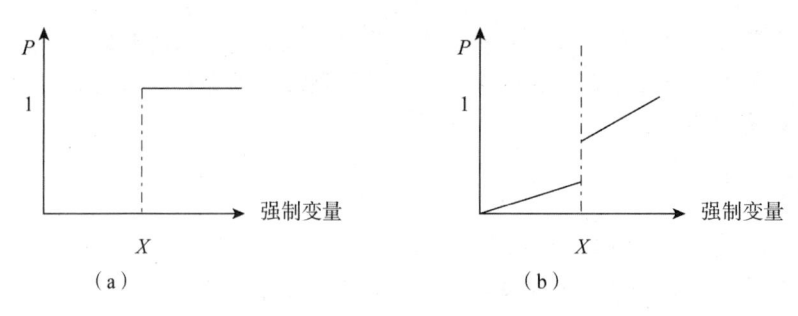

图 12-3　确定型断点回归与模糊型断点回归
(a)确定型的断点回归；(b)模糊型的断点回归

断点回归的必要步骤如下。

(1)检验在临界值 X 点处是否存在断点。这通常通过分析分配变量与结果变量之间的关系图来实现，即画出结果变量与分配变量之间的关系图，如果在预定的断点处观察到结果变量的明显跳跃，则表明断点有效。

(2)在临界值附近选择合适的样本进行回归。在临界值附近选择样本，涉及带宽的选择，目前主要有交叉验证法、局部线性回归、局部多项式回归、全局多项式回归等方法。

通过比较断点两侧的数据，断点回归能够提供干预的局部平均处理效应，为政策制定和学术研究提供有力的因果证据。

断点回归的局限性如下。

(1)断点的有效性。断点必须是外生的，即由自然法则或政策规定决定，而非个体自身的选择或行为影响。这要求断点本身与研究的结果变量无关，其随机性必须得到严格验证。在实际应用中，找到这样的断点往往是困难的，因为很多看似随机的断点在深入分析后可能仍与背景变量相关，这会引入潜在的偏误。

(2)局部估计的局限。断点回归只关注断点附近的数据，因此估计的是局部的平均处理效应，而不是整体平均效应(ATE)。这意味着所得结果可能不能推广到整个人群，特别是当处理效应在不同分组中变化较大时。

(3)数据需求。因为断点回归只利用了接近断点的数据，这可能导致样本量显著减少，影响统计推断的力度。此外，分析的精度与高度依赖于足够的样本密度和数据质量。

(4)带宽选择。如何选择合适的带宽(即决定在断点附近取多大范围的数据进行分析)是实施断点回归时的一个关键技术问题，带宽选择不当可能导致估计偏误或效率低下。

案例 12-4

利用断点回归评估教育政策对学生的影响

假设某地区实行的教育政策规定，所有中考分数达到一定分数线(断点)的学生可进入优质高中学习。研究者关心的是进入优质高中对学生大学录取率和未来学业成就的影响。

研究者可以使用断点回归方法，通过比较分数刚好在分数线以上和以下的学生的大学录取情况，来估计进入优质高中的因果效应。此研究的有效性依赖于分数线的随机设定，即假设学生无法精确控制自己的分数刚好超过或未达到这一分数线。在这个研究中，分配变量是中考成绩，断点是设定的分数线，结果变量是学生的大学录取情况。

通过断点回归设计，研究者能够有效地隔离其他混杂因素的影响，如家庭背景、初中教育质量等，从而更准确地评估优质高中教育对学生未来发展的影响。然而，这种估计仅对于分数线附近的学生群体有效，对于分数差距较大的学生群体可能不具有代表性。

12.4.4　倾向得分匹配

倾向得分匹配(Propensity Score Matching，PSM)是一种广泛应用于观察性研究的非实验性因果推断方法，旨在解决数据非随机产生的选择偏误问题。通过构建倾向得分并以此进行匹配，PSM模拟随机化控制实验的条件，以平衡实验组和对照组间的可观测背景变量，从而允许对干预效应进行更准确的估计。倾向得分(Propensity Score)是指个体受到(或参与)干预的概率。此外，进行匹配的关键前提是控制协变量之后，具有相同特征的个体对干预具有相同的反应。换句话说，不可观测因素不影响个体是否受到(或参与)干预的决策，只有在估计倾向得分的回归方程中包含的可观测变量才能影响。

PSM的具体思路是，首先根据个体特征构建倾向得分，衡量个体属于实验组的概率；然后使用倾向得分进行匹配，使实验组和对照组在特征上更为相似，从而比较两组之间的差异。PSM一般包括以下几个必要步骤。

1. 倾向得分的估计

利用逻辑回归或Probit模型等，根据研究对象的预处理特征(如年龄、性别、教育水平等)来估算每个个体接受干预的概率，即倾向得分。

2. 进行匹配

匹配的方法多样，主要包括以下几种。

(1)最近邻匹配(Nearest Neighbor Matching)。以倾向得分为依据，在对照组样本中寻找最接近实验组样本得分的对象，并形成配对。由于最近邻匹配对噪声数据过于敏感，为减少误差，常用的变体是k-最近邻匹配，选取多个最近的对照组样本进行平均或加权。

(2)卡尺匹配(Caliper Matching)。设定一个固定宽度的卡尺(一般设定为小于倾向得分标准差的四分之一)，只有在这个卡尺范围内的对照组个体才能用来匹配实验组个体，以确保匹配的质量。

(3)核匹配(Kernel Matching)。将实验组样本与由对照组所有样本计算出的一个估计效果进行配对，其中估计效果由实验组个体得分值与对照组所有样本得分值加权平均获得，权数则由核函数计算得出。

(4)马氏距离匹配(Mahalanobis Metric Matching)。考虑到多个变量的协方差，使用马氏距离来确定匹配对，通常用于特征变量较多的情况。

3. 平衡性检验

通过比较匹配前后实验组和对照组的协变量分布，检验匹配的质量。常用的指标是标准化差异(Standardized Difference，SD)，值较小表明匹配后的两组在协变量上更为相似。SD值越小，说明两组之间越相似。

4. 计算平均处理效应

在成功地匹配后，可以计算平均处理效应(Average Treatment Effect on the Treated，ATT)，或者对匹配后的样本进行进一步的回归分析，以估计处理的因果效应。

5. 敏感性分析

敏感性分析用于检测结果的稳健性，尤其是在存在潜在的未观测混杂因素时。通过修改模型假设或使用不同的匹配策略，分析结果的变化，评估估计的稳健性。

倾向得分匹配作为非参数方法，不需要对可观测因素的条件均值函数和不可观测因素的概率分布进行假设，因而相比参数方法具有优势，但也有其局限性。

(1) 具有较强的前提假设。使用 PSM 必须同时满足条件独立性假设（Conditional Independence Assumption，CIA）和共同支撑假设。条件独立性是指个体是否接受政策干预的决策只受估计倾向得分的回归方程中包含的可观测变量的影响，不受不可观测因素的影响。共同支撑假设也称为"重叠假设"（Overlap Assumption），是指实验组与对照组的倾向得分取值有足够多的重叠区域。

(2) 要求较大的样本容量，不适用于小样本分析。PSM 通常应用于截面数据，为保证条件独立性，需要尽可能多地搜集协变量信息，将混杂因素分离。同时，基于足够多的重叠区域的要求，研究者也需要收集足够多的样本数据来满足。

(3) 结果的稳健性受到多种挑战。通过 PSM 计算得到的 ATT 稳健性受到多种因素的影响，如干预分配机制方程的设定、匹配算法的选择等。

案例 12-5

利用 PSM 分析就业培训对工资的影响

在经济管理研究领域，政策制定者和学者常关注职业培训对劳动者经济成果的影响。考虑到实验设计往往不可行，PSM 方法为评估此类干预的影响提供了一个替代方案。

为了评估参加特定就业培训计划对个体工资水平的影响，研究者准备了一项全国性的劳动力调查数据。该数据包括个体的教育背景、工作经验、工资水平以及是否参加过政府资助的职业培训计划等信息。

PSM 的实施步骤如下：

(1) 倾向得分的估计。使用 Logit 模型，根据个体的基本特征（如年龄、性别、教育水平、以往工作经验等）估计每个个体参加培训的概率。

(2) 匹配过程。使用最近邻匹配方法，为每个接受培训的个体（实验组）寻找未接受培训的个体（对照组），这些个体在倾向得分上与实验组最为接近。

(3) 设置卡尺。通常为倾向得分标准差的 0.25，以确保匹配质量。

(4) 平衡性检验。对匹配前后的数据集进行平衡性检验，比较实验组和对照组在关键协变量上的标准化平均差异，确保匹配后两组在观测特征上的相似性。

(5) 结果分析。计算平均处理效应，即参加培训的个体与匹配的未参加培训的个体之间在工资水平上的平均差异。

(6) 敏感性分析。通过改变匹配参数（如使用不同数量的邻近匹配）和包含或排除某些协变量，分析结果的敏感性，以测试结论的稳健性。

通过 PSM 方法，研究可能发现，参加职业培训显著提高了个体的工资水平。敏感性分析表明，即使在不同的匹配策略和模型设定下，这一结论仍然稳健。

思考题

1. 请解释因果推断的重要性，为什么在管理研究中进行因果推断是必要的？
2. 请详细描述随机对照试验的执行流程，并解释每个步骤的重要性。
3. 什么是工具变量法？请解释其基本概念和应用条件。

第 13 章 报告结果与讨论

13.1 报告结果

报告结果是研究报告或学术论文中的一个重要部分,它是研究的主要发现和结果的总结与表现,并提供具体的数据支持,能帮助读者更好地理解研究发现的含义和重要性。以下是编写报告结果的一些要点。

1. 突出主要发现和结果

(1)选择关键结果。根据研究问题和目的,选择最具关键性和重要性的结果进行呈现。这些结果应能够直接回答研究问题并支持研究假设或论证。

(2)明确结论。确保结果能够明确地支持或反驳研究假设,并提供清晰的结论。

2. 注意逻辑结构

(1)分类和组织。按照研究目标、主题或结果之间的相关性,对结果进行分类和组织。这样可以帮助读者清晰地理解研究的进展和发现。

(2)层次分明。使用层次分明的结构(例如主标题和副标题),使读者能够快速找到感兴趣的部分。

(3)时间序列或因果关系。如果适用,可以按照时间序列或因果关系来组织结果,帮助读者理解研究过程和结果之间的关系。

3. 通过数量和描述呈现结果

(1)图表和表格。使用图表和表格来直观地展示数据。这些可视化工具可以帮助读者快速理解复杂的数据和趋势。

(2)统计指标。使用准确的数字与统计指标(如均值、中位数、标准差、相关系数和回归系数)来支持结果的可信度和可重复性。

(3)文字描述。使用简洁明了的语言描述结果的特征、趋势和关系,确保文字描述与图表和表格中的数据一致。

4. 结果解读

(1) 解释结果。提供对研究结果的解释和理解。解释结果与研究问题、理论框架或先前研究之间的关系,并讨论结果的意义和启示。

(2) 关联性。确保结果与研究的其他部分(如研究问题、方法和理论框架)之间的一致性。结果应与研究设计和分析方法相匹配,并与研究目的和问题相一致。

(3) 讨论意义。讨论结果的实际意义和应用价值,例如结果对理论发展、实际管理或政策制定的影响。

报告结果是研究报告或学术论文的核心部分,它直接反映了研究的质量和成果。编写报告结果时,应遵循准确性、逻辑性、清晰性和一致性的原则。

(1) 准确性。确保所有结果和数据的准确性。数据错误或误导性陈述会严重影响研究的可信度。

(2) 逻辑性。结果应按照逻辑顺序呈现,便于读者跟随研究的思路和过程。

(3) 清晰性。使用简明扼要的语言和清晰的图表,使结果易于理解。

(4) 一致性。结果的呈现应与研究的其他部分(如问题陈述、文献综述、研究方法)保持一致,确保整篇论文的协调性。

案例 13-1

报告结果示例

相关分析结果表明,广告支出和销售额之间的相关系数为 0.555,$p<0.05$,说明两者之间存在显著的正相关关系。相反,产品价格和销售额之间的相关系数为 -0.560,$p<0.05$,说明两者之间存在显著的负相关关系。

回归分析进一步支持了相关分析的发现。回归分析结果显示,广告支出的回归系数为 0.336 9,标准误为 0.142,t 值为 0.142,$p<0.05$。这一结果表明,当广告支出增加一个单位时,销售额将增加 0.336 9 单位。在回归分析中,产品价格对销售额的负向影响同样显著。产品价格的回归系数为 0.945 8,标准误为 0.945 8,t 值为 0.945 8,$p<0.05$。这意味着,当产品价格增加一个单位时,销售额将减少 0.945 8 单位。此外,模型的 R^2 为 0.533,说明模型解释了 53.3% 的销售额的变异。

实证分析结果表明,广告支出和产品价格是影响销售额的两个重要因素。具体而言,增加广告支出能够显著提高销售额,而提高产品价格则可能导致销售额的下降。企业在制定营销和定价策略时,应综合考虑这两个因素的影响,从而优化其市场表现。

13.2 研究结论与讨论

撰写研究结论部分是研究报告或学术论文的关键环节之一。研究结论不仅总结了研究的主要发现和贡献,还为读者提供了对整个研究的全面理解和最终评价。撰写研究结论时,首先可以回顾研究背景和提出的问题,帮助读者重新聚焦于研究的初始动机;其次,重申研究问题和目标,强调其重要性和研究意义。在此基础上,总结研究的主要发现,突出研究的核心贡献。

在报告研究结论后，研究者还需要结合理论框架，对整个研究进行讨论。研究讨论是对研究结果进行深入分析、解释和探讨的部分。在结果讨论中，研究者可以对所得结果的意义、与理论框架的一致性、与前人研究的比较等进行详细探讨。

1. 解释结果的含义和可能的解释

探索结果与研究问题的关联性，解释研究结果如何回答研究问题，并探讨结果的背后机制。研究者需要提供具体的数据和实例来支持解释研究结果，确保读者能够清楚地理解研究发现的逻辑和意义。研究者要对每个主要发现进行详细描述，解释其可能的原因和背景。例如，如果某变量对结果具有显著影响，可以探讨这一变量的特性以及为何它会产生这种影响。此外，应针对实证结果提出可能的多种解释，分析哪种解释最为合理。要避免过于简化结果，应考虑到不同因素和变量之间的复杂关系。

2. 讨论结果与所采用的理论框架之间的关系

结果与所采用的理论框架之间的关系包括三方面内容。

一是支持、扩展或修正理论，如解释研究结果是否支持、扩展或与理论框架一致。例如，如果结果支持某一理论，可以进一步说明该理论的适用性和有效性；如果结果与理论框架不符，则探讨是否需要修正理论或提出新的理论假设。

二是理论贡献，即讨论研究如何为现有理论提供新的证据或视角。例如，研究发现可能为理论中的某些假设提供实证支持，或者揭示理论中未曾考虑的变量或机制。

三是理论应用，即说明研究结果对理论应用的影响，例如，在管理实践中如何应用这些理论，或者这些理论如何指导未来的研究。

3. 将结果与之前的研究进行比较和对比

研究者应该指出本次研究结果与前人研究结果的一致性或差异，并解释其中的原因。例如，如果结果与前人研究一致，则说明这种一致性对理论和实践的支持；如果存在差异，则探讨形成差异的可能原因(如样本差异、方法差异等)。

研究者还需要强调研究在该领域的新发现或独特贡献。例如，结果可能揭示了之前研究未涉及的变量或关系，或者提供了新的实证证据。

最后，研究者还需要讨论结果的普适性，分析结果是否具有一般化的能力，是否可以推广到更广泛的群体或情境。例如，结果是否适用于不同的行业、地区或文化背景等。

4. 研究结果的局限性与进一步研究方向

研究者需要讨论研究的局限性，如研究方法的局限性，包括样本选择、数据收集方式、分析方法等方面的限制，并解释这些局限性可能如何影响结果的解释和推广。局限性也可能来自样本，如样本规模、代表性和选择偏倚等，并进一步讨论这些局限性如何可能影响研究结果的外部效度。数据收集也可能是局限性的来源，如数据的可靠性和有效性等。

在指出局限性的基础上，研究者还可以提出进一步研究的建议和方向。研究者可以指出研究中未解决的问题，如哪些变量或机制仍需进一步探索，或者哪些方面的证据仍然不足等。还可以提出未来研究可以如何扩展和改进，如建议使用不同的样本或方法来验证结果，或者探讨新的变量或理论视角。

思考题

1. 在撰写研究报告结果时，需要注意的关键要素有哪些？如何确保报告结果的全面性和准确性？

2. 在研究结论与讨论部分，如何将研究结果与理论框架和文献回顾相结合？请举例说明如何在讨论中引用和比较前人的研究成果。

参 考 文 献

[1] Banerjee A V, Cole S, Duflo E, et al. Remedying Education：Evidence from Two Randomized Experiments in India[J]. The Quarterly Journal of Economics, 2007, 122(3)：1235-1264.

[2] 黄光国. 社会科学的理路[M]. 北京：中国人民大学出版社, 2006.

[3] 乔晓春. 中国社会科学离科学还有多远？[M]. 北京：北京大学出版社, 2017.

[4] Open Science Collaboration. Estimating the reproducibility of psychological science[J]. Science, 2015, 349(6251)：aac4716.

[5] 陈晓萍, 沈伟. 组织与管理研究的实证方法.[M]. 3 版. 北京：北京大学出版社, 2018.

[6] Wallace W L. The Logic of Science in Sociology[M]. Aldine Transaction, 1971.

[7] 刘军. 管理研究方法[M]. 北京：中国人民大学出版社, 2008.

[8] Tharenou P, Donohue R, Cooper B. 工商管理优秀教材译丛·管理学系列：管理研究方法[M]. 北京：清华大学出版社, 2015.

[9] Schwab D P. Research Methods for Organizational Studies[M]. London：Psychology Press, 2004.

[10] Podsakoff P M, MacKenzie S B, Lee J Y, et al. Common method biases in behavioral research：A critical review of the literature and recommended remedies[J]. Journal of Applied Psychology, 2003, 88(5)：879-903.

[11] Edwards J R. Ten Difference Score Myths[J]. Organizational Research Methods, 2001, 4(3)：265-287.

[12] Edwards J, Cable D. The Value of Value Congruence[J]. The Journal of applied psychology, 2009, 94：654-677.

[13] Royer I, Zarlowski P. Le design de la recherche[R]. HAL, 2014[2023-09-10].

[14] 李怀祖. 管理研究方法论[M]. 西安：西安交通大学出版社, 2000.

[15] 萨尔金德, 史玲玲. 爱上统计学[M]. 重庆：重庆大学出版社, 2008.

[16] R. L 奥特, M. 朗格内克著, 张忠占, 等. 统计学方法与数据分析引论.[M]. 5 版. 北京：科学出版社, 2003.

[17] 陈磊. 应用统计学[M]. 北京：中国纺织出版社, 2018.

[18] Schindler P S 欣德勒 S. 管理研究方法 理论、前沿与操作 管理理论[M]. 北京：中国人民大学出版社, 2008.

[19] Beck A T, Epstein N, Brown G, et al. An inventory for measuring clinical anxiety：psychometric properties.[J]. Journal of consulting and clinical psychology, 1988, 56

(6): 893.

[20] Spielberger C D, Gonzalez-Reigosa F, Martinez-Urrutia A, et al. The state-trait anxiety inventory[J]. Revista Interamericana de Psicologia/Interamerican journal of psychology, 1971, 5(3 & 4).

[21] 茆诗松, 程依明, 濮晓龙. 概率论与数理统计教程.[M]. 2版. 北京: 高等教育出版社, 2011.

[22] 王璐. SPSS统计分析基础、应用与实践[M]. 北京: 化学工业出版社, 2010.

[23] 贾俊平. 统计学.[M]. 4版. 北京: 中国人民大学出版社, 2009.

[24] Hayes A F. 中介作用, 调节作用和条件过程分析入门: 基于回归的方法[M]. 北京: 社会科学文献出版社, 2021.